Congélation et bonne cuisine

Françoise Burgaud

Congélation et bonne cuisine

Le Livre de Poche

INTRODUCTION

Phénomène hier encore plus mal connu que la chaleur, le froid aujourd'hui nous a livré l'essentiel de ses secrets. Si vous êtes curieux de cryologie, ou science du froid, je ne saurais que vous renvoyer à de savants ouvrages.

Mon propos, ici, est plus modeste. Le froid qui nous intéresse, c'est le froid alimentaire. C'est-à-dire celui qui permet de conserver longtemps les aliments, naguère encore traités par la chaleur, la dessiccation, le salage, le fumage, la graisse, l'alcool ou le sucre.

Les effets du froid sur les aliments

Un animal, une plante se modifient aussi longtemps qu'ils sont vivants, croissant dans leur jeunesse, stagnant – brièvement – dans leur maturité; là s'arrête l'évolution de leurs qualités sur le plan alimentaire; une vieille poule, un vieux légume sont durs, filandreux; un vieux fruit, plus fragile, pourrit.

La mort pour les animaux, l'arrachage ou la cueillette pour les produits végétaux, sont des phénomènes différents, car fruits et légumes continuent à « respirer » une fois soustraits à leur élément de croissance. Cependant végétaux et animaux vont subir des altérations plus ou moins rapides. Elles sont dues surtout à la prolifération des germes, aux microbes, aux moisissures ou champignons qui s'attaquent aux tissus, et aux enzymes qui agissent comme des catalyseurs, même au-delà de ce que l'on peut appeler vulgairement la mort des tissus.

Le froid modifie ces réactions; léger, il les ralentit en même temps qu'il rend les aliments ou mous, ou fragiles, selon les cas, et qu'il les déshydrate plus ou moins; à 4° C environ, l'action bactériologique, et celle des enzymes est fortement ralentie et, du même coup, l'altération des aliments; à −5°C, elle est pratiquement stoppée.

Mais il faut parler d'arrêt, d'inhibition, non pas de suppression ou de stérilisation; la vie est en veilleuse. Si l'on réchauffe l'aliment, elle reprend ses droits et l'aliment se trouve ramené à son point précis d'avant congélation – si celle-ci a été effectuée dans de bonnes conditions.

Pour qu'un congélateur fabrique un bon froid

Nos aliments, tout comme notre corps, sont formés, de 65 à 90% d'eau, laquelle contient en particulier vitamines et sels minéraux; une eau très riche, comme on voit. C'est cette eau qui gèle quand l'aliment atteint une température inférieure à 0°C. Mais comment le gel s'opère-t-il?

C'est l'eau contenue dans la partie extérieure de l'aliment qui gèle en premier; cela se passe entre −1°C et −5°C. Mais pour que l'aliment soit gelé « à cœur », il faut que la température y atteigne −18°C. C'est à cette condition seulement que les réactions de vie se trouvent suspendues.

Plus la descente en température est lente, plus gros sont les cristaux qui se forment à l'intérieur de l'aliment. Plus gros sont ces cristaux, plus grands sont les dégâts qu'ils provoquent, en faisant éclater les cellules. *A contrario,* plus rapide est cette descente, plus fins sont les cristaux, moins grandes les détériorations produites.

Mais il n'est pas nécessaire de descendre brutalement jusqu'à –18°. Le point délicat à atteindre se situe entre –5° C et –10°C. Au-delà, la descente peut, sans risque, être moins rapide.

Surgélation et congélation

Les pays anglo-saxons donnent un seul nom, *freezing,* à ce que nous appelons en France « surgélation » et « congélation ». Nous réservons, nous, le terme de « surgelés » aux produits industriels traités par le froid dans certaines conditions précisément définies par la loi (décret du 9 septembre 1964, complété par toutes sortes d'arrêtés); mais nous appelons « congelés » les produits que nous soumettons au gel dans nos appareils domestiques. Certains produits du commerce qui ne répondent pas à toutes les exigences des produits surgelés s'appellent eux aussi congelés.

La réputation des produits surgelés provient d'abord des excellentes conditions de leur fabrication : bateaux capables de congeler en mer le poisson qui vient d'être péché; équipes de « cueilleurs » récoltant au lever du jour légumes tendres et fruits tout frais; bouchers compétents qui savent faire « attendre » une viande en chambre froide, avant congélation, pour qu'elle soit tendre une fois décongelée; conditionnements qui permettent d'expulser l'air, cet ennemi des aliments à conserver.

Elle est due aussi à la qualité des installations de surgélation et de stockage.

Mais ce qui fait le succès des produits surgelés, c'est le temps qu'ils font gagner au consommateur (légumes écossés, effilés, nettoyés, coupés, blanchis; viandes, volailles, poissons, découpés, parés, vidés, etc.) et la commodité de stocker chez soi des produits semi-préparés ou tout à fait prêts, qu'il faut seulement réchauffer pour les manger chauds ou faire décongeler pour les manger... froids!

Le seul problème délicat de la surgélation est celui de la « chaîne du froid », c'est-à-dire le processus qui va de la fabrication industrielle de l'aliment surgelé au moment où l'acheteur le met dans son propre congélateur ou bien le consomme aussitôt.

A cause de ce que j'ai dit au sujet des effets du froid, qui met la vie en veilleuse, mais ne la supprime pas, il faut que cette chaîne ne soit jamais rompue; nous verrons tout cela dans le chapitre consacré à la cuisine des surgelés.

La congélation domestique?

Si elle a été pratiquée dans des conditions voisines de celles qui entourent les surgelés, c'est-à-dire si les produits sont tout frais et tendres, l'hygiène du travail parfaite, l'emballage satisfaisant, la congélation rapide, le congélateur fiable, les produits seront tout aussi bons que les surgelés industriels.

Dans le domaine des préparations élaborées par vous (plats cuisinés, sauces, gâteaux, etc.), ils peuvent vous apparaître comme supérieurs : aromates, épices, mélanges, consistances, degré de cuisson; vous êtes maître du jeu.

Et la santé?

Le miracle du froid permet de conserver à l'aliment les qualités qu'il avait au départ. Les vitamines si sensibles à la chaleur et, pour certaines d'entre elles, à l'eau qui les dissout, résistent bien au froid. Mieux : les légumes, par exemple, traités par le froid sont plus riches en vitamines que les légumes dits « frais » qui ont traîné du champ en camion, en silo, en train, en étal...

De tous les procédés de conservation connus, celui par le froid est le seul qui modifie le moins le goût des aliments, mais si certains peuvent attendre au congélateur pendant un an ou davantage, sans devenir nocifs, leur goût s'atténue. C'est pourquoi les durées de conservation que nous indiquons pour les produits congelés sont sensiblement inférieures à celles des produits surgelés du commerce. C'est un domaine dans lequel l'utilisateur acquiert rapidement une bonne expérience.

L'aspect, enfin?

Quelques aliments très fragiles supportent bien la congélation, mais réagissent mal à la décongélation. C'est le cas des fraises ou framboises, que les Anglo-Saxons ont pris le parti de manger encore un peu croquantes; dans ce cas elles perdent beaucoup de leur goût et tout leur parfum; choix difficile : manger, ou des fruits sans goût ou des fruits sans beauté. Faut-il ajouter que certains produits crus se congèlent mal? Et que d'autres, qui se conservent bien sans l'aide du froid, n'ont pas de raison d'encombrer votre congélateur? Mais la panoplie des aliments ou préparations à congeler est immense et la technique très simple. Ce que nous allons voir en détail.

Dans la maison, les appareils à faire le froid

Un préalable : est-il utile de disposer d'un appareil ménager à faire du froid? Nul, aujourd'hui, ne peut répondre non. Le souci de consommer des aliments sains a rendu chez nous quasi impensable l'absence d'un réfrigérateur. D'après les statistiques les plus récentes, d'ailleurs, 81,5% des ménages en possèdent un.

L'utilité d'un congélateur ou d'un conservateur s'impose elle aussi d'elle-même de nos jours. L'un et l'autre permettent de stocker les surgelés industriels, aliments sains et disponibles tout au long de l'année. Le congélateur permet en outre à chacun de congeler lui-même les produits de sa culture ou de son élevage, qu'il soit campagnard ou qu'il puisse disposer d'une résidence secondaire. C'est d'autant plus intéressant que les fruits ont une fâcheuse tendance à mûrir tous ensemble, les légumes à exiger une cueillette ou une récolte massive, les volailles à continuer à manger en cessant de grossir, etc., et que, sans congélateur, ces produits seraient perdus. Si l'on n'est pas récoltant soi-même, on peut acheter dans de bonnes conditions et en pleine saison, c'est-à-dire quand ils sont le moins chers et le plus savoureux des aliments que l'on consommera hors saison. Cela conduit à une saine économie de temps, d'argent et d'effort.

Il vous reste à choisir le modèle et le type d'appareil dont vous avez besoin.

Réfrigérateurs

Je n'en parle que pour mémoire, en précisant qu'ils ne peuvent servir aux produits surgelés ou congelés. La température la plus basse à laquelle ils puissent prétendre est de – 4° C environ dans le casier à glaçons, aussi appelé chez nous « freezer »; dans le reste du réfrigérateur, il règne une température tournant autour de + 4° C. On y place donc :

Les aliments frais à consommer dans un délai de quelques jours;

Quelques semi-conserves, terme discutable, qui ont besoin d'être stockées au frais pendant un temps d'ailleurs limité : c'est le cas du caviar, de certains foies gras, mais aussi de certaines boîtes de poisson ou de certains condiments; l'indication est écrite sur l'étiquette, obligatoirement;

Les aliments surgelés que l'on veut consommer dans les 24 heures et les aliments congelés que l'on veut dégeler doucement;

Les aliments congelés ou surgelés que l'on veut consommer dans les 3 jours; ils sont placés dans le casier à glaçons.

On ne peut *jamais* y congeler quelque produit que ce soit, pas plus dans le casier à glaçons qu'ailleurs. Pardon : on peut y faire geler de l'eau. Ce casier est même fait pour ça!

Conservateurs

Leur nom l'indique bien : ils servent, non pas à congeler des aliments frais, mais à conserver des aliments congelés ou surgelés. Ils peuvent porter 1 étoile (*), 2 étoiles (**), 3 étoiles (***).

Les conservateurs * peuvent descendre jusqu'à – 6° C. Vous n'y conserverez pas les produits congelés ou surgelés au-delà de 3 jours.

Les conservateurs ** descendent jusqu'à –12°C. Vous pouvez y conserver pendant quelques semaines les aliments congelés ou surgelés.

Les conservateurs ***, de plus en plus répandus parce qu'ils sont les plus utiles, descendent jusqu'à –18°C, température nécessaire pour une bonne conservation à cœur des aliments, pendant plusieurs mois, la durée maxima dépendant de chaque sorte d'aliment. Ce que nous verrons à partir de la page 53.

Très souvent, cette catégorie de conservateurs est couplée avec un réfrigérateur, un même groupe frigorifique alimentant les deux appareils, posés l'un sur l'autre à l'intérieur d'une même carrosserie. Dans ce cas, le sigle trois étoiles est apposé sur la porte du casier conservateur, ce qui exclut toute possibilité d'erreur.

Le conservateur n'appelle aucune manipulation particulière. Il est réglé à la vente pour permettre aux aliments d'être maintenus à une température à cœur de –18°C au moins.

Si, un jour, vous avez un doute sur la température intérieure, vous pouvez la faire contrôler par le service après-vente du magasin qui vous a vendu l'appareil, ou la vérifier vous-même avec un thermomètre vendu au rayon des accessoires pour la congélation. En cas de défaillance (très rare), tournez-vous de toute façon vers le service après-vente.

Comme tout appareil fabriquant du froid, le conservateur doit être dégivré dès que la couche de glace atteint une épaisseur d'un centimètre. Cette glace, en effet, forme un matelas qui empêche la régulation thermique de s'opérer. Une raclette en matière plastique est fournie avec l'appareil; elle permet de détacher la glace sans rayer ou endommager le revêtement intérieur.

Comme tout appareil, le conservateur doit aussi être nettoyé. Aucun aliment ne devant y être introduit sans emballage (voir page 31), l'appareil se salit très peu. De la poussière peut néanmoins s'y introduire ou des débris d'aliments tomber d'un emballage déchiré ou d'un récipient contenant un liquide et dans lequel on n'a ménagé aucun espace pour l'augmentation de volume causée par le gel. Ici encore, ce qui est expliqué pour le congélateur est valable pour le conservateur (page 15).

En ce qui concerne les garanties, l'installation, la mise en service : reportez-vous à ce qui est dit plus bas à propos du congélateur.

Congélateurs

De plus en plus, les conservateurs cèdent la place aux congélateurs, toujours en raison de l'adage « qui peut le plus peut le moins ». Le congélateur, en effet, est mis sur sa température la plus basse pour d'abord congeler les aliments (c'est le seul des trois types d'appareils qui en soit capable), puis une fois la congélation achevée, la température est relevée pour atteindre au niveau de la conservation. Ce qui permet aussi d'y entreposer des produits surgelés du commerce.

On dit que les congélateurs sont des appareils « quatre étoiles ». Ce n'est pas tout à fait exact. Le sigle en effet est le suivant : * [***] On pourrait penser que, puisqu'un appareil une étoile descend à – 6° C, un appareil deux étoiles à –12°C et un appareil trois étoiles à –18°C, l'appareil dit « quatre étoiles » descend à –24°C. C'est faux. La vérité est qu'il doit descendre *au-dessous* de –18°C, afin de congeler les aliments à cœur à –18°C. Mais aucune limite inférieure n'est légalement fixée.

La température obtenue pour la congélation ne doit pas seulement être basse; nous l'avons vu, elle doit aussi être rapidement obtenue, pour éviter que l'eau contenue dans les aliments ne se congèle sous la forme de gros cristaux qui déchirent les cellules. En fait, ce qui est important, et qui doit être comparé d'un appareil proposé à un autre, c'est son pouvoir de congélation, autrement dit le poids d'aliments qui peut-être congelé à cœur en 24 heures pour une capacité (volume intérieur du congélateur) donnée. On considère qu'un rapport de 6,5 kg d'aliments pour une capacité de 100 litres est tout à fait satisfaisant. Cela étant dit, comment choisir son congélateur?

Choisir son congélateur

Le « bon choix » repose à la fois sur les qualités et les caractéristiques intrinsèques de l'appareil et sur le mode de vie de l'acheteur.

D'abord, connaître les différents modèles de congélateurs.

Les principaux sont le congélateur-coffre, le congélateur-armoire, le petit congélateur associé à un réfrigérateur. Chaque modèle a ses qualités et ses inconvénients.

Le congélateur-coffre. Comme son nom l'indique, il est composé d'une cuve basse et large, pourvue désormais d'un couvercle à contrepoids qui se soulève. Il se charge donc par le dessus. Sa capacité en litres va de 140 à 600 (environ : il n'existe pas de capacités standard); ses dimensions varient de 85 à 89 cm pour la hauteur, de 60 à 180 cm pour la largeur, de 60 à 73 cm pour la profondeur *. L'endroit de la cuve dans lequel on pratique l'opération de congélation (contre une paroi ou au fond) est indiqué dans la notice.

Les qualités de ce modèle de congélateur : un prix d'achat relativement bas; une possibilité d'utilisation maxima de la capacité utile; un faible refroidissement quand on soulève le couvercle, l'air froid étant plus lourd que celui de l'ambiance, et par conséquent une consommation d'électricité réduite; la possibilité d'utiliser à la rigueur le dessus du coffre comme plan de travail; un nettoyage facile une fois la cuve vidée.

Ses inconvénients : l'importance de l'encombrement au sol; l'obligation de déplacer des aliments pour avoir accès à ceux qui se trouvent dessous; l'obligation de vider complètement l'appareil pour le nettoyer.

Le congélateur-armoire. C'est un appareil dressé dont la porte s'ouvre comme celle d'un réfrigérateur. On peut demander cette ouverture de droite à gauche, ou l'inverse, suivant la disposition de l'emplacement choisi. Le volume intérieur de l'armoire est partagé par des clayettes ou étagères à claire-voie (ne pas commettre l'erreur d'une dame qui, pensant bien faire, avait recouvert les clayettes d'un revêtement lavable, empêchant ainsi l'air de circuler!).

* Il existe aussi de tout petits congélateurs-coffres indépendants, pour un célibataire ou bien à utiliser comme complément.

Ses qualités : un faible encombrement au sol; une grande facilité pour découvrir d'un coup d'œil le produit désiré et pour atteindre ce produit; la possibilité de nettoyer seulement une partie de l'appareil en cas de besoin, sans le vider en entier.

Ses inconvénients : son prix sensiblement plus élevé à l'achat; quand on ouvre la porte, une déperdition de froid, celui-ci ayant tendance à « tomber » dans la pièce; un nettoyage complet plus long à effectuer.

Le congélateur couplé avec un réfrigérateur. Le plus souvent, il est couplé pour la carrosserie seulement. Excepté pour les compartiments congélateurs inférieurs à 100 litres, il existe en effet deux circuits de froid indépendants l'un de l'autre, ce qui permet de ne débrancher qu'un des deux appareils en cas de besoin. Tel peut être le cas si, partant en vacances, vous voulez vider le réfrigérateur tout en conservant des aliments dans le congélateur.

Ses qualités : un prix abordable; un faible encombrement; la possibilité de ne stocker qu'une petite quantité de produits; une faible dépense de fonctionnement.

Son inconvénient : sa faible capacité pour une famille, même petite.

Différents types de fonctionnement des congélateurs.

On tiendra compte du lieu où sera placé l'appareil et de la consommation.

Pour fonctionner, un congélateur ménager possède trois éléments principaux : l'évaporateur, le compresseur et le condenseur.

L'évaporateur se compose d'un ensemble de tubes dont le rôle est d'absorber la chaleur de l'aliment mis à congeler.

Le compresseur (enfermé dans un compartiment scellé, il est soustrait aux regards; vous n'avez pas à vous en occuper), reçoit le gaz réfrigérant et, en le comprimant, le fait passer dans le condenseur.

Le condenseur est, comme l'évaporateur, formé d'un ensemble de tubes, mais son rôle est d'évacuer la chaleur contenue dans les aliments. Les condenseurs sont de plusieurs types, trois principalement :

Le condenseur statique se présente sous la forme d'une plaque de tôle (en réalité, réseau de tubes) qui transporte le gaz réfrigérant (fréon). Cette tubulure est accompagnée de sortes d'ailettes fixes qui facilitent la dispersion vers l'extérieur des calories produites par le travail du froid (rappelons encore une fois qu'on ne produit du froid qu'avec de la chaleur. La plaque doit être détachée de l'appareil et du mur pour permettre une bonne ventilation. Les passages d'air se font sous l'appareil. Le congélateur est froid, la chaleur ne se manifestant qu'à l'arrière, où elle est concentrée;

Le « skin-condenseur » (on emploie le mot anglais, qui veut dire peau, et suggère que le condenseur enveloppe le congélateur comme le ferait une peau) est placé entre les deux parois de la cuve; tout autour, le froid se dissipe contre la paroi intérieure et le chaud contre la paroi extérieure. Résultat : l'appareil est chaud tout autour;

Le condenseur ventilé, beaucoup plus rare sur le marché français, possède, au voisinage du compresseur, un système de tubulures plus réduit que dans le premier type, mais activé par un ventilateur. C'est donc le contraire d'un condenseur statique. L'inconvénient de ce modèle, qui paraît le plus ingénieux, puisque le givre ne se forme pas, c'est que l'air déplace de la poussière, qui peut arriver à obturer, donc à bloquer, le compresseur, lequel s'essouffle, tourne d'abord 24 heures sur 24, puis renonce à fonctionner.

En fait, le choix s'opère entre le congélateur à condenseur statique et le congélateur à skin-condenseur, suivant l'atmosphère de la pièce dans laquelle l'appareil est placé. Pourquoi ? Parce que l'extérieur de l'un est chaud tandis que celui de l'autre est froid, excepté à l'arrière. Si la pièce est humide, il se formera de la condensation sur l'appareil à parois froides, c'est-à-dire celui à « condenseur statique »; ce qui n'arrivera pas à un congélateur à « skin-condenseur ».

Pour conclure, disons enfin qu'un congélateur à « skin-condenseur » consomme plus que celui à « condenseur statique », à cause de la coexistence sur la même paroi du chaud et du froid – et ceci malgré la qualité de l'isolation.

Déterminer, en troisième lieu, la capacité du congélateur. Seul le futur utilisateur peut évaluer cette capacité. Elle est fonction :

- Du nombre des membres de la famille; on compte au minimum 50 litres par personne; les congélateurs les plus vendus en France sont ceux de 300 litres, et la tendance va plus vers la multiplication des appareils que vers l'augmentation de leur capacité; la détermination de la capacité ne suffit d'ailleurs pas ici, il faut tenir compte aussi de son pouvoir de congélation (voir page 15). Je rappelle qu'un bon congélateur de 200 litres, par exemple, peut congeler 13 kg d'aliments par 24 heures;
- Des possibilités d'approvisionnement en produits frais;
- Des habitudes culinaires; certaines maîtresses de maison n'hésitent pas à préparer à l'avance des gâteaux, des plats cuisinés variés ou plusieurs portions d'un même plat cuisiné, pour gagner du temps; d'autres préfèrent une rotation rapide des stocks;
- De la trésorerie familiale : bourrer un grand congélateur représente une importante mise de fonds; ne pas utiliser à plein sa capacité représente une dépense inutile.

En quatrième lieu, chercher à déterminer la qualité de l'appareil. Et puis, être curieux.

Aucune grande marque ne s'aviserait de fabriquer de mauvais congélateurs. Mais si vous ne connaissez pas la marque de l'appareil qui vous est proposé, entourez-vous d'un certain nombre de précautions :

• Vérifiez si le congélateur porte la marque N.F.Froid, bleu-blanc-rouge; si oui, c'est qu'il est considéré comme possédant un pouvoir de congélation suffisant. La liste des congélateurs portant cette estampille est publiée dans le *Guide de l'acheteur* de l'AFNOR (Association française de normalisation).

• Cherchez aussi une étiquette AFEI (Association française pour l'étiquetage d'information) qui donne des précisions vérifiées sur leurs caractéristiques.

• Vérifiez très soigneusement les conditions du Service après-vente. Un congélateur tombe rarement en panne (voir ci-dessous) mais exigez quand même qu'il vous soit remis un contrat « Sécurité après vente ». Ceci en prévision d'un manque éventuel d'alimentation électrique (il peut venir du secteur aussi bien que de votre appareil) et afin d'obtenir une garantie d'intervention rapide (ce qui évitera que le contenu du congélateur soit perdu).

• Posez donc aussi quelques questions indiscrètes à votre vendeur – indiscrètes parce que la réponse n'est pas toujours évidente. Par exemple :

En cas de panne de courant, pendant combien de temps le congélateur maintient-il la température au-dessus de –10°, niveau de froid minimum pour la non-détérioration des produits congelés ou surgelés?

Le congélateur est-il silencieux? S'il doit travailler en même temps que vous dans la cuisine, c'est important. Demandez qu'on le mette en marche devant vous. Et appréciez.

Le thermostat est-il automatique?

Quelle est la nature du matériau isolateur qui garnit la paroi : Laine de verre? Elle se tasse peu à peu. Mousse de polyuréthane ou polyuréthane expansé? Garantie pratiquement sans limite. Or de la qualité de l'isolation dépend beaucoup la consommation de l'appareil.

Quel est le matériau utilisé comme revêtement intérieur de la cuve ou de l'armoire : acier ou plastique – en général dit « plastique spécial antichocs ou indéformable »?

Quel est le système d'ouverture de la porte? Magnétique? Le couvercle est-il équilibré, ce qui a le double avantage de le faire ouvrir sans effort et de le maintenir ouvert à la position choisie?

Aurez-vous la possibilité d'acheter en supplément quelques bacs amovibles, empilables si possible, ceux qui sont livrés avec l'appareil se révélant toujours insuffisants?

• Enfin, recherchez l'existence de perfectionnements pratiques :

Roulettes qui facilitent le déplacement du congélateur, soit pour atteindre la prise de courant, soit pour le nettoyage;

Serrure permettant de mettre les enfants, en particulier, à l'abri de possibles accidents. Ou possibilité d'adapter une serrure;

Eléments de rangement fonctionnels : paniers pour le congélateur-coffre, clayettes bien faites pour le congélateur-armoire;

Signal lumineux ou sonore en cas d'échauffement anormal ou d'arrêt intempestif du congélateur;

Alarme indiquant que la température intérieure de l'appareil met en péril les aliments qu'il contient;

Mémorisation de la température la plus haute enregistrée par l'appareil pendant une coupure de courant;

Système permettant au congélateur de se mettre *automatiquement sur la position « conservation »* une fois la « congélation » achevée, etc.

Installation du congélateur

Vous avez naturellement commandé votre congélateur en fonction de la tension de votre compteur (110 ou 220 V) et de sa puissance. Vous avez vérifié l'existence d'une prise de terre. Si vous en avez eu la possibilité, vous avez fait poser un disjoncteur séparé qui vous permettra, en cas d'absence, de couper le compteur général en laissant fonctionner le congélateur.

Vous avez enfin fait caler l'appareil pour l'immobiliser, éviter le bruit et empêcher une mauvaise fermeture, qu'il s'agisse d'un coffre ou d'une armoire.

Mise en marche du congélateur

Lisez encore une fois la notice, dans sa totalité. Si vous avez conservé le moindre doute, soumettez-le au vendeur. Familiarisez-vous avec les voyants, commutateurs et accessoires.

Le congélateur vous a théoriquement été livré en état de service immédiat. Passez quand même sur les parois un chiffon propre et humide (1 cuillerée à soupe de cristaux de soude pour 2 litres d'eau chaude), rincez, séchez à fond et laissez porte ou couvercle ouverts pendant une heure ou deux.

Congeler des aliments

Une méthode toute simple permet d'obtenir d'excellents résultats; il faut :

- 6 ou 7 heures avant de mettre des aliments à congeler,

faire de la place aux nouveaux arrivants en libérant l'espace ou les espaces qui leur sont destinés et qui sont indiqués dans la notice : paroi et fond de la cuve, dans le coffre, paroi dans l'armoire. De toute façon, il ne faut pas que les aliments nouveaux puissent toucher ceux qui sont déjà congelés, sous peine de leur communiquer de leur chaleur propre;

• Ensuite, s'assurer que la quantité des aliments à congeler correspond au pouvoir de congélation de l'appareil (voir page 15);

• Bien préparer les produits, c'est-à-dire les nettoyer, les blanchir ou les cuisiner, les faire éventuellement refroidir vite et complètement, les emballer, les étiqueter; vous trouverez les explications nécessaires au chapitre 4 « Congélation des aliments », avec le détail des opérations;

• Disposer les paquets, boîtes ou pots dans la partie « congélation » de l'appareil;

• Quand la congélation est achevée, indiquer dans un carnet, un cahier ou un fichier de congélation les nouveaux produits congelés, puis les ranger par catégories, bien serrés les uns contre les autres; profitez de cette occasion pour placer sur le dessus ou en avant les produits le plus anciennement congelés;

• Refermer le congélateur et le mettre sur la position « conservation » si l'opération n'est pas automatique;

• Ne recommencer l'opération que 24 heures plus tard, au minimum.

Les « pannes » possibles

Il arrive que l'on soit prévenu plusieurs heures à l'avance d'une coupure de courant. En pareil cas, mettez tout de suite l'appareil sur « congélation » : vous stockerez ainsi du froid.

En prévision des pannes possibles, bien que celles provenant du congélateur lui-même soient rares, collez sur l'appareil, à une place bien visible, deux numéros de téléphone : celui de l'E.D.F., celui du service après-vente.

Deux séries d'événements peuvent se produire : l'appareil a cessé de fonctionner (vous vous en êtes aperçu directement ou le signal d'alarme, sonore ou lumineux, vous en a averti); ou bien il s'est produit une anomalie, ou ce qui, à vos yeux, en est une.

L'appareil a cessé de fonctionner

Plusieurs causes possibles :

- Il s'agit d'une coupure de courant venue du secteur;
- La prise de courant de l'appareil est débranchée;
- Le fusible a sauté;
- La commande du thermostat est sur la position zéro;
- Le congélateur est réellement en panne.

S'il s'agit d'une coupure de courant venue du secteur, et si elle dure depuis une heure au moins déjà, téléphonez à l'E.D.F. pour demander la durée prévue pour la coupure. Si elle ne doit pas excéder six heures, ne faites rien et n'ouvrez surtout pas la porte du congélateur, ce qui provoquerait une déperdition de froid. Si la coupure doit être plus longue, procurez-vous de la neige carbonique si vous le pouvez; versez-la dans la cuve ou disposez-la dans l'armoire; couvrez le congélateur de tout ce que vous aurez sous la main et qui peut servir d'isolateur : journaux, couverture, etc., et ficelez le tout bien serré. Si la coupure devait se prolonger, déménagez les produits en vous référant à votre contrat « Sécurité après vente »; si vous n'en avez pas, dans le congélateur accueillant d'un ami ou d'un magasin où vous êtes connu. Ou bien préparez tout ce que vous pouvez consommer tout de suite, ou distribuez les produits, à titre de revanche, peut-être, ou stérilisez les produits qui peuvent l'être selon la méthode traditionnelle de l'appertisation.

S'il ne s'agit, ni d'une coupure de courant, ni d'une anomalie réparable aussitôt, mais bien d'une panne dont vous ne trouvez pas la cause, alertez aussitôt le service après-vente. Prenez les mêmes dispositions qu'en cas de panne de secteur.

L'appareil présente ou semble présenter des anomalies

La lumière intérieure ne s'allume pas : l'ampoule est sans doute simplement grillée. Débranchez la prise. Changez l'ampoule.

Le congélateur vibre ou produit des bruits qui vous semblent insolites : un objet est tombé derrière l'appareil; ou bien il s'agit de l'air qui circule, et c'est normal; peut-être ne l'avez-vous pas remarqué au préalable; ou bien il s'agit de l'écoulement de l'eau dans le bac de récupération. Si la quantité d'eau contenue dans celui-ci est excessive, ce peut être parce que le temps est humide et chaud; la chaleur du moteur la fera évaporer.

Le moteur de l'appareil travaille trop longtemps de suite. La plupart du temps, cela se produit quand le condenseur est partiellement obstrué par la poussière; utilisez l'aspirateur pour le dépoussiérer. Mais il se peut simplement que l'atmosphère ambiante soit trop chaude; que vous ayez laissé trop longtemps porte ou couvercle ouvert; que vous ayez introduit dans le congélateur une trop grande quantité d'aliments frais, ou des éléments trop peu refroidis. Réparez éventuellement l'erreur commise.

L'entretien du congélateur

Il concerne deux opérations :

Le dégivrage, à effectuer dès que la couche de givre qui se forme sur les parois de l'évaporateur atteint 1 cm, soit deux fois par an; plus souvent si l'atmosphère est exceptionnellement humide.

Le nettoyage, que l'on est bien inspiré d'effectuer précisément au moment du dégivrage.

La méthode en est très simple; même s'il s'agit d'une armoire, appareil plus sophistiqué que le coffre :

- Préparez une quantité importante de journaux ou de couvertures. Ménagez le maximum de place dans le réfrigérateur (il n'est pas défendu de le prévoir plusieurs jours à l'avance);
- Débranchez le congélateur;
- Dépoussiérez le condenseur en vous servant d'un aspirateur ou d'une brosse douce;
- En travaillant le plus vite possible (à deux, c'est encore mieux), sortez tous les produits, enveloppez dans du papier tout ce qui peut entrer dans le réfrigérateur, emballez le reste bien serré dans des couvertures;
- Grattez le givre avec la raclette livrée avec l'appareil. Videz éventuellement l'eau du bac de récupération.
- Lavez parois, cloisons, clayettes, etc., avec une éponge trempée dans de l'eau additionnée de bicarbonate de soude (1 ou 2 cuillerées à soupe pour 1 litre d'eau chaude), rincez, séchez à fond : vous pouvez achever l'opération à l'aide d'un sèche-cheveux. Lavez et faites briller les chromes.
- Branchez à nouveau le congélateur, mettez sur « congélation », déballez les produits et replacez-les dans l'appareil;
- Si le système n'est pas automatique, remettez sur la position « conservation » au bout de 7 ou 8 heures.

2

Le stockage en conservateur ou en congélateur

L'indispensable répertoire

Ce chapitre est court, mais important, puisqu'il concerne la vie de votre appareil... et la vôtre.

• *Notez attentivement les entrées et les sorties des produits dans le congélateur.*

Il ne sert à rien de disposer d'un congélateur bourré de produits si l'on ne sait pas ce qu'il contient. Si le congélateur-armoire « présente » les aliments congelés ou surgelés, le congélateur-coffre est plus secret, les paquets du dessus dissimulant ceux du dessous.

Trois solutions pour résoudre ce problème :

• *Emballez si possible les aliments* dans des sacs ou des boîtes de couleurs différentes, chaque couleur étant affectée à une sorte d'aliments. Par exemple : rouge pour la viande, vert pour les légumes, rose pour les fruits, jaune pour les gâteaux, bleu pour les plats cuisinés. Si vous n'avez que des emballages de même couleur, ou pas assez d'emballages de couleurs différentes, jouez avec les étiquettes.

• *Etiquetez très soigneusement les produits :* nature du contenu du paquet ou de la boîte, date de congélation, poids ou nombre de portions. Utilisez de préférence des étiquettes qui soient de la même couleur que les emballages.

• *Inscrivez scrupuleusement les dates d'entrée,* produit par produit; inscrivez non moins scrupuleusement les sorties. Vous pouvez, pour cela, utiliser comme répertoire un carnet ou un cahier. Il est cependant préférable d'employer des fiches, que l'on détruit quand tous les produits dont elles attestaient la présence dans le congélateur ont disparu.

Fiches ou pages de carnet ou de cahier peuvent se présenter de la façon suivante, les exemples n'étant naturellement donnés qu'à titre indicatif.

Pastille de couleur renvoyant à la nature du produit.

• Nom du produit	Cru ou cuit	Date d'entrée	Poids ou nombre de portions	Après prélèvement partiel	Date limite de conservation
Escalopes de veau	Crues	1er oct. 1980	10 escalopes	8	1er avril 1981
Blanquette de veau	Cuite	18 nov. 1980	1 kilo		18 février 1981

Sur une page ou sur une fiche (et l'avantage de la fiche est de toute façon évident) ne portez que des produits de même nature : toutes les viandes, ou seulement une sorte de viande si elle est, chez vous, priviligiée; ou les légumes; ou les abats; ou les fruits; ou les gâteaux, etc. Si vous pouvez utiliser des fiches de couleurs différentes, c'est bien. Sinon, collez à gauche, en haut, une pastille correspondant à celle de l'emballage que vous avez choisi pour tel aliment.

Plutôt que d'indiquer la durée de conservation, je vous suggère de choisir la date limite de conservation : cela vous épargnera calculs et petites erreurs.

Tenez très scrupuleusement à jour fichier ou carnet.

Le stockage

Ce n'est pas parce que l'on dispose d'un congélateur ou d'un conservateur qu'il faut y placer n'importe quoi. Il est déraisonnable, par exemple, de mettre un congélateur en position de congélation pour y traiter un petit reste sans importance. Il est non moins déraisonnable de conserver au froid des aliments qui ne l'exigent pas et que l'on trouve toute l'année, facilement et sans grande variation de prix (citrons, par exemple) ou des aliments qui ne supportent la congélation qu'au prix d'un travail préalable considérable (bananes par exemple); ou des conserves appertisées (cela s'est vu!)... Bref, un congélateur n'est pas un placard à provisions.

En revanche, il est presque toujours avantageux de congeler de la viande, même si l'on n'habite pas la campagne. Il existe en effet aujourd'hui quantité de magasins qui proposent de la viande à congeler, juste à son meilleur point de maturation, en gros paquets économiques. De surcroît, nul de nous n'ignore qu'à la veille des fêtes, les denrées augmentent encore plus vite que pendant le reste de l'année. Nous avons donc intérêt à ne pas attendre le dernier moment pour faire nos achats.

Les légumes et les fruits de pleine saison, les meilleurs, achetés directement à bas prix chez le producteur et ceux que l'on vient de récolter soi-même, fournissent aussi d'excellentes réserves à condition d'être bien traités (voir page 54). Nous verrons tout cela en détail.

Stocker des plats ou des gâteaux, préparés spécialement pour la congélation ou cuisinés en trop grande quantité à l'occasion d'un repas, fait gagner du temps, apporte de la tranquillité d'esprit et rend possible les improvisations de « presque » dernière minute.

La mode des glaces a pris et bien pris. Il semble raisonnable d'en stocker au congélateur ou au conservateur. Mais à moins de les réserver à des réunions importantes, il vaut mieux stocker des glaces petites ou moyennes que des grosses, excepté s'il s'agit des glaces dites « souples » que l'on trouve maintenant dans le commerce. Aucun produit décongelé ne pouvant être recongelé, règle absolue, on ne peut songer à faire dégeler une glace pour en prélever la portion ou les portions nécessaires à un repas.

Nous traiterons au chapitre des « Surgelés » de l'intérêt qu'il y a à réfléchir avant d'acheter certains desserts-portion glacés qui sont bien chers pour ce qu'ils proposent.

Pensons au pain : qui peut vous tirer d'embarras à l'occasion.

La consultation régulière du répertoire permet de savoir de quoi l'on dispose et ce qu'il faut consommer avant la date limite de conservation. Vous ne jetterez naturellement pas le 20 du mois un paquet portant la date limite du 15; mais vous ne tarderez plus à l'utiliser.

EMBALLAGES CONDITIONNEMENTS ET ACCESSOIRES

La chaleur dessèche les aliments. Le froid sec du congélateur ou du conservateur aussi. Laissé tel quel dans l'appareil, un morceau de viande congelée, par exemple, ne tarde pas à voir sa surface changer d'aspect, brunir, se craqueler, comme si on l'avait brûlée. Et c'est bien en effet d'une sorte de brûlure qu'il s'agit. D'autre part, les produits exposés à l'air s'oxydent, à moins qu'ils ne rancissent (corps gras). Enfin, les mélanges d'odeurs entre des produits non emballés provoquent des résultats plus que décevants.

C'est pour éviter de tels désagréments qu'il faut enfermer très soigneusement les aliments, à l'abri de l'air. Ceci est capital.

Les matériaux d'emballage et de conditionnement

Leur première qualité est d'être « alimentaires ». La seconde est de pouvoir résister au froid. La troisième est d'être résistants aux déchirures. La quatrième est d'être souples.

La querelle autour des matériaux dits « plastiques » a été violente; elle n'est pas terminée. On a par exemple accusé le conditionnement plastique (PVC) des liquides alimentaires d'être cancérigène. N'entrons pas dans cette querelle et notons seulement que, des observations et des études très poussées faites à ce sujet, il ressort que cette matière est insoluble et inactive à l'égard des matières alimentaires, et, comme telle, conforme à la réglementation française en vigueur. Ainsi en est-il de tous les matériaux plastiques offerts aux consommateurs pour la congélation et que l'on peut donc acheter sans hésitation : Saran, polyéthylène, Rilsan, en particulier.

Séparons les emballages en deux familles : ceux qui permettent d'envelopper (films, sacs); ceux qui permettent d'enfermer : boîtes, pots.

Les emballages qui permettent d'envelopper

- *Les films vinyliques,* très fins et auto-adhérents, qui épousent parfaitement la forme des aliments et suppriment la nécessité des rubans adhésifs ou des liens, sont complètement imperméables; leur faculté de coller sur eux-mêmes les rend simplement d'un emploi un peu délicat.

- *Le Rilsan.* Son avantage, outre sa solidité, est sa faculté de supporter aussi bien l'eau bouillante que le gel, ce qui permet de ne pas déballer, pour les faire cuire ou réchauffer, les aliments congelés : plats cuisinés ou blinis, par exemple. Il est complètement imperméable aux odeurs, aux corps gras et à l'humidité. Il existe en sacs ou sachets.

- *Le polyéthylène.* Il est de plus en plus utilisé dans les appareils et ustensiles ménagers et culinaires, à cause de son innocuité démontrée. C'est aussi le matériau de beaucoup de boîtes dites hermétiques; il est souple et léger, résiste bien au froid; on peut le sceller à chaud entre 130 et 150° C, ce qui permet l'emploi du fer à repasser (position « soie ») à condition d'intercaler entre fer et plastique un morceau de feuille d'aluminium ou un papier résistant, incolore et sans vernis. Imperméable à l'eau, mais non pas totalement aux corps gras, il est légèrement perméable aux odeurs. Pour la congélation, il faut employer des sacs de 38 à 50 microns d'épaisseur, alors que l'on se contente pour d'autres matières de 15 à 20 microns. Les sacs peuvent être avec ou sans soufflets. Le polyéthylène est aussi utilisé en feuilles, pour séparer des tranches, des filets, des éléments que l'on veut empêcher de coller les uns aux autres, ou pour emballer viande, légumes ou produits de boulangerie.

• *L'aluminium.* Qualités : il est imperméable à la fois aux odeurs, aux corps gras et à l'eau; il est opaque; excellent conducteur de la chaleur et du froid (c'est la même chose!); radicalement incombustible et très malléable. Défaut : sa fragilité, les feuilles se percent ou se déchirent facilement, même dans leur qualité « lourde »; elles exigent d'être elles-mêmes protégées par un matériau plus résistant, en général plastique.

Les emballages rigides

• *Les boîtes en polyéthylène.* Ce sont les plus répandues et les plus économiques en définitive, parce qu'elles peuvent servir quasi indéfiniment. Les rondes ont un couvercle particulièrement hermétique. Elles existent en toutes tailles, en toutes sortes de formes, et de couleurs, aussi, ce qui est bien pratique pour distinguer les aliments congelés les uns des autres. Le polyéthylène résiste bien au froid, mais à – 20 °C, les boîtes deviennent cassantes si on les cogne ou si on les choque au sortir du congélateur.

• *Les barquettes d'aluminium* présentent d'autres avantages : certaines possèdent un couvercle de carton qui permet de les empiler facilement dans le congélateur; elles peuvent aller directement de celui-ci dans le four, à condition que l'on remplace le couvercle de carton par une feuille d'aluminium. Mais elles sont fragiles, déformables et ne peuvent servir indéfiniment.

Les plats et moules d'aluminium ont les qualités des barquettes, sans leurs petits défauts.

• *Le verre.* Sur le plan alimentaire, c'est le matériau rêvé. Mais le verre ordinaire est mauvais conducteur et résiste mal aux températures très basses. Si vous voulez, par exemple, réutiliser dans le congélateur de petits pots à yaourt en verre, faites un essai préalable avec l'un d'entre eux : placez-le, convenablement rempli, dans un sac de plastique et congelez; s'il éclate, vous récupérerez sans peine les morceaux – et saurez qu'il vaut mieux vous abstenir.

• *Le verre trempé,* en revanche, résiste parfaitement au froid, comme à la chaleur. Bocaux ou petits pots rendent de grands services pour les jus, les sirops, les fruits, et de façon générale, les aliments liquides. Les meilleurs sont pourvus de couvercles filetés.

• *Le carton paraffiné.* Il est bien pour les produits froids ou à la rigueur tièdes. Mais il est coûteux, car il ne peut s'employer qu'une fois.

Nous verrons au chapitre de la « Congélation des aliments » qu'en fait, il n'est pas nécessaire de disposer d'un nombre incalculable de boîtes, de bacs sans couvercle ou de barquettes : certaines préparations peuvent y être simplement versées, moulées par la congélation, puis démoulées, emballées, étiquetées; ce qui libère le récipient rigide. Le nombre de ces récipients dépend de toute façon des quantités de produits à congeler et aucune indication générale ne peut être donnée.

La forme des emballages

Le problème ne se pose évidemment ni pour les sacs, ni pour les feuilles. Il existe en revanche pour les boîtes. Excepté si vous avez des raisons esthétiques de préférer une boîte ronde, ou cylindrique, ou à plus forte raison tronconique, choisissez des boîtes carrées ou rectangulaires et de préférence empilables, vous perdrez ainsi le moins de place. Les boîtes rondes, bien hermétiques et empilables, sont néanmoins bien utiles pour les soupes, par exemple (on met le bloc tout gelé dans la casserole), ou les fruits cuits délicats.

La taille des récipients pour congélation. Le problème de l'air. Il est évident que la taille ou capacité doit être bien proportionnée au contenu. Le problème ne se pose guère pour les sacs ou les feuilles, qui doivent seulement être assez grands pour qu'on les ferme sans difficulté. Pour éviter du gâchis au moment de l'emploi, mieux vaut prévoir des portions correspondant aux besoins les plus habituels de la famille. Il n'est pas grave de sortir pour quatre personnes deux petits paquets prévus chacun pour deux; il est inutile de sortir pour deux un paquet prévu pour dix... et de perdre la différence.

Reste à expulser le maximum d'air des contenants utilisés. Certaines boîtes plastiques rondes s'y prêtent parfaitement. En ce qui concerne les sacs, on expulse l'air en les pressant du bas vers le haut. Si l'aliment est fragile, on introduit une paille dans l'ouverture rétrécie et on aspire l'air. Opération qui peut aussi se faire avec une « pompe à vide » pour congélation.

Les bonnes techniques d'emballage

Pratiquer une bonne technique d'emballage paraît évident et, pourtant, cela ne l'est pas. A cause, déjà, de ce que nous venons de voir à propos des degrés divers d'étanchéité au gras ou aux odeurs des matériaux utilisés. Mais aussi parce que l'air s'infiltre sournoisement partout si l'on ne prend pas soin de le traquer impitoyablement.

Pour bien utiliser une feuille d'aluminium. C'est la face brillante de la feuille qui doit être en contact avec l'aliment. Appuyez bien la feuille pour laisser à l'air le moins de place possible. Roulez ensemble les deux bords latéraux de la feuille; froissez les extrémités.

Pour bien utiliser un film auto-adhérent. Déroulez le film sur un plan de travail assez grand pour que vous ne soyez pas gênée; évaluez la taille du morceau nécessaire pour bien envelopper l'aliment choisi, rôti, par exemple; étirez le film, puis coupez-le. Rabattez sur le rôti un côté, puis le côté opposé, toujours en tirant et en appuyant sur la viande; rabattez ensuite les deux autres côtés.

Pour bien utiliser une feuille plastique non adhérente. Coupez une feuille assez grande pour envelopper entièrement l'aliment, épaule d'agneau, par exemple; posez la pièce au milieu de la feuille; rassemblez vers le haut les deux bords longitudinaux et repliez-les ensemble sur 2 ou 3 cm, puis faites un second pli pour absorber toute l'ampleur de la feuille, et en expulsant l'air; il ne vous reste plus qu'à rabattre les deux extrémités, sous le paquet.

Pour bien fermer un sac. Deux techniques; la torsion ou le scellement.

La torsion. Introduisez l'aliment (solide ou liquide) dans le sac, puis chassez l'air en pressant le sac sur l'aliment, de bas en haut, avec les deux mains; si l'aliment est fragile, utilisez une paille (voir ci-dessus). Tordez alors le sac juste au ras de l'aliment, bien serré, et repliez l'extrémité tordue. Serrez, soit avec un bracelet de caoutchouc, soit avec du ruban adhésif, soit avec un morceau de ruban armé.

Le scellement. Pour que l'opération réussisse, il ne faut pas que le sac soit gras. Prenez donc soin de rabattre vers l'extérieur le haut de ce sac et veillez, en emplissant celui-ci, à ne rien faire couler sur le bord replié. Remontez alors le bord du sac, expulsez l'air au maximum (voir ci-dessus) et appliquez bien l'un contre l'autre les deux bords du sac.

Si vous vous servez d'un fer, posez cette partie du sac sur le bord d'une table (la partie pleine dans le vide, dans votre main) et repassez pour coller (voir plus haut).

Pour bien fermer une barquette d'aluminium. Deux possibilités : elle a été vendue avec un couvercle; elle est sans couvercle. Si elle a un couvercle, posez-le sur la barquette et sertissez soigneusement en repliant dessus le bord d'aluminium. Si elle n'en a pas, enveloppez-la dans une feuille d'aluminium et « ourlez » ensemble les extrémités opposées, deux par deux. Pour assurer une parfaite étanchéité, vous avez intérêt à pratiquer un second emballage dans un sac.

Pour bien fermer un bocal. Les meilleurs bocaux pour la congélation sont à couvercle fileté. Pour les rendre complètement hermétiques, deux méthodes : ou bien vous les recouvrez d'un couvercle adhésif; ou bien vous les fermez « à glace » : pour cela, rafraîchissez le couvercle dans le réfrigérateur, puis mouillez-le, posez-le et mettez le bocal à congeler : en gelant, l'eau assurera l'étanchéité recherchée.

Les autres accessoires

Des morceaux de film alimentaire ou de papier d'aluminium sont indispensables pour séparer les aliments crus que l'on veut empêcher de coller ensemble pendant la congélation : tranches de viande ou de poisson, filets, morceaux de volailles, etc., mais aussi les aliments cuits dont on ne veut prélever qu'une partie au sortir du congélateur : tranches de pâté ou de gâteau, par exemple.

Ruban adhésif spécial-congélation (le ruban adhésif ordinaire se décolle au froid) pour assurer la fermeture hermétique des boîtes qui ne possèdent pas un couvercle ayant cette qualité.

Des sacs plastique. Si l'on veut utiliser le contenu en une seule fois, on peut les sceller à chaud, soit avec un petit appareil spécial, soit avec un fer à repasser, ce qui est plus délicat. Si l'on veut prélever le contenu en plusieurs fois, et réutiliser le sac, il faut employer des liens plastiques spéciaux ou de petits morceaux de plastique armé. Les élastiques ordinaires sont rendus cassants par la congélation; se procurer des bracelets de caoutchouc résistant aux basses températures.

Les étiquettes. Elles sont indispensables pour permettre d'identifier le contenu des boîtes, sacs et paquets sur lesquels elles sont collées, à moins que vous ne les enfiliez sur les liens dans de petits sacs spéciaux. Les étiquettes porteront le nom de l'aliment congelé, son poids ou le nombre de portions, la date de congélation, la date limite de conservation, et préciseront si l'aliment est cru ou cuit. Elles seront de couleurs différentes, chaque étiquette correspondant à une sorte d'aliment ou de préparation. La même couleur sera utilisée dans le répertoire. N'employez que des étiquettes adhésives spécial-congélation. Servez-vous d'un crayon spécial, indélébile.

Filets et casiers ou paniers de plastique. De couleurs différentes, ils peuvent permettre de grouper des aliments de même nature, les premiers pour les paquets de forme irrégulière, les autres pour les paquets de forme régulière.

Plateaux pour la congélation à découvert. Nous verrons que certains aliments, qui doivent rester séparés après congélation, sont dans ce but d'abord congelés sans emballage, étalés dans le congélateur sur des plaques ou des plateaux. C'est ainsi que l'on opère pour les fraises ou les framboises, par exemple. Il s'agit de plateaux de plastique; certains sont circulaires et, grâce à de petits pieds, empilables, ce qui permet d'en garnir et d'en superposer plusieurs en colonne dans le congélateur. Mais de simples plateaux de bois garnis de papier d'aluminium peuvent faire l'affaire, bien que l'impossibilité de les empiler les rende moins pratiques. Au bout de 24 heures, on retourne les plateaux, on pousse du doigt sur le fond pour décoller les éléments congelés que l'on emballe ensuite comme des aliments frais.

Il vous faudra posséder en outre :

– Un couteau spécial pour les produits congelés.
– Une cuiller à glace semi-sphérique comme en ont les pâtissiers-glaciers.
– Un thermomètre, pour contrôler la température, dans le congélateur, en particulier.
– Des moules à glaces.
– Un panier à « blanchir » les légumes, si vous ne possédez pas de marmite ou de cocotte qui en soit équipée (tous les cuiseurs à vapeur sont parfaits pour le blanchiment).

3

La décongélation

Il peut sembler paradoxal de traiter de la décongélation avant d'être entré dans le détail de la congélation, famille de produits par famille de produits. Pourtant, j'ai choisi ce classement pour deux raisons :

Je dis tout de suite et je répéterai à l'occasion que rien ne distingue la décongélation des produits dits surgelés de celle des produits congelés. Les conseils qui vont suivre sont donc valables pour ces deux produits.

J'indiquerai dans les mêmes tableaux les meilleurs procédés, et de congélation et de décongélation. Il faudra donc à ce moment avoir déjà assimilé les connaissances générales nécessaires. Malgré les apparences, la décongélation est une opération capitale et délicate. Si tant d'aliments congelés sont déclarés insipides, ou filandreux, ou mous, ce n'est pas parce qu'ils ont été mal préparés ou mal congelés, c'est parce qu'ils ont été mal dégelés.

Effets produits par la décongélation

Ils sont de deux ordres :

Ceux dus au dégel à proprement parler. L'eau, transformée dans les cellules en cristaux (très petits si la congélation a été menée de façon satisfaisante), se liquéfie à nouveau, rendant à l'aliment sa souplesse et un aspect semblable à celui d'origine ou en tout cas très proche;

Ceux dus à la disparition du froid. Les processus de vie reprennent : prolifération des bactéries éventuellement contenues au départ dans l'aliment (et pas forcément nuisibles, d'ailleurs, pour la santé), attaque par les bactéries de l'air ambiant, actions chimiques et enzymatiques. C'est pourquoi il faut prendre plusieurs précautions :

– Chaque fois que c'est possible, décongeler l'aliment sans le développer, et d'autant plus s'il est appelé à être mangé tel quel, sans cuisson ou nouvelle cuisson : jus de fruits, terrine congelée en tranches, etc.;

– Consommer dès la fin de leur décongélation les aliments qui ne subissent pas de cuisson;

– Préparer aussitôt ceux qui appellent une cuisson ou un réchauffage.

Certains aliments sont mis à cuire sans décongélation préalable, décongélation et cuisson se confondant. C'est le cas des légumes, par exemple.

Comment décongeler avec ou sans cuisson

Il existe plusieurs moyens, de qualité et de commodité inégales.

1. La décongélation au réfrigérateur

Passez l'aliment du congélateur au réfrigérateur, sans le déballer. S'il s'agit d'un aliment qui doit se liquéfier (sauce, soupe, jus de fruit, etc.), posez-le dans un récipient creux pour le cas où l'emballage ne serait plus totalement hermétique. Le procédé est valable pour tous les aliments, et c'est le meilleur sur le plan de la santé puisqu'ils sont maintenus au froid pendant la durée de leur décongélation. C'est malheureusement aussi le plus long et plus le paquet est compact, plus lent est le dégel : l'opération peut durer jusqu'à 36 heures et plus s'il s'agit d'une grosse pièce de viande ou de gibier, ou d'une importante volaille. Dans ce cas, d'ailleurs, c'est aussi la seule méthode applicable; dégelée à la température ambiante pendant de nombreuses heures, la pièce se verrait attaquée à l'extérieur avant d'avoir dégelé en son cœur. Compensation toutefois : ce dégel complet et parfait facilite ensuite une excellente cuisson.

C'est dans le réfrigérateur, par exemple, que vous dégèlerez fromages et crustacés.

2. La décongélation à l'air ambiant

Sortez l'aliment du congélateur sans le déballer, mettez-le dans un récipient creux s'il s'agit d'un potage ou d'une sauce; déballez et consommez ou faites cuire sitôt la décongélation acquise ou, à la rigueur, mettez au réfrigérateur pendant un temps très court.

C'est sans doute le procédé que vous choisirez pour

dégeler une pâte à pâtisserie en bloc, par exemple (que vous déballerez d'ailleurs pour la faire décongeler) ou toutes sortes de produits de boulangerie que vous désirez manger froids : pain, croissant, brioche. Vous pouvez aussi passer ceux-ci dans le four chauffé pour les rendre croustillants (de 200 à 210°).

3. La décongélation à l'eau froide

Sans le développer, mettez le paquet dans une bassine d'eau froide dès sa sortie du congélateur, en vous arrangeant pour maintenir hors de l'eau la fermeture de l'emballage (sac ou boîte); ceci pour éviter qu'un emballage imparfait ne permette un échange fâcheux entre l'aliment qui dégèle et l'eau.

C'est la méthode la plus rapide des trois si ce n'est pas celle qui respecte le mieux l'intégrité des aliments, qui sont un peu « brusqués ». Elle sera donc réservée pour les cas où vous n'aurez pas pu procéder à temps à une décongélation plus lente. Mais un jus de fruit, par exemple, se décongèle très bien ainsi.

4. La décongélation à la chaleur

Elle concerne à la fois les aliments à réchauffer et les aliments à cuire.

En ce qui concerne les produits surgelés, les indications sont généralement données sur les emballages (ce sera bientôt une obligation générale) et elles sont presque toujours exactes si elles sont parfois imprécises (température du four et temps de cuisson ou de réchauffage, par exemple). Respectez-les sous peine de pertes de temps. Un exemple : le fabricant d'un plat de langue en sauce vendue en barquette d'aluminium couverte d'aluminium (ou de ce qui paraissait être de l'aluminium) préconisait d'ouvrir la barquette et d'en vider le contenu dans une casserole ou une cocotte pour réchauffage sur le feu. Comme il n'était pas facile de poser un bloc rectangulaire gelé dans une casserole ronde, la tentation était de mettre la barquette au four, telle quelle. Mais au bout de vingt minutes, la préparation avait tout juste commencé à dégeler.

En ce qui concerne les aliments crus, ce mode de décongélation aggrave les méfaits de la décongélation à l'eau, puisqu'elle accélère encore la rapidité du dégel : poser un produit tout gelé sur un radiateur ou l'introduire dans un four chauffé donne de mauvais résultats; l'extérieur chauffe, se ramollit, coule alors que le cœur est encore tout gelé. En cas de « presse », on peut en revanche introduire un aliment cru gelé, mais emballé, dans un four très doucement chauffé : thermostat 1 ou 1,5, pas plus.

Le réchauffage. L'hypothèse est qu'il s'agit d'aliments entièrement cuits et qui seront mangés chauds.

Plusieurs cas peuvent se produire :

- *L'aliment est contenu dans une barquette d'aluminium.* Sauf indication contraire pour les surgelés, couvrez-la d'un morceau d'aluminium si elle n'a pas été congelée de cette façon; n'oubliez pas de retirer le couvercle de carton, si tel est le cas, pour le remplacer par de l'aluminium; mettez au four;
- *L'aliment est contenu dans un sac.* Si celui-ci est en Rilsan (vous le savez si vous avez procédé vous-même à la congélation; s'il s'agit d'un aliment surgelé, la possibilité de soumettre le sac à l'eau bouillante est indiquée sur l'emballage), vous pouvez placer le paquet tel quel dans une casserole; sinon, sortez-le du sac et mettez-le dans une cocotte pouvant aller sur le feu ou dans le four, ou dans une casserole ou une sauteuse ne pouvant aller que sur le feu.

Cinq petits conseils supplémentaires :

– Si l'aliment à réchauffer doit libérer plus ou moins de liquide en dégelant, n'hésitez pas à verser dans le fond de la casserole, de la cocotte ou de la sauteuse, quelques cuillerées

d'eau froide qui aideront au démarrage de l'opération;
– Si l'aliment à réchauffer ne doit pas libérer de liquide, ou à peine, interposez une plaque diffuseuse entre la source de chaleur et le récipient, surtout s'il s'agit du gaz que l'on a souvent du mal à régler au plus bas;
– N'essayez pas de décoller les éléments les uns des autres avant que le dégel complet ne soit opéré; vous risqueriez de les briser ou de les abîmer;
– Attendez la fin complète du réchauffage pour rectifier l'assaisonnement, opération pratiquement toujours indispensable en ce qui concerne la congélation domestique. Vous tiendrez compte du conseil donné de ne saler et de n'aromatiser qu'au minimum une préparation à congeler, la congélation développant épices et aromates;
– Pour les préparations industrielles exigeant un apport d'eau, les potages et les sauces par exemple, que l'on concentre pour qu'ils occupent un volume moins grand au congélateur, n'essayez pas de réduire la quantité d'eau à ajouter, la préparation serait déraisonnablement salée; elle l'est déjà parfois alors que l'on a scrupuleusement respecté les indications portées sur les emballages, même si, à cause des réclamations formulées massivement par les consommateurs (et surtout les consommatrices!) ce défaut tend aujourd'hui à disparaître.

• *L'aliment est dans une boîte, avec ou sans un autre emballage.* Déballez-le complètement et mettez-le, ou bien dans une cocotte (réchauffez, selon les cas, dans le four ou sur le feu) ou bien dans un plat (réchauffez dans le four, à découvert tout le temps ou pendant une partie du réchauffage, s'il s'agit de faire réduire une sauce par exemple).

C'est, naturellement, après dégel et réchauffage complets que certaines opérations peuvent être pratiquées, la liaison d'une sauce ou d'une préparation, par exemple.

Encore une fois, les indications vous seront données par aliment, ou plat, ou famille d'aliments.

5. La cuisson sans décongélation préalable, ou décongélation-cuisson

Elle peut être totale ou partielle :

Totale s'il s'agit d'aliments congelés crus : légumes sans blanchiment préalable, poissons entiers ou en filets, cervelles.

Partielle : légumes après blanchiment (qui réduit ensuite le temps de cuisson), aliments panés, pizzas ou quiches déjà préparées, crêpes fourrées, beignets de toutes sortes, gratins, etc. Dans tous ces cas, déballez complètement l'aliment ou le plat avant de faire cuire.

Ici encore, plusieurs possibilités de cuisson s'offrent à vous :

- *La décongélation-cuisson à l'eau* (ou au court-bouillon).

Vous mettrez à l'eau froide ou bouillante, par exemple les poissons, les crustacés ou les cervelles encore gelés; à l'eau bouillante par exemple les légumes verts.

- *La cuisson pratiquement sans eau* de certains produits surgelés ou congelés : les épinards, par exemple, qui, déjà blanchis, doivent seulement être mis à feu doux et à couvert, avec juste assez d'eau pour recouvrir le fond de la casserole.

- *La cuisson à la vapeur* : on n'y pense pas souvent, et pourtant beaucoup de produits congelés s'accommodent à merveille de cette forme de cuisson : les légumes verts, déjà blanchis, par exemple; ou les filets de poissons; ou des filets de poissons et des légumes dans le même récipient; à condition de faire cuire d'abord un peu les légumes avant d'ajouter les filets de poisson. Faute de cette précaution, les filets seraient en bouillie ou les légumes croquants.

- *La friture.* Vous plongerez dans la friture bouillante, sans décongélation préalable, les pommes de terre (celles, du moins, qui ne se réchauffent pas simplement au four ou à la poêle), les poissons de petite taille, les beignets et toutes sortes d'aliments panés, etc.

• *Le rissolage avec une matière grasse* dans une poêle ou une cocotte : certains légumes, les crêpes fourrées, les pommes noisettes ou sautées, sans décongélation préalable, bien que les fabricants de produits surgelés conseillent de faire d'abord dégeler les crêpes; en fait, il suffit de les faire cuire d'abord à feu très doux pour qu'elles dégèlent, puis à feu plus vif pour qu'elles dorent : elles ne sont pas fragiles.

• *La décongélation-cuisson au four.* Sans dégel préalable, viandes à rôtir ou à braiser, sans os; petites pièces de volaille ou de gibier (mais il faut d'abord faire dégeler les grosses pièces), terrines, tartes, préparations « en pâte » pour les entrées et les desserts, garnitures de fruits pour des tartes, etc.

L'utilisation d'un thermomètre de cuisson permet de juger la température que l'aliment atteint en son cœur. La notice jointe à ce petit appareil (qui s'appelle aussi sonde de cuisson) donne toutes les indications nécessaires. Exemple : de 45 à 50° pour un rôti de viande rouge; de 80 à 85° pour un rôti de viande blanche.

• *La décongélation-cuisson au four à micro-ondes.* On devrait dire : « enceinte à micro-ondes », puisque l'appareil ne chauffe pas. Mais le terme de « four » a été retenu. Le principe : bombardement de l'aliment par des ondes qui agitent les molécules d'eau contenues à l'intérieur et, par frottement, provoquent de la chaleur qui amène à la cuisson, le four, lui, restant froid, encore une fois.

La technique, largement répandue aux Etats-Unis, au Japon et maintenant en Allemagne et en Angleterre, est encore fort mal connue en France. Les fours sont peu vendus à cause de leur prix relativement élevé, mais surtout parce que des distributeurs mal avisés ont prétendu faire croire qu'un four à micro-ondes est un appareil complet qui peut détrôner tous les autres. Ce qui est faux pour des Français, amateurs de cuisine traditionnelle.

L'industrie de la surgélation est en continuel développement et, parallèlement, la congélation domestique. C'est précisément pour permettre une utilisation pratique des produits congelés et surgelés que le four à micro-ondes a été lancé; il permet en effet d'accélérer les opérations de décongélation et de réchauffage des produits non cuisinés, mais surtout des produits cuisinés. Je n'insisterai pas sur les possibilités de cuisine aux micro-ondes des produits frais. En effet, cette accélération est d'autant plus spectaculaire que les aliments sont moins épais et qu'ils sont introduits dans le four en plus petites quantités. Cependant s'ils sont de faible épaisseur, la décongélation aux micro-ondes ne se distingue guère des autres procédés énoncés.

S'il sont en faible quantité, la différence est sensible : que vous introduisiez dans un four traditionnel une escalope de veau ou huit, le temps de décongélation et de cuisson est le même. A cause de son principe même, il en va tout autrement dans l'enceinte à micro-ondes; trois escalopes dégèlent et cuisent moins vite qu'une seule. La différence de temps n'est pas proportionnelle au nombre ou au poids. Mais la rapidité reste en tout cas remarquable. On hésite souvent à mettre en marche un four traditionnel pour y réchauffer ou y faire cuire une portion individuelle; à cause du préchauffage, puis du chauffage utile pour la cuisson elle-même, la dépense d'énergie paraît disproportionnée avec le résultat visé. Dans le four à micro-ondes, pas de préchauffage, par définition : le four a besoin de la présence d'un aliment pour travailler utilement et sans s'abîmer rapidement. Qui hésitera à dégeler et à réchauffer ou faire cuire en deux minutes, ce qui est souvent le cas, une portion pour une personne?

Mais n'est-il pas contradictoire d'affirmer, d'une part qu'une décongélation brutale à la chaleur peut nuire aux aliments, et qu'une décongélation rapide dans le four à micro-ondes ne produit pas les mêmes effets? Réponse de Normand : oui et non. Oui en ce qui concerne les aliments très fragiles; des crustacés cuits, par exemple, seront meilleurs si on leur a permis de dégeler doucement dans le réfrigérateur. Ainsi que les fraises et les framboises, qui ne doivent en aucun cas chauffer. Non en ce qui concerne la quasi-totalité des plats cuisinés. Non encore en ce qui concerne les aliments d'une fragilité normale : légumes, viandes ou poissons.

Les fours à micro-ondes sont en effet pourvus d'un système ingénieux : la séparation de la fonction décongélation et de la fonction cuisson. La première s'opère de façon discontinue : à une période très courte de bombardement par les ondes (15 secondes, en moyenne), succède une période de repos de la même durée qui permet à la chaleur de se diffuser dans l'aliment. La seconde s'opère de façon continue.

Trois freins doivent disparaître pour que les acheteurs français se tournent vers les fours à micro-ondes : le prix encore trop élevé; l'absence de bons livres, tels qu'il en existe aux Etats-Unis; l'entêtement de la plupart des fabricants de plats cuisinés surgelés qui ne proposent que des barquettes d'aluminium inutilisables dans ces fours, qui ne peuvent pas accueillir de métal, celui-ci faisant barrage aux ondes.

• *La décongélation-cuisson sur ou sous un gril.* Excepté pour les aliments minces ou les hachis reconstitués, ce n'est pas le meilleur procédé; l'extérieur de l'aliment est brutalement saisi par la chaleur alors que le cœur reste un bloc de glace. Le gril vertical, conçu pour permettre d'éloigner plus ou moins l'aliment de la source de chaleur, est toutefois supérieur au gril-plaque : par le contact, l'aliment gelé risque de coller et de brûler superficiellement si l'on veut que la cuisson à cœur soit réalisée. Dans tous les cas, il faut saisir le plus vite possible l'aliment pour l'empêcher de durcir et de couler, puis réduire le feu pour permettre l'achèvement de la cuisson.

Pour conclure

La congélation, comme je l'ai expliqué, se contente de stopper l'évolution des produits vivants; celle-ci reprend dès que disparaît l'agent inhibiteur, le froid. Mais cette évolution reprend d'autant plus vite et plus fort qu'il y a eu gel et décongélation. C'est pourquoi il faut :

– Consommer ou faire cuire le plus vite possible l'aliment dégelé;

– Ne jamais recongeler un aliment dégelé, excepté si, entre-temps, on l'a fait cuire dans de bonnes conditions.

4

Pour congeler les différentes sortes d'aliments

La congélation, nous l'avons vu, ralentit, puis stoppe presque complètement les modifications biologiques, enzymatiques, etc., des aliments. Stoppe, mais ne supprime pas.

C'est pourquoi il faut préparer ces aliments dans des conditions scrupuleuses d'hygiène.

– Tous les ustensiles employés doivent être ébouillantés ou à tout le moins nettoyés à fond;

– Les mains et les ongles doivent être nets, cela va sans dire. Ce qui implique que la présence du moindre bobo infecté amènera à porter des gants de caoutchouc pendant toute la durée des manipulations;

– Si le plan de travail est en bois, il devra être frotté, voire gratté; sinon savonné, rincé, essuyé;

– Les opérations doivent être géographiquement séparées : les légumes doivent être grattés ou épluchés, les poissons et les viandes parés sur un plan de travail, l'emballage pratiqué sur un autre;

– Les emballages réemployés doivent être, non seulement parfaitement propres, mais débarrassés de toute odeur. Si vous avez le moindre doute, recommencez l'opération de nettoyage, ou bien jetez. Mieux vaut perdre un sac qu'un plat.

Mais vous savez tout cela par cœur.

Pour bien réussir la congélation

Rappelons que la congélation est le résultat de plusieurs opérations successives et qu'aucune n'est négligeable.

1. Préparation

Son premier stade est toujours le nettoyage, qui peut aller d'un lavage à grande eau pour les légumes à un dépoussiérage à l'aide d'un sèche-cheveux soufflant de l'air froid pour les framboises ou les mûres, par exemple. Vient ensuite l'épluchage, ou l'écossage, ou l'effilage pour les fruits et les légumes; les pieds des champignons et les légumes nouveaux se grattent; les poissons s'ébarbent (nageoires diverses), s'écaillent, se vident; les viandes se parent; il faut retirer le maximum de nerfs et de graisse, éventuellement de membranes, et scier les os inutilement encombrants ou menaçants pour les autres paquets du congélateur.

2. Emballage et congélation

Suivant les cas, on peut dire aussi congélation et emballage. En règle générale, on congèle à découvert, avant emballage, les aliments qui doivent, après congélation, rester séparés les uns des autres; c'est le cas des crevettes, des petits pois, des fraises, des petits choux pâtisserie, et de façon générale de tout ce qui est trop petit pour être emballé à l'unité. La technique est simple : si l'on ne dispose pas de plateaux à pieds spéciaux qui ont le mérite de pouvoir s'empiler en colonnes dans le congélateur, il suffit de garnir une plaque ou un plateau de papier d'aluminium. On y étale ensuite les aliments à congeler, en évitant qu'ils se touchent et l'on place plateaux ou plaques dans le congélateur.

Quand la congélation est acquise, on sort plateaux ou plaques, on verse les aliments congelés dans des sacs (qui peuvent être grands puisque les quantités sont aisément fractionnables), on ferme ceux-ci sans les sceller, on les étiquette et on les remet dans le congélateur.

Dans le cas contraire, on emballe l'aliment avant congélation. S'il s'agit d'un aliment solide, on l'enveloppe d'abord dans un morceau de papier d'aluminium ou de film alimentaire spécial-congélation (voir page 32), puis on le place dans un sac, on ferme celui-ci, on l'étiquette et on le fait congeler; ou bien on le met dans un sac, on ferme celui-ci, on place le sac dans un autre sac, on étiquette et on fait congeler.

S'il s'agit d'un aliment liquide, trois solutions possibles : ou bien on verse dans un récipient rigide que l'on ferme et que l'on étiquette, et puis on fait congeler; ou bien on verse dans un récipient rigide, on couvre, on fait congeler, puis on démoule, on enferme le bloc obtenu dans un double emballage, on ferme, on étiquette et on remet au congélateur; ou enfin, on garnit d'un sac un récipient rigide, on y verse l'aliment liquide, on ferme, on fait congeler, puis on sort du récipient rigide le sac avec son contenu moulé, on ferme définitivement, on étiquette et on remet au congélateur. Ce procédé rend facile le rangement du congélateur, assure l'équilibre des paquets et fait gagner de la place.

Une remarque importante : quand on fait congeler un liquide, il faut toujours ménager un espace (de 1,5 à 2 cm) entre la surface du liquide et le couvercle – pour tenir compte de la propriété des liquides de « gonfler » en gelant.

La présentation adoptée

Ces opérations, complexes, vous sont offertes en tableaux, qui facilitent la lecture et font gagner du temps.

– D'abord, les aliments simples, présentés par familles et par ordre alphabétique : abats, coquillages, crémerie, crustacés, fines herbes, fruits, gibier, légumes, poissons, viandes, volailles.

– Ensuite, toujours par ordre alphabétique, les préparations plus ou moins élaborées : boulangerie, entrées, entremets, fromages, gâteaux, glaces, jus de fruits, plats cuisinés, purées, potages et soupes.

I. Les aliments simples

1. Abats

De quelque animal qu'ils proviennent, ce sont des aliments fragiles, tous se corrompent vite; certains sont, de par leur nature même, particulièrement délicats à manipuler, à faire cuire, à congeler (cervelles, ris, foie); tous exigent une parfaite fraîcheur. C'est pourquoi il est rare que l'on puisse les congeler soi-même, à moins d'en disposer dans les mêmes délais et les mêmes conditions que les bouchers ou les tripiers. Et de parvenir à ne pas meurtrir les plus fragiles.

Certains doivent être blanchis, les autres ne doivent pas l'être. Certains sont congelés à découvert, les autres après emballage. Les uns sont meilleurs décongelés avant cuisson.

Cervelle d'agneau, de veau

Préparation	En plonger plusieurs dans de l'eau très fraîche et les débarrasser au maximum des membranes, vaisseaux, caillots, sans meurtrir lobes et cervelet. Laisser dégorger 1/2 heure à l'eau vinaigrée (3 cuillerées à soupe par litre d'eau). Egoutter, éponger dans du papier absorbant.
Emballage. Congélation	Disposer les cervelles sur une plaque ou un plateau à congélation. Faire congeler à découvert. Ensuite : envelopper chaque cervelle dans un morceau de plastique spécial-congélation, ranger dans une boîte, fermer celle-ci, étiqueter, congeler. Ou bien mettre ensemble dans un sac les cervelles congelées, fermer ce sac sans le sceller pour permettre de prendre les cervelles une à une, le mettre dans un autre sac, fermer, étiqueter, remettre au congélateur.
Durée de conservation	3 mois.
Avant consommation	Pas de décongélation avant cuisson. Faire cuire comme des cervelles fraîches, soit en les plongeant dans un court-bouillon léger, puis en les achevant au beurre fondu citronné ou au beurre noisette; soit en les faisant cuire directement dans du beurre, à feu doux; soit en les présentant en beignets. Dans ce cas seulement il faut décongeler avant cuisson, pour pouvoir couper des tranches.

Foie d'agneau, de porc, de veau

Préparation	Dépouiller le foie, le dénerver, le couper, en biais, en tranches fines; en cubes pour du foie de porc destiné plus tard à un pâté.

Emballage. Congélation	Disposer les tranches sur une plaque ou un plateau à congélation. Congeler à découvert. Ranger les tranches dans une boîte, en séparant les couches avec du papier d'aluminium ou du film. Fermer, étiqueter, remettre au congélateur.
Durée de conservation	3 mois.
Avant consommation	Décongélation au réfrigérateur pendant 4 à 5 heures. Faire cuire comme du foie frais.

Langue de bœuf, de mouton, de porc, de veau

Préparation	Parer les langues en les débarrassant du maximum de cartilage et de graisse (éventuellement, du ris). Les blanchir 10 mn dans de l'eau bouillante, les rafraîchir rapidement et complètement à l'eau très froide, les égoutter, les éponger.
Emballage. Congélation	Envelopper individuellement les langues, soit dans un film; soit dans de l'aluminium. Placer 2 ou 3 langues dans un premier, puis dans un second sac (plus de langues si elles sont petites : mouton et porc). Fermer, étiqueter et congeler.
Durée de conservation	3 mois.
Avant consommation	Faire cuire au court-bouillon, selon la méthode habituelle (il faut dépouiller les langues), soit complètement, soit partiellement pour achever la cuisson au braisage.

Pieds de mouton, de porc, de veau

Préparation	Gratter les pieds sous l'eau froide, les blanchir 10 mn à l'eau bouillante. Les rafraîchir à l'eau très froide, les égoutter, les éponger.
Emballage. Congélation	Même méthode que pour les langues.
Durée de conservation	3 mois.
Avant consommation	Suivant l'usage choisi, faire décongeler ou non (au réfrigérateur). Court-bouillon (pieds de mouton en vinaigrette ou pieds de porc à paner) : pas de décongélation préalable. Braisage (pieds de veau pour une daube) : décongélation préalable.

Ris

Préparation	Préparer plusieurs ris à la fois. Voir « Cervelles ».
Emballage. Congélation	Envelopper chaque ris dans un morceau de film à congélation, puis les mettre ensemble dans un sac à congélation ou une boîte. Fermer ou couvrir (sans sceller), étiqueter et congeler.
Durée de conservation	3 mois.
Avant consommation	Décongeler complètement les ris, à l'eau froide. Préparer comme des ris frais : pochés au court-bouillon, braisés, en beignets, etc.

Rognon d'agneau, de bœuf, de porc, de veau

Préparation	Débarrasser les rognons de la pellicule qui les entoure. Les ouvrir en deux pour retirer avec un couteau la partie blanche centrale.
Emballage. Congélation	Congeler les petits rognons à découvert, sur un plateau ou une plaque. En ranger plusieurs dans une boîte rigide (porc, agneau), en l'emplissant au maximum, fermer, étiqueter, remettre au congélateur. Emballer séparément les gros rognons (bœuf, veau) dans du film à congélation, en placer plusieurs dans des sacs à congélation, bien fermer, étiqueter, congeler.
Durée de conservation	3 mois.
Avant consommation	Faire dégeler au réfrigérateur les petits rognons (8 heures en moyenne). Faire dégeler les gros dans un sac de plastique sous l'eau froide. Faire cuire comme des rognons frais. Pour faire griller les rognons d'agneau ou de veau, les enduire d'huile. On peut utiliser le rognon de porc dégelé dans un pâté.

2. Coquillages

Il en est un peu des coquillages comme des abats : très fragiles ils ne peuvent être congelés qu'aussitôt après la cueillette. Un coquillage est frais lorqu'il est encore vivant; il doit donc conserver la faculté de se refermer ou de se rétracter si l'on appuie la pointe d'un couteau sur la fente, l'ouverture ou la chair de l'animal. Tout coquillage qui ne réagit pas doit être rejeté.

C'est dans la mesure même où les coquillages ne se conservent pas qu'il peut être intéressant de les congeler.

Coquilles Saint-Jacques

Préparation	Ouvrir les coquilles (au besoin en les plaçant quelques secondes sur la porte ouverte du four chauffé). Détacher l'animal. Ne conserver que la noix et le corail (croissant orangé). Laver à l'eau très fraîche, éponger sur du papier absorbant.
Emballage. Congélation	Etaler les mollusques sur un plateau à congélation, congeler à découvert, puis mettre dans des sacs ou des boîtes, fermer, étiqueter, remettre au congélateur; ou bien ranger les mollusques côte à côte dans une boîte, en séparant deux couches par de l'aluminium ou du film à congélation, fermer, étiqueter, congeler.
Durée de conservation	2 mois.
Avant consommation	Décongeler au réfrigérateur, dans l'emballage (7 ou 8 heures); au four à micro-ondes; sous l'eau froide; ou bien ne pas faire décongeler avant cuisson.

	Accommoder les mollusques dégelés comme s'ils étaient frais. Plonger les mollusques encore gelés dans un court-bouillon ou une sauce; ou faire cuire dans un sautoir, avec du beurre et à couvert, sur feu très doux. Assaisonner et aromatiser en fin de cuisson.

Huîtres

Préparation	Brosser les huîtres, les laver, les ouvrir en recueillant l'eau. Détacher les mollusques, les laver à l'eau salée (1 cuillerée à soupe de sel dans 1 litre d'eau). Egoutter.
Emballage. Congélation	Verser les huîtres dans des récipients rigides, par petites quantités. Passer au-dessus l'eau recueillie, à travers une mousseline. Bien fermer, étiqueter et congeler.
Durée de conservation	Jusqu'à 6 semaines.
Avant consommation	Ou bien mettre au réfrigérateur la boîte contenant les huîtres (dégel en 7 ou 8 heures), et utiliser comme des huîtres fraîches; ou bien ajouter les huîtres encore gelées à un potage (à la mode américaine) ou à une sauce (à la normande), simplement pour les chauffer sans les laisser bouillir : 3 mn environ.

Moules, décoquillées ou non Palourdes, praires

Préparation	Nettoyer les coquillages sous l'eau froide en les frottant les uns contre les autres. Les faire ouvrir dans une marmite, à feu vif et à couvert, en secouant plusieurs fois. Décoquiller ou laisser une coquille. Passer à travers une mousseline l'eau rendue par les coquillages.

Emballage. Congélation	Verser les mollusques dans une boîte hermétique ou un sac, bien fermer, étiqueter, congeler. Verser dans un gobelet, à part, l'eau recueillie, fermer, étiqueter, congeler.
Durée de conservation	Jusqu'à 6 semaines.
Avant consommation	Faire dégeler dans l'emballage au réfrigérateur, pendant 7 ou 8 heures, pour une salade, par ex. A consommer sans délai. Ou bien ajouter les moules, palourdes ou prairies encore gelées à une sauce, un potage, une préparation (poisson à la dieppoise, par ex.), et faire simplement réchauffer, sans cuisson réelle. Ajouter le bloc tout gelé à une soupe de poisson. Pour des moules, palourdes ou prairies farcies : garnir de beurre d'escargot les coquilles toutes gelées et faire chauffer doucement (four à 150° environ); il faut 12 mn environ.

3. Crémerie

Des réalités très différentes se trouvent groupées sous ce titre général : le beurre, la crème, les fromages, le lait, la margarine, les œufs réagissent au gel de manière très diverse et doivent par conséquent être traités chacun différemment. Vous ne stockerez la plupart de ces produits en quantité importante que si vous avez des occasions de vous les procurer à bon prix. Sinon, il ne peut être question que de dépannage, les prix variant peu d'une saison à l'autre. Ainsi est-il commode d'avoir au congélateur 2 ou 3 demi-livres de beurre; 2 ou 3 pots de 2 dl de crème fraîche; 1 camembert (ou 1 coulommiers, ou 1 pont-l'évêque :

attention à l'odeur); 1 fromage de chèvre; 1 morceau de gruyère; 2 ou 3 sachets ou pots de gruyère râpé; 1 litre de lait homogénéisé, bien que l'existence des laits UHT longue conservation ne rende pas ce stockage indispensable; 1 ou 2 paquets de margarine; quelques œufs, plutôt pour ne pas perdre les blancs ou les jaunes qui n'ont pas pu être employés en même temps. Les œufs ne peuvent, de toute façon, être congelés dans leur coquille, qui éclate sous l'effet du gel.

En ce qui concerne le beurre, attention : le beurre dit « d'intervention », mis chaque année sur le marché à un prix très bas, par décision des institutions européennes, est vendu après décongélation. On ne peut donc le stocker chez soi en le congelant : il peut tout juste être conservé quelques jours dans le réfrigérateur.

Beurre

Préparation	Diviser le beurre en pavés de 100 g chacun seulement, ce qui permet de n'en décongeler que peu à la fois. Choisir du beurre très frais; préférer le beurre doux au beurre salé, qui se conserve moins bien. On peut aussi préparer des coquilles ou de petites boules de beurre.
Emballage. Congélation	Emballer chaque bloc de beurre dans du papier d'aluminium, le côté brillant du papier en contact avec le beurre. Fermer soigneusement, étiqueter et congeler. Si le beurre à congeler est déjà empaqueté, l'emballer une seconde fois, dans un sac par exemple, fermer, étiqueter, congeler. Pour les coquilles ou les petites boules : congélation à découvert sur un plateau. Verser dans une boîte, fermer, étiqueter, remettre au congélateur.

Durée de conservation	Jusqu'à 8 mois.
Avant consommation	Retirer éventuellement le second emballage. Faire décongeler au réfrigérateur pendant 12 heures, à la température ambiante (19°) pour emploi immédiat pendant 4 heures environ, 5 heures pour de la pâtisserie.

Crème fraîche

Préparation	Choisir une crème épaisse, toute fraîche (vérifier la date, obligatoirement portée sur l'emballage). Pour de la crème à utiliser en dessert ou pour une pâtisserie : fouetter avec du sucre semoule (1 cuillerée à soupe pour 0,5 litre de crème : la décongélation s'opérera mieux). On peut aussi faire congeler de petits motifs de crème chantilly pour décorer une glace : les déposer à la poche à douille sur de l'aluminium.
Emballage. Congélation	Verser la crème dans de petits récipients fermant bien (par 2 dl, par exemple) : pots paraffinés, pots de verre résistant au gel (voir page 34), pots de polyéthylène, etc. Laisser 1 cm au moins entre la crème et le couvercle. Couvrir, étiqueter, congeler. Pour les motifs : congeler à découvert, disposer dans des petites boîtes, fermer, étiqueter, remettre au congélateur.
Durée de conservation	Jusqu'à 3 mois.
Avant consommation	Décongélation dans le réfrigérateur pour consommer la crème telle quelle, sans délai. Ajouter la crème sans décongélation préalable dans une sauce ou un potage, puis fouetter. Pas de décongélation pour les motifs.

Fromages (de vache) fermentés

(brie, camembert, coulommiers, pont-l'évêque, etc.)

Fromages de chèvre

Préparation	Choisir des fromages affinés juste à point.
Emballage. Congélation	Emballer le fromage dans un papier d'aluminium, puis dans un sac à congélation, éventuellement dans deux sacs, pour empêcher les odeurs de se communiquer au reste, fermer, étiqueter, congeler
Durée de conservation	Jusqu'à 3 mois.
Avant consommation	Décongeler au réfrigérateur pendant 12 h environ, puis à la température ambiante pendant 3 ou 4 heures. Consommer rapidement.

Fromages à pâte dure

(emmenthal, gruyère, etc.)

Préparation	Choisir des fromages très souples, sans aucun début de dessèchement.
Emballage. Congélation	Même méthode que pour les fromages fermentés.
Durée de conservation	Jusqu'à 4 mois.
Avant consommation	Mettre le fromage 15 heures au réfrigérateur ou 4 heures à la température ambiante (morceaux de 250 g environ). Consommer rapidement.

Fromage à pâte dure râpée

Préparation	Râper un fromage un peu plus ferme que pour la congélation en bloc.
Emballage. Congélation	Répartir le fromage entre des petits sacs à congélation de 50 ou de 75 g (portion pour un gratin de 4 personnes). Fermer, étiqueter, congeler.
Durée de conservation	Jusqu'à 3 mois.
Avant consommation	Sans décongélation, dans des soupes, sauces, gratins, etc.

Fromage à pâte persillée

Préparation	Diviser en portions de 50 g, pas plus.
Emballage. Congélation	Comme les fromages à pâte fermentée.
Durée de conservation	Jusqu'à 3 mois.
Avant consommation	Comme les fromages à pâte dure. Le fromage s'effrite presque toujours à la décongélation : le réserver à la cuisine.

Fromage blanc

Préparation	Il se congèle mal : à éviter.

Lait

(simplement pour un dépannage)

Préparation	Choisir un lait homogénéisé, entier ou semi-écrémé, en étui de carton paraffiné. L'agiter énergiquement.
Emballage. Congélation	Congeler le lait aussitôt après l'avoir agité.
Durée de conservation	Jusqu'à 1 mois.
Avant consommation	Ouvrir l'étui, verser le lait (il est en copeaux) dans une grande casserole et le chauffer doucement. Ou bien mettre l'étui dans le réfrigérateur et le consommer aussitôt qu'il est dégelé (plus de 15 heures). S'il n'est pas homogène, le chauffer comme dans le cas précédent.

Margarine

Préparation	Aucune préparation spéciale. Réemballer si le papier est abîmé. Mettre plusieurs paquets dans un sac, qui les protège.
Emballage. Congélation	Fermer le sac, étiqueter et congeler.
Durée de conservation	Jusqu'à 6 mois.
Avant consommation	Mettre au réfrigérateur et laisser pendant une quinzaine d'heures (paquets de 250 g). Ou laisser dégeler à température ambiante (19°) (4 heures).

Œufs entiers

Préparation	Les casser deux par deux, ou un par un et les fouetter. Ajouter 1 pincée de sel ou de sucre en fonction des utilisations futures.
Emballage. Congélation	Verser les œufs battus dans de tout petits gobelets, couvrir, étiqueter en n'oubliant pas d'indiquer le nombre d'œufs et s'ils sont salés ou sucrés, congeler.
Durée de conservation	Jusqu'à 3 mois.
Avant consommation	Mettre au réfrigérateur pendant 6 à 8 heures. Utiliser immédiatement.

Œufs, les jaunes

Préparation	Fouetter les jaunes avec 1 pincée de sel ou de sucre en fonction des utilisations futures.
Emballage. Congélation	Congeler comme les œufs entiers, un par un ou plusieurs ensemble, dans de tout petits pots ou gobelets (ou de très petites boîtes dites « mignonnettes »). Ou bien les verser un par un dans des éléments séparés destinés à faire de gros glaçons, congeler à découvert, puis démouler, verser dans de petits sacs, bien fermer, étiqueter, remettre au congélateur.
Durée de conservation	Jusqu'à 3 mois.
Avant consommation	Comme les œufs entiers.

Œufs, les blancs

Préparation	Aucune préparation.
Emballage. Congélation	Verser dans de tout petits gobelets ou pots, un blanc par un blanc ou plusieurs à la fois. Fermer, étiqueter (indiquer le nombre de blancs), congeler aussitôt. Ou bien congeler à découvert et fermer après congélation. Laisser un espace libre de 1 cm entre le blanc et le couvercle.
Durée de conservation	Jusqu'à 6 semaines.
Avant consommation	Mettre à l'eau froide le pot contenant le blanc et fouetter (éventuellement), à peine décongelé. Consommer aussitôt.

4. Crustacés

Il en va des crustacés comme des coquillages : il ne faut congeler que ceux qui ont été vivants entre vos mains, ou bien dont vous savez la cuisson toute récente (ils sont encore tièdes). Qu'il s'agisse de crabes, de homards, de langoustes ou de langoustines, choisissez des animaux les plus lourds possible pour leur volume : c'est la preuve qu'ils sont bien pleins. A certaines époques de l'année, la carapace est molle; cela n'a aucune importance pour la congélation.

En ce qui concerne les crabes, choisissez de congeler des tourteaux de préférence aux araignées ou aux étrilles : ils sont plus massifs que les araignées, donc moins encombrants; et plus charnus que les étrilles. Mais n'hésitez pas à congeler les petits crabes qui donnent si bon goût à la bouillabaisse et aux autres soupes de poisson. En dehors des régions méditerranéennes, il est difficile d'en trouver de frais toute l'année.

Crabe (tourteau)

Préparation	Plonger le crabe dans de l'eau bouillante 2 mn, puis aussitôt dans l'eau froide, brosser, sécher. Ou bien le plonger dans un court-bouillon bouillant et bien aromatisé et laisser frémir 15 mn, puis faire refroidir rapidement. Laisser alors le crabe entier ou bien détacher pinces et pattes et séparer la carapace du corps de l'animal. Retirer à la cuiller les parties crémeuses contenues dans cette carapace. Concasser pinces, pattes et alvéoles et retirer la chair.
Emballage. Congélation	Mettre le crabe entier dans deux sacs successifs (ou un morceau de film et un sac), fermer, étiqueter, congeler. Ou bien mettre la partie crémeuse recueillie dans une petite boîte et la chair dans une autre boîte. Dans les deux cas, fermer, étiqueter, congeler. On peut aussi mettre la chair de 2 crabes dans une seule carapace, congeler à découvert, puis envelopper dans du film, mettre dans un sac, fermer, étiqueter, remettre au congélateur.
Durée de conservation	Jusqu'à 6 mois.
Avant consommation	Pas de décongélation avant cuisson : plonger le tourteau tout gelé dans un court-bouillon (il doit tout juste recouvrir le crabe) et laisser frémir 20 mn après la reprise de l'ébullition. Pour consommer froide la chair cuite : mettre les boîtes au réfrigérateur et laisser dégeler pendant une quinzaine d'heures au moins.

Crabes (petits)

Préparation	Les plonger 1 mn dans de l'eau bouillante, les passer aussitôt sous l'eau froide, les sécher.
Emballage. Congélation	Les faire congeler sur un plateau, à découvert. Les verser dans un premier, puis un second sac (à cause de l'odeur possible). Fermer, étiqueter, remettre au congélateur.
Durée de conservation	Jusqu'à 6 mois.
Avant consommation	Pas de décongélation. Ajouter les crabes tout gelés aux autres éléments de la soupe de poissons.

Crevettes grises

Préparation	Laver les crevettes crues. Les jeter dans de l'eau bouillante salée, laisser frémir 2 mn, puis laisser refroidir hors du feu dans l'eau de cuisson. Eponger dans du papier absorbant.
Emballage. Congélation	Verser les crevettes, par portions de 150 g (pour 2 personnes) dans de petits sacs à congélation. Mettre dans un second sac, ou dans une boîte hermétique, fermer, étiqueter, congeler.
Durée de conservation	Jusqu'à 6 mois.
Avant consommation	Pour les manger froides : faire dégeler dans le réfrigérateur pendant 7 ou 8 heures. Les manger aussitôt. Ou bien les décortiquer pour les ajouter à une préparation. Ou bien, sans décongélation préalable, passer les crevettes dans de l'huile très chaude, les poivrer fortement, les servir à l'apéritif.

Crevettes roses ou bouquets

Préparation	Les jeter dans de l'eau bouillante, laisser 30 secondes, les plonger aussitôt dans de l'eau très froide, décortiquer, sécher.
Emballage. Congélation	Ou bien, étaler les crevettes sur un plateau spécial et faire congeler à découvert; ou bien les verser, par petites quantités, dans un premier, puis un second petit sac à congélation, fermer, étiqueter, congeler.
Durée de conservation	Jusqu'à 6 mois.
Avant consommation	Jeter les crevettes encore gelées dans un court-bouillon bien aromatisé. Ou bien les ajouter encore gelées à une sauce ou une préparation, mais ne laisser cuire que quelques minutes.

Ecrevisses

Préparation	La congélation leur fait perdre beaucoup de leur goût. A éviter.

Homard ou langouste

Préparation	Trois méthodes : – Plonger l'animal dans l'eau bouillante, égoutter, sécher; – Plonger l'animal dans un bon court-bouillon aromatisé bouillant, laisser frémir de 16 à 22 mn (suivant le poids), laisser refroidir dans le court-bouillon, égoutter en perçant la pellicule molle qui relie coffre et queue; – Séparer de la queue le coffre des animaux.

Emballage. Congélation	Pour la première et la deuxième méthodes : envelopper l'animal dans un film plastique à congélation, mettre dans un sac ou une boîte, fermer, étiqueter, congeler; Pour la troisième méthode : congeler séparément queue et coffre (plus les pinces, dans le cas du homard), en faisant comme ci-dessus.
Durée de conservation	Jusqu'à 6 mois.
Avant consommation	Plonger l'animal tout gelé dans le court-bouillon pour laisser la cuisson s'achever (de 15 à 20 mn après la reprise de l'ébullition suivant le poids). Ou le faire dégeler pour le préparer à l'américaine. Retirer l'emballage extérieur, mettre l'animal au réfrigérateur et laisser dégeler 18 heures au moins. Servir frais. Le contenu du coffre et les œufs peuvent être ajoutés à une mayonnaise d'accompagnement.

Langoustines

Préparation	Les laver, puis les plonger dans un court-bouillon léger en pleine ébullition, éteindre le feu et laisser refroidir dans la cuisson. Egoutter, éponger à fond.
Emballage. Congélation	Etaler les langoustines dans une boîte rectangulaire, tête-bêche, couvrir, étiqueter, congeler.
Durée de conservation	Jusqu'à 4 mois.
Avant consommation	Pour manger les langoustines froides ou décortiquer les queues : mettre au réfrigérateur pendant 15 heures environ. Ajouter sans décongélation préalable à une préparation chaude, paella, par exemple.

5. Fines herbes

Par la légèreté du parfum de certaines d'entre elles; par les mélanges subtils qu'elles permettent; par le goût d'une cuisine moins grasse et plus nuancée qui est la marque dans ce domaine du XXᵉ siècle finissant, les herbes occupent aujourd'hui une place indétrônable.

Or certaines d'entre elles ne se trouvent en abondance dans les jardins qu'à certaines époques de l'année et, partant, sont fort chères pendant les autres saisons. Ce qui amène à utiliser plutôt des herbes séchées, qui ont moins de goût et de parfum, comme le basilic et l'estragon, par exemple. C'est ici que le congélateur permet de stocker sous de très petits volumes des denrées périssables, saisonnières et coûteuses...

Il importe seulement de traiter les herbes avec soin. Comme les légumes verts, elles contiennent beaucoup d'eau et sont par conséquent fragiles, réagissant violemment en présence du froid : elles se déshydratent, deviennent ou sèches ou molles, perdent en partie leur belle couleur verte. La ciboulette, par exemple, est très, très délicate.

Les conseils suivants vous permettront du moins de stocker le « goût » des fines herbes à défaut de pouvoir préserver leur beauté. Encore un point : thym et laurier se conservent bien sous forme d'herbes sèches. Mais le froid les restitue tout frais, tels que vous les avez cueillis.

Même dans le congélateur, les parfums finissent par disparaître. Ne conservez donc pas indéfiniment ces herbes.

Basilic

Préparation	Plante d'été. Ne pas laisser fleurir le basilic : couper les boutons. Récolter de jeunes feuilles le matin de bonne heure. Les couper finement avec des ciseaux (ne pas hacher dans un appareil électrique qui écrase). Ou bien couper l'extrémité des jeunes branches. Laver et éponger à fond.
Emballage. Congélation	Tasser des feuilles dans des tiroirs à glaçons à éléments séparés. Faire congeler à découvert, puis démouler les cubes et les mettre dans de petits sacs. Fermer rapidement, étiqueter et remettre au congélateur. Ou bien, mettre les branches dans de petits sacs à congélation, fermer, étiqueter, congeler.
Durée de conservation	Jusqu'à 6 mois.
Avant consommation	Pour une préparation froide : faire dégeler, soit dans le réfrigérateur, soit à température ambiante. Ajouter, par exemple, à du fromage blanc. Ou broyer pour une soupe au pistou. Pour une préparation chaude : ajouter sans décongélation préalable, à une soupe aux légumes, par exemple.

Cerfeuil

Préparation	Couper les brins de cerfeuil tout frais, les hacher grossièrement avec des ciseaux ou les laisser entiers.
Emballage. Congélation	Congeler le hachis comme le basilic. Attacher les brins par petits paquets, mettre dans de petits sacs, fermer, étiqueter, congeler.
Durée de conservation	Jusqu'à 3 mois.

Avant consommation	Pour des préparations froides ou chaudes : froisser les brins de cerfeuil dans le sac : le gel les rend cassants. En parsemer salades, potages ou plats chauds. Pour des préparations chaudes seulement : ajouter un cube sans décongélation préalable.

Ciboulette

Préparation	Ne récolter que des brins jeunes (vert tendre), laver, éponger à fond. Attacher en petites bottes régulières.
Emballage. Congélation	Congeler les petits paquets, sur un plateau, à découvert. Enfermer dans de petits sacs, fermer, étiqueter et remettre au congélateur.
Durée de conservation	Jusqu'à 3 mois.
Avant consommation	Faire dégeler à la température ambiante, couper et ajouter aux préparations froides ou chaudes (ne jamais faire cuire). Ou bien casser entre les doigts les brins encore gelés : ils ramollissent très vite.

Estragon

Préparation	Cueillir de grandes feuilles fraîches ou l'extrémité des jeunes branches. Plonger feuilles ou pousses 10 secondes dans de l'eau bouillante, puis dans de l'eau glacée, éponger. Couper aux ciseaux ou laisser les branches entières.
Emballage. Congélation	Congeler comme le basilic haché les feuilles coupées aux ciseaux. Mettre les branches dans de tout petits sacs à congélation, fermer, étiqueter, congeler.
Durée de conservation	Jusqu'à 7 mois.
	Faire dégeler le cube à température ambiante et ajouter l'estragon dégelé aux préparations froides.

Avant consommation	Extraire une branche du sac et la frotter entre les mains, sans décongélation préalable, au-dessus de la préparation à parfumer, chaude ou froide. Introduire des branches d'estragon tout gelé à l'intérieur d'un poulet, par exemple.

Persil

Préparation	Voir « Cerfeuil ».
Emballage. Congélation	Voir « Cerfeuil ».
Durée de conservation	Jusqu'à 6 mois.
Avant consommation	Voir « Cerfeuil ».

Romarin

Préparation	Si possible, attendre la floraison pour couper les petites branches les plus fraîches. Bien secouer pour éliminer la poussière.
Emballage. Congélation	Mettre les branches dans de petits sacs à congélation, fermer, étiqueter, congeler.
Durée de conservation	Jusqu'à 10 mois.
Avant consommation	Sans décongélation préalable, froisser les branches entre les mains au-dessus de la préparation à aromatiser (grillade, par ex.). Ou ajouter des branches entières non dégelées dans les préparations chaudes. Retirer après cuisson.

Sarriette

Préparation	Cueillir de petites branches fraîches après la floraison. Bien secouer pour faire tomber la poussière et laisser les branches entières ou couper les feuilles aux ciseaux.
Emballage. Congélation	Comme le romarin pour les branches entières. Verser le hachis humide dans des tiroirs à glaçons et congeler à découvert (voir « Basilic »)
Durée de conservation	Jusqu'à 10 mois.
Avant consommation	Comme le romarin. S'il s'agit d'un cube gelé, l'ajouter encore gelé à une préparation chaude.

Sauge

Préparation	Cueillir avant la floraison les extrémités des branches les plus tendres et les grandes feuilles fraîches. Les plonger 10 secondes dans de l'eau bouillante, puis dans de l'eau glacée. Egoutter et éponger à fond.
Emballage. Congélation	Mettre branchettes ou feuilles dans de tout petits sacs ou gobelets. Fermer, étiqueter, congeler.
Durée de conservation	Jusqu'à 6 mois.
Avant consommation	Laisser dégeler à la température ambiante, ou bien froisser feuilles ou tiges au-dessus de la préparation à aromatiser, rôti de porc, par exemple, ou chair à saucisse, farce grasse, etc.

Thym

Préparation	Voir « Romarin ».

6. Les fruits

La plupart des fruits ne durent qu'une saison et les propriétaires de jardins connaissent la fâcheuse propension de certains d'entre eux à mûrir tous en même temps. On peut évidemment en faire des confitures ou en donner aux amis. On peut aussi rêver de les conserver frais pour une autre saison.

Or il existe quatre méthodes de base pour congeler des fruits sans les faire cuire :

– Ou bien on les congèle tels quels et à découvert, sans rien leur ajouter. Exemple : les fraises. On les étale sur un plateau spécial ou une plaque garnie de papier d'aluminium, on les congèle sans les couvrir, puis on les emballe dans des sacs spécial-congélation; ce procédé empêche les éléments de coller les uns aux autres, rappelons-le. Cette méthode est à rejeter pour les fruits qui changent de couleur en décongelant.

– Ou bien on les met tels quels dans des sacs à congélation. La capacité de ceux-ci doit être adaptée à l'usage futur; on ferme parfaitement le sac, on l'étiquette et on congèle. C'est le procédé adopté pour les baies ou les fruits à grappe, en particulier (cassis, myrtilles).

– Ou bien on les enrobe de sucre. Soit en les y roulant, soit en séparant deux couches de fruits par une couche de sucre; la quantité de sucre dépend évidemment de l'acidité du fruit : de 50 à 150 g par 500 g de fruits. On peut conserver ainsi du melon, par exemple.

– Ou bien, enfin, on les congèle dans du sirop. C'est le

seul moyen de bien conserver sans les faire cuire les fruits frais les plus juteux et qui changent facilement de couleur à la décongélation : pomme ou poire, par exemple.

Suivant le fruit, le sirop doit être plus ou moins concentré, pour empêcher le jus qui s'écoule de se diluer et de s'affadir. Nous vous proposons trois densités de sirop :

Pour un sirop léger : 2 volumes de sucre pour 4 volumes d'eau;

Pour un sirop moyen, 3 volumes de sucre pour 4 volumes d'eau;

Pour un sirop dense, 4 volumes de sucre pour 4 volumes d'eau:

Réalisez le sirop comme vous le faites d'habitude en ajoutant l'eau au sucre (semoule ou cristallisé) et en faisant bouillir 1 minute. Ecumez si besoin est. Laissez refroidir et mettez dans le réfrigérateur.

Quatre conseils.

- Evaluez bien la quantité de sirop nécessaire : environ 3 dl pour 500 g de fruits. Mais la quantité exacte dépend de la forme et de la taille des fruits et du récipient : les fruits doivent être recouverts. Faites un essai avant l'opération définitive.
- Préparez le sirop la veille du jour où vous pratiquerez la congélation, afin qu'il soit disponible, c'est-à-dire prêt et bien frais; c'est le sirop qui doit attendre les fruits et non pas le contraire.
- Si les fruits à congeler demandent à être à la fois pelés, épépinés ou dénoyautés et coupés en petits morceaux, traitez chaque fruit du début à la fin afin de le mettre dans le sirop dès que sa préparation est achevée. C'est le seul moyen pour qu'il ne change pas de couleur. Ceci est particulièrement vrai pour la poire ou la pomme.
- Les fruits, je l'ai déjà dit, doivent être recouverts par le sirop. Mais certains ont tendance à remonter en surface. Or il faut laisser un petit espace libre entre le sirop et le

couvercle (2 cm environ). Froissez donc un peu de papier d'aluminium dans l'espace laissé libre, puis couvrez.

Pour la décongélation.

Quelle que soit la méthode employée, le mieux est de faire dégeler les fruits sans les découvrir, soit dans le réfrigérateur, soit à la température ambiante. Le temps de décongélation dépend de la capacité du récipient utilisé. Disons qu'il faut, en gros, trois heures à la température ambiante pour un récipient de 3/4 de litre, une douzaine d'heures dans le réfrigérateur. Consommez dès le dégel accompli.

- **Conseil impératif**

On ne peut recongeler aucun produit dégelé. Les fruits pas plus que les autres. Ils prendraient d'ailleurs une apparence lamentable. Mais vous pouvez les faire cuire.

Les agrumes

On trouve toute l'année des citrons, des pamplemousses et des oranges. Mais les oranges dites d'été sont moins juteuses que les autres. De leur côté, mandarines et clémentines restent des fruits saisonniers. Or, de plus en plus, les garnitures de fruits accompagnent certaines viandes grasses, certains gibiers : porc, canard domestique ou sauvage, etc. Les réserves du congélateur sont donc les bienvenues.

Salades de fruits

Tous les fruits congelés peuvent être associés à d'autres fruits frais ou au sirop dans des salades qui, grâce à eux, deviennent originales, variées.

Purées et jus

Laissez toujours un espace libre d'environ 2 cm entre la surface du jus ou de la purée et le couvercle. Ils se décongèlent dans leur récipient, sous l'eau courante.

Abricots

Préparation	Les choisir bien mûrs mais intacts. Facultativement, les ébouillanter, les rafraîchir à l'eau glacée, les éponger. Les ouvrir et les dénoyauter.
Emballage. Congélation	Les ranger dans un bocal ou une boîte; ajouter du sucre semoule, ou bien les recouvrir d'un sirop moyen; fermer, étiqueter, congeler.
Durée de conservation	Jusqu'à 6 mois (abricots au sucre); jusqu'à 12 mois (abricots au sirop).
Avant consommation	Pour consommer les abricots tels quels : les faire dégeler au réfrigérateur ou à la température ambiante, sans découvrir. Pour garnir une tarte ou un gâteau; pour faire une compote : ne pas décongeler avant utilisation.

Agrumes

Préparation	Voir à chaque nom de fruit : citron, clémentine, etc.

Ananas

Préparation	Choisir un ananas mûr à point, mais sans tavelures brunes dans la pulpe. Le peler en retirant les points piquants. Retirer aussi le cœur. Couper la pulpe en tranches ou en dés. Ou bien : passer la pulpe au mixer, ajouter ou non du sucre, laisser dissoudre dans le jus.

Emballage. Congélation	Si l'ananas est très sucré : le mettre tel quel dans une boîte en séparant les couches par du film à congélation ou de l'aluminium. Sinon, séparer les couches par du sucre en poudre. Ou bien : recouvrir d'un sirop moyen. Verser la purée dans un gobelet ou une boîte rigide. Dans tous les cas, couvrir, étiqueter, congeler.
Durée de conservation	Jusqu'à 6 mois pour les morceaux au sucre, 12 mois pour les morceaux au sirop ou la pulpe.
Avant consommation	Pour consommer froid : faire dégeler les morceaux au réfrigérateur ou à la température ambiante, à couvert. Pour servir chaud : faire caraméliser légèrement avec du beurre et du sucre, sans décongélation préalable. Pour la purée : passer sous l'eau froide le récipient qui la contient.

Brugnons

Préparation	Bien les essuyer. Les ouvrir en deux et les dénoyauter. Les laisser ainsi ou les émincer.
Emballage. Congélation	Plonger les brugnons dans un sirop dense dès qu'ils ont été ouverts ou coupés. Fermer, étiqueter, congeler.
Durée de conservation	Jusqu'à 12 mois.
Avant consommation	Faire dégeler au réfrigérateur ou à la température ambiante, à couvert. Consommer dès que le dégel est total pour éviter que les brugnons ne perdent leurs belles couleurs.

Cassis

Préparation	Cueillir les grappes par temps sec, quand les fruits sont à complète maturité, sans début de flétrissement. Si on les a récoltés soi-même, sans les avoir traités chimiquement, se contenter de les égrener à la fourchette. Sinon, les laver à l'eau très fraîche, les éponger à fond, les égrener. Ou bien : réduire les grains en purée, en éliminant les peaux.
Emballage. Congélation	Etaler les grains de cassis sur un plateau spécial ou une plaque, congeler sans couvrir. Verser les grains congelés dans des sacs, fermer, étiqueter, remettre au congélateur. Pour la purée : y ajouter 150 g de sucre pour 500 g de fruits, remuer, verser dans de petites boîtes ou de petits gobelets, fermer, étiqueter, congeler.
Durée de conservation	Jusqu'à 10 mois.
Avant consommation	Utiliser les grains de cassis tout gelés pour des confitures, des compotes, etc. Utiliser la purée toute gelée pour des sauces chaudes. Faire dégeler la purée, soit au réfrigérateur, soit à la température ambiante, pour l'utiliser dans des crèmes glacées. Ne pas faire dégeler pour des sorbets (voir page 213).

Cerises

Préparation	Choisir des cerises dites « noires » ou des cerises de Montmorency (pas de bigarreaux), bien mûres, mais fermes et intactes. Les équeuter et, facultativement, les dénoyauter.

Emballage. Congélation	Les congeler à découvert sur un plateau ou une plaque. Les verser dans un sac, fermer, étiqueter, remettre au congélateur. Ou bien, les verser dans un bocal avec un sirop dense, fermer, étiqueter, congeler.
Durée de conservation	Fruits « nature » : jusqu'à 8 mois. Fruits au sirop : jusqu'à 12 mois.
Avant consommation	Pour consommer les cerises froides : les faire dégeler à couvert dans le réfrigérateur ou à la température ambiante. Les consommer dès que le dégel est total (un peu décevant). Pour faire des cerises flambées : faire dégeler juste assez pour sortir les cerises du bocal. Achever comme d'habitude. Compote : faire cuire les cerises avec leur sirop.

Citrons

(simplement pour un dépannage)

Préparation	Choisir des citrons non traités. Laver et éponger les citrons entiers. Les laisser ainsi ou les couper en rondelles. Ou bien lever le zeste, le tailler en julienne (languettes fines). En profiter pour en faire une bonne quantité. Jus : presser le citron, filtrer le jus. Ajouter, ou non, du sucre.
Emballage. Congélation	Envelopper les citrons entiers un par un dans de l'aluminium ou du film à congélation. En mettre plusieurs dans un sac. Fermer, étiqueter, congeler. Mettre les rondelles dans une boîte, ou bien telles quelles, ou bien avec du sucre ou un sirop léger. Zestes : verser la julienne telle quelle, dans de tout petits sacs ou gobelets. Verser le jus dans de tout petits pots ou gobelets, fermer en laissant un espace de 2 cm entre le jus et le couvercle. Etiqueter, congeler.

Durée de conservation	Jusqu'à 8 mois, 10 mois pour les zestes.
Avant consommation	Pour l'utiliser froid, laisser dégeler le citron à la température ambiante. Faire dégeler les rondelles à couvert au réfrigérateur ou à la température ambiante. Utiliser sans décongélation dans des préparations chaudes les rondelles ou les zestes. Jus : faire dégeler dans le récipient, sous l'eau froide. Si le gobelet contient la quantité nécessaire, le jus peut être ajouté tout gelé à une préparation chaude.

Citrons verts

Préparation	A congeler, entiers ou en tranches, comme des citrons jaunes.

Clémentines

Préparation	Choisir de petites clémentines, très mûres, mais très saines. Les peler, retirer les filaments blancs. Défaire les quartiers.
Emballage. Congélation	Placer les quartiers dans de petits récipients, soit tels quels, soit avec du sucre semoule, soit avec un sirop moyen. Fermer, étiqueter, congeler.
Durée de conservation	Jusqu'à 4 mois pour les quartiers « nature », jusqu'à 12 mois pour les quartiers au sirop.
Avant consommation	Pour manger froid : faire dégeler, soit au réfrigérateur, soit à température ambiante. Pour ajouter à une préparation chaude (canard, par exemple) : ne pas faire préalablement dégeler.

Figues

Préparation	Choisir des figues fraîchement cueillies, et mûres sans ramollissement. Ne pas les peler.
Emballage. Congélation	Etaler les figues sur un plateau spécial ou une plaque et les congeler à découvert. Les mettre dans des sacs à congélation, fermer, étiqueter, remettre au congélateur. Ou bien, mettre les figues dans un récipient rigide, les recouvrir d'un sirop léger, fermer, étiqueter, congeler.
Durée de conservation	Jusqu'à 8 mois.
Avant consommation	Pour manger les figues crues : les faire dégeler à couvert, au réfrigérateur ou à la température ambiante. Pour pocher les figues : les faire dégeler juste assez pour les extraire du récipient rigide, et les faire cuire ainsi avec leur sirop. Attention : la cuisson est très rapide dès qu'elles sont dégelées.

Fraises

Préparation	Choisir des fraises très mûres, mais fermes, et de préférence petites ou moyennes (grosses, elles sont souvent creuses). Les laver délicatement, les éponger, les équeuter. Trier les fraises en fonction de leur grosseur. En purée : passer les fraises crues dans un mixer, en ajoutant du jus de citron (3 cuillerées à soupe pour 1 kilo de fruits) et du sucre semoule (de 100 à 200 g par kg); pour un sorbet, par ex., compter 250 g au moins. Voir « Sorbet », page 213.

Emballage. Congélation	Congeler les fraises, si possible, dans l'heure qui suit leur cueillette. Plusieurs méthodes : Pour des fraises à manger telles quelles, étaler les fraises sur un plateau ou une plaque et les congeler à découvert. Les verser dans des sacs à congélation, fermer, étiqueter, remettre au congélateur. Pour des entremets ou des salades de fruits : rouler les fraises dans un peu de jus de citron, les mettre dans des boîtes avec du sucre semoule, par couches alternées; fermer, étiqueter, congeler. Rouler les fraises dans un peu de jus de citron et les verser dans un bocal avec un sirop dense; fermer, étiqueter, congeler. Verser la purée dans de petits gobelets ou boîtes hermétiques, fermer, étiqueter, congeler.
Durée de conservation	Jusqu'à 9 mois.
Avant consommation	Pour un dessert de fruits : faire dégeler les fraises au réfrigérateur, sans les déballer. Les consommer dès qu'elles sont souples. Si l'on attend, elles coulent. Faire dégeler les fraises au sucre ou au sirop et la purée au réfrigérateur, à couvert. Jamais de cuisson pour les fraises (excepté pour les confitures; ne pas faire dégeler préalablement les fraises). Ranger les fruits encore gelés sur un fond de tarte, puis napper de gelée de framboise bouillante.

Framboises

Préparation	Les cueillir quand elles sont tout à fait mûres : elles se détachent du pédoncule. Ne pas les laver. Au besoin, les dépoussiérer au sèche-cheveux (air froid).
Emballage.	Voir « Fraises ».

Congélation	Voir « Fraises ».
Durée de conservation	Jusqu'à 8 mois.
Avant consommation	Voir « Fraises ».

Groseilles

Préparation	Elles se préparent, se congèlent, s'emballent, se conservent et se décongèlent comme le cassis. Voir ce mot.

Groseilles à maquereau

Préparation	Attendre pour les cueillir que leur peau soit devenue dorée.
Emballage. Congélation	Les faire congeler à découvert sur un plateau spécial ou une plaque.
Durée de conservation	Jusqu'à 10 mois.
Avant consommation	Faire dégeler à la température ambiante ou au réfrigérateur, dans l'emballage (pour ajouter à du fromage blanc, par ex., ou à du yaourt, etc.). Ajouter sans dégel préalable à une salade de fruits (le dégel se fait au contact des autres fruits) ou en garnir une tarte. Napper de crème fraîche. Pour faire une sauce chaude (pour accompagner du gibier, par ex.), faire cuire sans dégel préalable.

Mandarines

(voir « Clémentines »)

Mangues

Préparation	Elles se congèlent très bien si on les choisit mûres, avec une pulpe encore ferme. Peler les fruits, les dénoyauter, couper la pulpe en lamelles, les rouler dans un peu de jus de citron. Ou bien réduire la pulpe en purée, au mixer, en ajoutant du jus de citron (3 cuillerées à soupe pour 500 g de pulpe) et du sucre semoule (de 100 à 300 g suivant l'utilisation future, salade de fruits ou sorbet).
Emballage. Congélation	Mettre les tranches de mangue dans un récipient rigide, avec le jus de citron ou le sucre; ou encore les arroser d'un sirop léger. Verser la purée dans des gobelets. Fermer, étiqueter, congeler.
Durée de conservation	Jusqu'à 9 mois.
Avant consommation	Placer le récipient dans le réfrigérateur et faire dégeler à couvert. Pour une salade de fruits, mettre les tranches de mangue non dégelées. Ne jamais faire cuire des mangues. Sauf pour des confitures.

Melon

Préparation	Ne sélectionner que des melons mûrs à point et parfumés, avec une pulpe ferme : goûter! Eplucher, couper en cubes. Inutile d'arroser de jus de citron.
Emballage. Congélation	Mettre les cubes de melon dans un récipient rigide, soit avec du sucre semoule, par couches alternées, soit avec un sirop léger. Fermer, étiqueter, congeler.

Durée de conservation	Jusqu'à 8 mois.
Avant consommation	Voir « Mangues ». Consommer le melon quand il est juste dégelé. Si l'on attend, il coule.

Mirabelles

Préparation	Elles se préparent, se congèlent, s'emballent, se conservent et se décongèlent comme les « Cerises ». Voir ce mot.

Mûres

Préparation	Mûres de ronces : les choisir à leur point de maturité, très sombres, mais fermes, sans dessèchement (fréquent les années sans pluie). Mûres de mûrier : placer une bâche de plastique sous l'arbre : à maturité, les fruits se détachent et tombent. Les ramasser à mesure, délicatement : les chutes sont massives.
Emballage. Congélation	Congélation à découvert, comme les cassis en grains. Même méthode d'emballage.
Durée de conservation	Jusqu'à 10 mois.
Avant consommation	Pas de décongélation pour ajouter à des salades de fruits ou pour garnir des tartes. Dans ce cas, napper, ou non, de crème fraîche. Ne pas faire cuire les mûres, sauf pour des confitures (elles se réalisent sans décongélation préalable).

Myrtilles

Préparation	Ne choisir que des myrtilles à leur point optimum de maturité et très saines. Ne pas laver celles que l'on a cueillies soi-même. Trier, laver, éponger à fond celles que l'on n'a pas récoltées.
Emballage. Congélation	Congeler et emballer les myrtilles comme le cassis en grains.
Durée de conservation	Jusqu'à 12 mois.
Avant consommation	Pour garnir des tartes : on peut, ou non, faire dégeler les myrtilles. Pour des confitures : faire cuire sans décongélation préalable.

Noix

Préparation	Elles se conservent bien en séchant. Congelées fraîches, elles sont exquises. Les choisir grosses, casser les coquilles, extraire la pulpe en essayant de préserver des demi-noix (cerneaux), retirer l'enveloppe souple.
Emballage. Congélation	Verser les cerneaux dans de petits sacs à congélation ou dans un bocal, avec un sirop dense. Bien fermer, étiqueter, congeler.
Durée de conservation	Jusqu'à 6 mois.
Avant consommation	Laisser dégeler à couvert, à la température ambiante. Pour les caraméliser : les plonger dans le caramel sans dégel préalable.

Oranges

Préparation	Choisir des oranges d'hiver, moyennes, à peau fine, fermes, sucrées et juteuses. Les peler « à vifs », en retirant à la fois, au couteau, le zeste et la peau blanche; séparer aussi les quartiers « à vif », pour ne conserver que la pulpe. Ou bien : presser les oranges et filtrer le jus. Ajouter (ou non) du sucre; remuer pour faire dissoudre.
Emballage. Congélation	Placez ces quartiers dans une boîte, soit avec du sucre par couches alternées, soit avec un sirop moyen. Verser le jus dans de petits gobelets en ménageant un espace libre de 2 cm entre le jus et le couvercle. Fermer, étiqueter, congeler.
Durée de conservation	Jusqu'à 10 mois.
Avant consommation	Faire dégeler les quartiers au réfrigérateur, à couvert; faire dégeler le jus dans son récipient de congélation, sous l'eau courante. Ajouter les quartiers sans décongélation à une salade de fruits : ils se dégèleront au contact des autres fruits.

Pamplemousses

Préparation	Les choisir roses, si possible (les fruits sont plus doux), frais et juteux. Les ouvrir en deux et prélever la pulpe avec une cuiller spéciale. Jus : voir « Oranges ».
Emballage. Congélation	Voir « Oranges ».

Durée de conservation	Jusqu'à 10 mois.
Avant consommation	Voir « Oranges ».

Pêches

Préparation	Choisir des pêches blanches ou jaunes (les jaunes sont moins fragiles), mûres, mais fermes, et de taille moyenne. Ensuite, travailler très vite : préparer du jus de citron. Plonger les fruits 30 secondes dans de l'eau bouillante, les rafraîchir, les peler, les dénoyauter, rouler les demi-fruits dans le jus de citron.
Emballage. Congélation	Mettre les demi-pêches (ou des quartiers) dans des boîtes sans rien y ajouter, ou les mettre dans des bocaux à large goulot, avec un sirop moyen. Couvrir, étiqueter, congeler aussitôt.
Durée de conservation	Jusqu'à 6 mois.
Avant consommation	Faire dégeler à couvert au réfrigérateur ou à la température ambiante. Pour une salade de fruits : ne pas faire dégeler (voir « Oranges »). Pour faire cuire en compote : mettre les morceaux tout gelés dans une casserole, avec le sirop ou le sucre de conservation.

Poires

Préparation	Choisir des poires mûres sans mollesse, juteuses, non farineuses ni « pierreuses », parfumées. Travailler vite : les éplucher, les épépiner, les couper en quartiers ou en tranches, les rouler à mesure dans du jus de citron.

Emballage. Congélation	Mettre les morceaux de poires dans une boîte, soit avec du sucre, par couches alternées, soit avec un sirop moyen. Fermer, étiqueter, congeler.
Durée de conservation	Jusqu'à 6 mois.
Avant consommation	Pour manger les quartiers tels quels, faire dégeler à couvert au réfrigérateur ou à la température ambiante. Pour garnir une tarte ou compléter une salade de fruits (voir « Oranges »), pas de décongélation préalable. Faire cuire en compotes également sans dégel préalable.

Pommes

Préparation	Il n'y a pas grand intérêt à congeler des pommes crues : on en trouve toute l'année. Il est plus avantageux de congeler de la compote. Si toutefois on désire en congeler : Choisir des pommes mûres, juteuses, parfumées. Les peler, les épépiner, les couper en tranches en les roulant à mesure dans du jus de citron. Ou bien, les plonger 1 mn dans de l'eau bouillante, les rafraîchir, les éponger.
Emballage. Congélation	Verser aussitôt les tranches dans un sirop léger, couvrir, étiqueter, congeler. Verser les pommes blanchies, telles quelles, dans un sac. Fermer, étiqueter, congeler.
Durée de conservation	Jusqu'à 8 mois.
Avant consommation	Voir « Pêches ». Pour une tarte, utiliser de préférence des tranches de pommes blanchies.

Prunes

Préparation	Choisir les prunes (reines-claudes, quetsches, prunes de Ste Catherine, etc.) mûres, fermes, sucrées, parfumées. Les essuyer, les dénoyauter.
Emballage. Congélation	Ranger les prunes dans une boîte avec du sucre, par couches alternées. Ou recouvrir les prunes d'un sirop moyen. Couvrir, étiqueter, congeler.
Durée de conservation	Jusqu'à 6 mois.
Avant consommation	Faire dégeler au réfrigérateur ou à la température ambiante, à couvert. Consommer au plus vite. Sans décongélation préalable : garnir une tarte ou préparer une compote.

Raisin

Préparation	Ou bien utiliser de petites grappes entières de raisin sans pépins (rare en France); ou bien utiliser de gros grains, les peler, les épépiner.
Emballage. Congélation	Faire congeler les grappes à découvert sur un plateau spécial ou une plaque. Les enfermer une par une dans de petits sacs à congélation, fermer, étiqueter, remettre au congélateur. Ou bien verser les grains dans un bocal avec un sirop léger. Couvrir, étiqueter, congeler.
Durée de conservation	Jusqu'à 8 mois.
Avant consommation	Faire dégeler les grappes à la température ambiante. Consommer très vite. Utiliser les grains encore gelés dans une salade de fruits (voir « Oranges »), des tartes sans cuisson, des choux, etc. Ou pour garnir un gibier, une volaille, un poisson (filets de soles).

7. Le gibier

Deux écoles pour la congélation du gibier :

Nettoyer l'animal, ou la portion d'animal s'il s'agit d'un gros gibier à poil, en retirant au maximum terre, débris végétaux, etc., l'emballer dans une feuille de plastique à congélation, puis dans un grand sac, le congeler;

Ou bien : plumer ou dépouiller l'animal, le vider, le parer pour ne laisser que la partie comestible et le congeler comme une volaille ou de la viande de boucherie.

Personnellement, et à part les petits oiseaux, cailles, par exemple, je préfère cette seconde solution, qui permet de nettoyer à fond la bête et de faciliter la congélation « à cœur » dans de bonnes conditions.

Je rappelle encore que la congélation à domicile du gibier est d'autant plus intéressante que les périodes de chasse sont très réduites et que, en dehors de ces périodes, et pour empêcher les fraudes, la vente du gibier congelé est interdite.

Choix du gibier

Dans la mesure du possible, congelez seulement des animaux qui n'ont pas été massacrés par les plombs de chasse. Choisissez-les gros, dodus et jeunes. Ce dernier point se vérifie de la façon suivante :

– Pour les oiseaux, bec, pattes et bréchet sont souples. La patte écailleuse et pourvue d'un ergot prouve que l'animal n'est pas de l'année;

– Pour les lièvres et les lapins, c'est aux oreilles, très souples aussi, que la jeunesse se marque. Et au poids.

Le problème du faisandage

Manger de la viande fraîche ne signifie pas qu'on la mange le jour où l'animal a été abattu, ni même le lendemain. Elle doit avoir le temps d'acquérir la maturité nécessaire. De même pour le gibier. Mais un animal pourchassé souffre, et sa chair s'échauffe, accélérant les processus de maturation. C'est pourquoi il est non seulement inutile, mais dangereux, de laisser faisander du gibier. En revanche, il ne faut pas le congeler dans les quelques heures qui suivent sa capture; la congélation stoppe temporairement, bien que seulement partiellement, la maturation qui ne s'accomplit plus jamais comme avant l'action du gel. Après décongélation, et si l'on attend, la viande pourrira, mais elle n'acquerra pas la tendreté qui n'avait pas été acquise avant le gel. En fait, une attente de 36 heures est suffisante pour le petit gibier, sauf pour la bécasse. Allez jusqu'à 6 jours, au frais, pour la venaison.

Pour plumer plus facilement les oiseaux

Mettez-les dans le réfrigérateur pendant 3 ou 4 heures avant de les plumer : le travail sera beaucoup plus facile.

Pour dépouiller un lièvre ou un lapin de garenne :

Ce n'est pas difficile, mais quelques personnes répugnent à pratiquer cette opération... qui en général intéresse fort les jeunes enfants : la sensibilité ne se trouve pas toujours là où l'on s'attend à la découvrir! Votre volailler habituel ne refusera pas de dépouiller l'animal pour vous. Priez-le aussi de recueillir le sang et de vous le donner.

L'emballage

L'odeur du gibier est forte. C'est pourquoi il faut toujours pratiquer un double emballage, en choisissant bien le matériau. Le Rilsan, parfaitement imperméable aux odeurs, est ici particulièrement indiqué.

Le mieux est donc d'envelopper l'animal (plumé ou dépouillé, vidé, paré) dans un film, puis dans un sac en Rilsan, en veillant bien à la perfection de l'emballage. On peut emballer les morceaux de gibier, d'abord dans du papier d'aluminium (mais il est fragile), puis dans un sac en Rilsan.

N'oubliez pas de protéger tout ce qui pourrait déchirer l'emballage. Pour gagner de la place, essayez aussi de donner au gibier une forme aussi massive que possible, en ramenant les membres, le cou et la tête le plus près possible du corps.

La cuisson

Un gibier tué à la chasse et congelé doit être complètement décongelé avant la cuisson. C'est le seul moyen pour vous d'être sûre que cette cuisson pénètre partout. Mais pratiquez-la dès que le dégel est total.

On peut aussi faire mariner le gibier si la recette l'exige; vous n'attendrez pas que le gibier soit dégelé pour le mettre dans la marinade, où il achèvera au contraire sa décongélation.

Encore un mot

Un gibier tué à la chasse continue à « rassir » dans le congélateur. C'est pourquoi sa durée de conservation est plus limitée que celle de la viande de boucherie ou de la volaille de basse-cour.

Bécasse

Préparation	Laisser la bécasse pendre par le cou dans un endroit frais pendant 3 jours environ, puis la mettre pendant 4 heures dans le réfrigérateur, la plumer, la vider (les amateurs font cuire la bécasse sans la vider, mais c'est à rejeter pour la congélation), la trousser en croisant les pattes et en piquant le bec dans la poitrine.
Emballage. Congélation	Envelopper la bécasse dans de l'aluminium ou du film à congélation, la mettre dans un sac, fermer, étiqueter, congeler.
Durée de conservation	Jusqu'à 8 mois.
Avant consommation	Deux méthodes : – Faire dégeler la bécasse dans le réfrigérateur avec son emballage, et complètement : 24 heures environ. – La faire cuire (comme une bécasse fraîche, rôtie ou en cocotte) dès que la décongélation est complète. Ne pas oublier de la barder.

Bécassine

Préparation	Elle se mange toute fraîche... et se congèle de même. On peut, au choix, la plumer, la vider et la trousser avant congélation, ou se contenter de bien essuyer les plumes.
Emballage. Congélation	Voir « Bécasse ».
Durée de conservation	Jusqu'à 6 mois.

Avant consommation	Si la bécassine a été congelée avec ses plumes, la mettre au réfrigérateur pendant 6 heures, puis la déballer, la plumer et la remettre au réfrigérateur pour achever la décongélation. Faire cuire aussitôt (voir « Bécasse »).

Cailles

(voir « Bécassines »)

Canard sauvage

Préparation	Suspendre le canard par la tête pendant 2 ou 3 jours dans un endroit frais, puis le mettre au réfrigérateur pendant 4 ou 5 heures, le plumer, le vider, couper les pattes, nettoyer l'intérieur du bec ou couper la tête. Brider le canard pour lui donner une bonne forme.
Emballage. Congélation	Voir « Bécasse ».
Durée de conservation	Jusqu'à 6 mois.
Avant consommation	Faire dégeler le canard au réfrigérateur dans son emballage (24 heures au moins), puis le débarrasser de ses dernières plumes. Le faire cuire comme un canard frais (four, cocotte).

Cerf

Préparation	Dépouiller le morceau de cerf; s'il est très gros, demander au volailler de le faire et de pratiquer lui-même la découpe : sans expérience, c'est difficile. Préciser le poids des morceaux que l'on désire. Laisser rassir 5 ou 6 jours au frais.

Emballage. Congélation	Envelopper les plus gros morceaux dans du film à congélation, puis dans un sac en Rilsan. Veiller particulièrement à la qualité de l'emballage. Fermer, étiqueter, congeler. Ranger les petits morceaux dans une boîte ou un sac, mettre le tout dans un second sac. Fermer, étiqueter, congeler.
Durée de conservation	Jusqu'à 8 mois.
Avant consommation	Faire dégeler au réfrigérateur dans l'emballage et complètement (plus de 24 heures si le morceau est gros). Faire cuire ensuite comme un morceau frais.

Chevreuil

Préparation	Il se prépare, s'emballe, se congèle, se décongèle comme le « Cerf ».

Faisan

Préparation	Préférer les poules faisanes aux coqs : elles sont plus tendres. Les meilleures pèsent 1,200 kg environ. Laisser le faisan rassir dans un endroit frais pendant 2 jours, puis le plumer, le vider, le trousser s'il doit être plus tard rôti, le découper en morceaux s'il doit être braisé.
Emballage. Congélation	Pour l'animal entier ou découpé en morceaux, voir, à « Cerf », les deux possibilités.
Durée de conservation	Jusqu'à 6 mois.
Avant consommation	Voir « Bécasse ».

Lapin de garenne

Préparation	Congeler de préférence un jeune lapin : cou rond et court, oreilles tendres, griffes acérées. Mettre le lapin au frais pendant un jour ou deux, ou au réfrigérateur pendant 2 ou 3 jours, puis le dépouiller ou le faire dépouiller par le volailler en le priant de recueillir le sang. Suivant la destination future envisagée, laisser l'animal entier, séparer le râble de l'avant ou le découper en morceaux. Si l'animal est conservé entier, ramener les pattes le plus près possible du corps pour lui donner une forme massive.
Emballage. Congélation	Envelopper le lapin entier ou le râble dans un morceau de film à congélation, puis dans un sac en Rilsan, bien fermer, étiqueter, congeler. Ranger les morceaux dans une boîte, fermer, mettre dans un sac, fermer, étiqueter, congeler.
Durée de conservation	Jusqu'à 8 mois.
Avant consommation	Faire dégeler le lapin au réfrigérateur, dans son dernier emballage, pendant 24 heures au moins s'il est entier ou le faire cuire (voir « Bécasse »). Le lapin peut, en outre, être préparé en civet.

Lièvre

Préparation	Choisir un jeune lièvre (mêmes caractéristiques que pour le lapin), pas trop abîmé par le chasseur : s'il est très abîmé, mieux vaut en faire une terrine (Voir page 280). Le laisser « rassir » au frais pendant 2 ou 3 jours. Le dépouiller ou le faire dépouiller par le volailler (en recueillant le sang). Couper la tête et l'extrémité des pattes. Séparer le râble de l'avant. Détacher les pattes de derrière. Découper l'avant en morceaux.

Emballage. Congélation	Envelopper le râble dans un film à congélation, puis dans un sac de Rilsan. Ranger les morceaux dans une boîte, couvrir, puis placer dans un sac de Rilsan. Dans les deux cas, fermer, étiqueter, congeler.
Durée de conservation	Jusqu'à 8 mois.
Avant consommation	Faire dégeler le lièvre dans son dernier emballage au réfrigérateur (plus de 24 heures). Les morceaux, eux, peuvent dégeler dans une marinade. On peut en outre le faire cuire en civet (voir « Lapin de garenne »).

Marcassin

Préparation	Meilleur à congeler que le sanglier, parce que plus tendre. Il se prépare, s'emballe, se conserve, se décongèle comme le « Cerf ».

Perdreau, perdrix

Préparation	Le perdreau, animal de l'année, tendre : pattes et bréchet souples, pattes sans écailles ni ergot. Il sera rôti. La perdrix, plus vieille, sera braisée, avec ou sans chou. Suspendre l'animal au frais (ou mettre au réfrigérateur) pendant un jour ou deux. Le plumer, le vider, le brider.
Emballage. Congélation	Voir « Bécasse ».

Durée de conservation	Jusqu'à 6 mois.
Avant consommation	Voir « Bécasse ».

Sanglier

Préparation	Il se prépare, s'emballe, se congèle, se conserve et se décongèle comme le « Cerf ».

8. Les légumes

Les conserves appertisées, depuis longtemps, ont aidé à combattre cette défaillance de la nature, les longs mois pendant lesquels, avant elles, on ne mangeait que des légumes-racines, plus ou moins préservés du dessèchement ou de la flétrissure : pommes de terre que l'on s'évertuait à priver de leurs germes; carottes, navets, panais ou rutabagas entassés en silos ou laissés en terre aussi tard que possible, comme aussi les poireaux placés en jauge. Et puis les choux, qui ont si fort marqué certaines cuisines paysannes.

Grâce aux conserves, petits pois ou haricots verts, carottes nouvelles ou cœurs de céleri sont sur nos tables toute l'année et bénies soient-elles pour les services qu'elles rendent; un petit coup d'ouvre-boîte, 5 mn de réchauffage, et le plat peut apparaître sur la table. Pas d'épluchage, pas de débris, c'est l'idéal.

Le seul ennui est que le procédé même de l'appertisation modifie le goût des légumes, et d'une façon importante pour certains d'entre eux : petits pois, asperges ou champignons, par exemple. Nous avons changé tout cela, peuvent dire surgélation et congélation. Certes, il nous faut éplucher les légumes que nous congelons nous-mêmes; mais nous pouvons planifier ce travail en groupant les tâches à des moments privilégiés; mobiliser les bonnes volontés : il est plus facile de se faire aider à écosser dix kilos de petits pois qu'une livre; curieux, mais c'est ainsi. Toute la famille et même les amis se font un devoir de coopérer à cette grande œuvre de stockage de vivres!

On dit : mais il est plus délicat de préparer des légumes pour la congélation que pour les conserves. Erreur. De bonnes conserves ne se font qu'avec des produits tout frais, et le travail est bien plus important. Que demande la congélation? Une grande marmite pour le blanchiment – nous allons voir ça; un panier métallique; une bassine pouvant recevoir de l'eau très froide; une passoire; des torchons propres pour éponger, ou du papier absorbant; des sacs pour enfermer. C'est tout.

• Le blanchiment : pourquoi et comment? C'est très simple : le fait de plonger les légumes dans de l'eau en pleine ébullition – car il ne s'agit de rien d'autre – arrête l'action des enzymes, empêchant, par conséquent, une évolution qui diminuerait le goût et la valeur nutritive du légume tout en modifiant son apparence. Le temps de blanchiment dépend du légume. Trop long, il le ramollit et change sa couleur; trop court, il ne fait pas suffisamment obstacle à l'action des enzymes. Pour que le bienfait de l'opération soit complet, il faut, dès la sortie de l'eau bouillante, plonger le légume dans de l'eau très froide (ou le passer sous le robinet si l'eau est réellement froide) pour stopper net la cuisson. Il reste à égoutter, éponger, emballer et congeler.

A la vérité, quelques rares légumes se passent bien du blanchiment : je pense aux très jeunes asperges, aux petits haricots verts tout tendres. Mais, non blanchis, ils se conservent moins longtemps.

Certains préconisent, pour les légumes d'un tout petit volume (haricots verts très fins, petits pois, minuscules carottes nouvelles ou petits champignons de Paris), le blanchiment, non plus à l'eau bouillante, mais à la vapeur. Le résultat est excellent mais l'opération est plus longue. Faites vous-même l'expérience et choisissez.

. Le procédé le plus simple pour blanchir et rafraîchir les légumes est de les placer dans un panier métallique que l'on plonge successivement dans l'eau bouillante, puis dans l'eau très froide. Si la quantité de légumes à blanchir est importante, il est bon de prévoir une réserve d'eau bouillante qui permet de maintenir dans la marmite un niveau toujours suffisant.

Suivant les légumes, la congélation se pratique à découvert ou après emballage. Les précisions vous seront données légume par légume.

Pour mener l'opération tambour battant, arrangez-vous pour avoir tout sous la main au moment opportun. En particulier, pressez à l'avance les citrons pour les légumes qui ont besoin de leur jus pour ne pas brunir (les fonds d'artichauts, par exemple).

La décongélation et la cuisson

En fait, il faut plutôt parler de « décongélation-cuisson ». L'expérience en effet prouve que la meilleure façon de faire cuire des légumes verts congelés est de les plonger tout gelés dans l'eau bouillante, exactement comme on le fait pour les légumes frais. A cause du blanchiment préalable de la plupart d'entre eux, en outre, le temps de cuisson n'est pas plus long que pour les légumes frais.

Je dis : cuisson des légumes tout gelés à l'eau bouillante. Mais vous pouvez aussi très bien faire cuire à la vapeur des légumes encore gelés. Préparée de cette façon, une macédoine, par exemple, dans laquelle les légumes sont coupés en petits morceaux (comme aussi une julienne, pour laquelle les légumes sont coupés en bâtonnets longs et fins) conserve la saveur particulière de chacun de ses composants et n'appelle aucun égouttage. Petites carottes, petits navets, haricots verts, petits pois, bouquets de chou-fleur, champignons, et de façon générale tous les légumes à goût délicat se trouvent bien de ce mode de cuisson.

Artichauts

Préparation	Fonds : pour les gros artichauts. Deux procédés : – Casser la queue, couper les feuilles en allant de l'extérieur vers l'intérieur, couper les petites feuilles et le foin au ras du fond, achever de gratter celui-ci avec une cuiller, citronner largement. Les blanchir à l'eau bouillante pendant 3 mn, les rafraîchir, les égoutter, les essuyer. – Faire cuire les artichauts dont les fonds doivent rester un peu fermes (12 mn dans un autocuiseur, par ex.). Retirer les feuilles, nettoyer les fonds, les citronner. Petits artichauts, dits « poivrades » : laver à fond, casser la queue, citronner la cassure, blanchir 2 mn, rafraîchir, éponger.

Emballage. Congélation	Fonds, 1er procédé de préparation : étaler les fonds sur un plateau ou une plaque, congeler. Verser dans un sac, bien fermer, étiqueter, remettre au congélateur. 2e procédé de préparation : ranger les fonds dans des boîtes en séparant deux couches par du film à congélation, fermer, étiqueter, congeler. Petits artichauts : les emballer et les congeler comme les fonds cuits.
Durée de conservation	Jusqu'à 9 mois.
Avant consommation	Fonds, 1er procédé de préparation : jeter les fonds tout gelés dans de l'eau bouillante salée et les faire cuire selon son goût (en moyenne, 13 ou 14 mn). Ils sont ensuite accommodés comme des fonds frais : chauds au beurre ou au gratin, ou farcis; ou froids en salade, dans un hors-d'œuvre, ou farcis, etc. Fonds, 2e procédé de préparation : pour les manger froids : les faire dégeler au réfrigérateur sans leur emballage pendant 12 heures au moins ou à la température ambiante. Assaisonner. Ou bien réchauffer au beurre, au jus, etc. Petits artichauts : sans décongélation préalable, les faire braiser comme s'ils étaient frais.

Asperges

Préparation	Ne congeler que des asperges fraîchement cueillies. Les peler à fond, les raccourcir, les lier par petites bottes en les groupant par grosseur. Deux procédés : – Faire blanchir les asperges (de 1 mn pour les très fines à 3 ou 4 mn pour les grosses). Les rafraîchir dans de l'eau glacée, les éponger. – Rafraîchir simplement les asperges et les éponger.

Emballage. Congélation	Mettre les asperges dans des sacs ou des boîtes, en veillant à ne pas casser les pointes. Pratiquer le double emballage. Fermer, étiqueter, congeler.
Durée de conservation	Jusqu'à 6 mois pour les asperges non blanchies, jusqu'à 10 mois pour les autres.
Avant consommation	Sans décongélation préalable, plonger les asperges dans de l'eau bouillante salée et les laisser cuire de 16 à 22 mn suivant leur grosseur.

Aubergines

Préparation	Ne choisir que des aubergines petites, brillantes, fermes. Les couper en rondelles, les blanchir 3 mn à l'eau bouillante. Rafraîchir. Eponger. Voir aussi « Ratatouille », page 132.
Emballage. Congélation	Ranger les rondelles dans des boîtes en séparant les couches par du film à congélation. Fermer, étiqueter, congeler.
Durée de conservation	Jusqu'à 6 mois.
Avant consommation	Deux procédés : – Faire dégeler les aubergines à la température ambiante dans leur emballage, ou au réfrigérateur. – Eponger les aubergines et les utiliser comme des légumes frais : sautées, au gratin, en ratatouille, pour une moussaka (voir page 271), etc.

Bettes

Préparation	Bien que très aqueuses, les bettes se congèlent bien : côtes et feuilles. Feuilles : voir « Epinards ». Côtes : effiler, couper en tronçons, laver. Blanchir de 2 à 3 mn à l'eau bouillante, rafraîchir, éponger.
Emballage. Congélation	Garnir d'un sac un récipient rigide, verser les tronçons de bettes dans ce sac, en les rangeant pour qu'ils tiennent moins de place, rabattre le sac et congeler. Sortir le sac du récipient, fermer, étiqueter, remettre au congélateur.
Durée de conservation	Jusqu'à 10 mois.
Avant consommation	Sans décongélation, jeter les tronçons de bettes dans de l'eau bouillante salée, laisser cuire de 7 à 10 mn suivant que vous les servirez au gratin, à la béchamel ou au jus.

Betteraves

Préparation	Choisir de petites betteraves jeunes et tendres, les laver, ne pas les peler. Les faire cuire à l'eau bouillante salée de façon qu'elles restent un peu croquantes (4 mn seulement si on les destine à un bortsch, par exemple), les rafraîchir, les égoutter, les peler, les couper en rondelles ou en dés.
Emballage. Congélation	Verser rondelles ou dés dans des boîtes à congélation, fermer, étiqueter, congeler.
Durée de conservation	Jusqu'à 8 mois.

Avant consommation	Faire dégeler dans l'emballage au réfrigérateur ou à la température ambiante et accommoder suivant les recettes habituelles. Pour ajouter à un potage (bortsch, par exemple), jeter dans le liquide bouillant, sans décongélation préalable.

Brocolis

Préparation	Congeler de jeunes tiges, longues de 20 cm environ, grosses de 2 au maximum, et dont les bourgeons sont à peine entrouverts. Laver, blanchir à l'eau bouillante de 2 à 4 mn suivant la grosseur des tiges, rafraîchir, éponger.
Emballage. Congélation	Garnir d'un sac une forme rigide, y ranger les brocolis tête-bêche, bien serrés, rabattre le sac, congeler. Sortir le sac de la forme, fermer, étiqueter, remettre au congélateur.
Durée de conservation	Jusqu'à 10 mois.
Avant consommation	Sans décongélation préalable, plonger les brocolis dans de l'eau bouillante salée et laisser cuire de 4 à 8 mn suivant la grosseur des tiges. Accommoder ensuite comme on en a l'habitude (au beurre, par exemple : c'est ainsi qu'ils sont les meilleurs).

Cardons

Préparation	Comme les salsifis, les cardons peuvent rester longtemps en terre. Mais la congélation permet d'en conserver qui soient jeunes et frais. Retirer les feuilles, couper les côtes en tronçons de même longueur, les effiler, les laver. Les blanchir en les plongeant 3 mn dans de l'eau bouillante. Rafraîchir, éponger.

Emballage. Congélation	Voir « Bettes ».
Durée de conservation	Jusqu'à 10 mois.
Avant consommation	Voir « Bettes ».

Carottes

Préparation	Choisir des carottes nouvelles fraîchement récoltées, petites et tendres, d'une forme aussi régulière que possible. Les frotter sans les gratter ni les éplucher, les laisser entières, les plonger 3 mn dans de l'eau bouillante, rafraîchir, égoutter, éponger. En vue de macédoines futures, couper des carottes en petits cubes réguliers, faire blanchir 1 mn seulement. Voir « Macédoine ».
Emballage. Congélation	Mettre les carottes dans des sacs ou des boîtes à congélation, fermer, étiqueter, congeler.
Durée de conservation	Jusqu'à 12 mois.
Avant consommation	Sans décongélation préalable, faire cuire les carottes, ou bien à l'eau bouillante salée (10 mn environ après la reprise de l'ébullition), ou bien à la vapeur, (14 mn environ) ou bien encore dans une cocotte, en braisage, ou à l'étouffée. Ou en autocuiseur.

Céleri en branches

Préparation	Comme les bettes et les cardons, le céleri cru devient mou à la congélation. C'est plus gênant ici, parce que cela empêche de le manger cru après décongélation. Mais cuit, il est bon. Détacher les côtes, les effiler, les couper en tronçons de même longueur, les blanchir de 2 à 3 mn, les rafraîchir, les éponger. Voir aussi « Légumes pour pot-au-feu ».
Emballage. Congélation	Voir « Cardons ».
Durée de conservation	Jusqu'à 6 mois.
Avant consommation	Sans décongélation préalable, plonger les tronçons de céleri dans l'eau bouillante (10 mn), égoutter et achever la préparation. Ou bien les faire cuire à la vapeur. Ou bien les braiser, à feu doux au début.

Céleri-rave

Préparation	Lui aussi se ramollit à la congélation. Le peler, le couper en tranches ou le râper en gros copeaux, le blanchir de 1 à 2 mn, à l'eau bouillante, le rafraîchir, l'éponger.
Emballage. Congélation	Mettre le céleri râpé dans des boîtes, les rondelles dans des sacs à congélation. Fermer, étiqueter, congeler.
Durée de conservation	Jusqu'à 6 mois.

Avant consommation	Pour manger le céleri râpé en salade, le faire dégeler à la température ambiante ou au réfrigérateur, ou bien, pour le manger chaud, le faire cuire sans décongélation, à l'eau bouillante ou en braisage (à feu doux).

Champignons de Paris

Préparation	Ne congeler que de très petits champignons, très frais (ils sont craquants) et bien fermés. Gratter le pied, laver vivement, éponger à fond. Au choix : – Seulement s'ils sont en boutons, congeler à découvert sans blanchiment préalable. – Toujours s'ils sont petits, les passer dans un peu d'huile chaude, pendant 3 ou 4 mn, mais sans coloration. Bien égoutter. – Sinon, les plonger 2 mn dans de l'eau bouillante, rafraîchir, éponger.
Emballage. Congélation	Etaler les très petits champignons crus sur un plateau spécial ou une plaque, congeler, puis verser dans de petits sacs, fermer, étiqueter, remettre au congélateur. Verser les champignons blanchis ou « huilés » dans de petites boîtes, fermer, étiqueter, congeler.
Durée de conservation	Jusqu'à 6 mois.
Avant consommation	Pour une salade, faire dégeler à la température ambiante. Pour les faire cuire : pas de décongélation préalable. S'ils ont été blanchis ou passés à l'huile, les réchauffer, sans plus. On peut les ajouter à une préparation chaude, en fin de cuisson. On peut aussi les griller (enduits d'huile), ou les faire cuire à la vapeur, pour les ajouter à une blanquette, par ex. (4 mn).

Champignons sauvages

(cèpes, girolles essentiellement)

Préparation	Les débarrasser des débris végétaux, les laver vivement, les éponger à fond. Cèpes : les passer à l'huile, les égoutter, ou bien, s'ils sont très petits et très sains, les congeler à découvert. Girolles : comme les champignons de Paris.
Emballage. Congélation	Mettre dans des boîtes les cèpes ou les girolles passés à l'huile, fermer, étiqueter, congeler. Etaler sur un plateau spécial les très petits cèpes, les congeler, les mettre dans des sacs à congélation, fermer, étiqueter, remettre au congélateur.
Durée de conservation	Jusqu'à 4 mois.
Avant consommation	Sans décongélation préalable, faire cuire comme des champignons frais : stopper la cuisson dès qu'ils ne rendent plus d'eau.

Châtaignes

Préparation	Entailler les deux enveloppes, tout autour, plonger les châtaignes dans de l'eau bouillante, laisser cuire 20 mn. Les égoutter par petites quantités pour les éplucher aussitôt, éponger. Laisser les châtaignes entières ou les réduire en purée avec un appareil électrique.
Emballage. Congélation	Verser les châtaignes dans des sacs ou des boîtes (calculer les quantités en fonction des utilisations futures), fermer, étiqueter, congeler. Ou bien faire congeler à découvert les châtaignes entières, fermer, étiqueter, remettre au congélateur.

Durée de conservation	Jusqu'à 6 mois.
Avant consommation	Faire dégeler à la température ambiante ou au réfrigérateur, jusqu'à ce qu'elles se séparent les unes des autres ou jusqu'à ce que la purée puisse se remuer, ou bien les utiliser comme des châtaignes fraîches.

Chicorée frisée

(voir « Salade »)

Choux

(blancs, rouges ou verts)

Préparation	Ne congeler du chou que si l'on a un très grand congélateur : il est très bon marché. Choisir des choux jeunes, retirer les grosses feuilles. Détacher les feuilles à conserver, les émincer, les blanchir 4 mn à l'eau bouillante, les rafraîchir, les égoutter, les éponger.
Emballage. Congélation	Verser le chou dans des sacs à congélation, fermer, étiqueter, congeler.
Durée de conservation	Jusqu'à 8 mois.
Avant consommation	Verser les choux tout gelés dans de l'eau bouillante salée (cuisson : 8 mn environ), ou dans une cocotte, pour un braisage.

Choux de Bruxelles

Préparation	Choisir de petits choux, tout frais et fermes : ils se congèlent très bien. Retirer trognon et feuilles extérieures, blanchir 2 ou 3 mn à l'eau bouillante salée, rafraîchir, égoutter, éponger.

Emballage. Congélation	Voir « Choux ».
Durée de conservation	Jusqu'à 9 mois.
Avant consommation	Voir « Choux ».

Chou-fleur

Préparation	Le choisir très blanc, très frais (les tiges des bouquets doivent craquer comme du verre), avec des bouquets complètement fermés. Retirer trognon et feuilles, défaire les bouquets, les blanchir dans beaucoup d'eau bouillante (2 mn). Rafraîchir, égoutter, éponger.
Emballage. Congélation	Voir « Choux ».
Durée de conservation	Jusqu'à 10 mois.
Avant consommation	Plonger les bouquets tout gelés dans de l'eau bouillante salée, laisser cuire de 4 à 6 mn, suivant l'usage prévu, après le retour de l'ébullition. On peut aussi le faire cuire, sans décongélation, à la vapeur.

Concombre

Préparation	Ne pas congeler le concombre cru, à cause de sa richesse en eau, qui le rend flasque à la congélation. Mais on peut le congeler réduit en purée, pour un potage d'été, par ex. Le peler, l'épépiner, le passer au mixer-blender.

Emballage. Congélation	Verser dans de petites boîtes à congélation bien hermétiques, fermer, étiqueter, congeler.
Durée de conservation	Jusqu'à 2 mois.
Avant consommation	Faire dégeler à la température ambiante et utiliser aussitôt.

Courgettes

Préparation	Les choisir, si possible, très petites, toutes jeunes et fraîches. Retirer le pédoncule, ne pas les éplucher. Les blanchir une bonne minute à l'eau bouillante, les égoutter, les rafraîchir, les éponger. Si elles sont jeunes et fraîches, mais grosses, les couper en rondelles, achever la préparation comme pour les petites courgettes. On peut aussi les ouvrir en deux et les évider pour les farcir ultérieurement.
Emballage. Congélation	Deux procédés : – placer les courgettes blanchies, entières, fendues en deux ou coupées en rondelles, dans des sacs à congélation; fermer, étiqueter, congeler; – si elles sont très petites, les étaler après blanchiment sur des plateaux spéciaux, les congeler, puis les verser dans des sacs à congélation, fermer, étiqueter, remettre au congélateur.
Durée de conservation	Jusqu'à 8 mois.
Avant consommation	Plonger les courgettes entières toutes gelées dans de l'eau bouillante salée ou du bouillon, faire cuire 4 mn après la reprise de l'ébullition. Faire cuire les rondelles toutes gelées à l'eau bouillante, à la vapeur, à l'huile (associées, par ex., aux autres légumes de la ratatouille). Farcir des demi-courgettes évidées et encore gelées comme des courgettes fraîches.

Cresson

Préparation	Ne congeler que du cresson très frais. Equeuter, laver, faire fondre dans un peu de beurre pendant 7 ou 8 mn. Faire refroidir.
Emballage. Congélation	Verser le cresson fondu dans de très petites boîtes, couvrir, étiqueter, congeler.
Durée de conservation	Jusqu'à 6 mois.
Avant consommation	Sans décongélation préalable, utiliser le cresson congelé pour un potage, comme on le ferait de cresson frais, à feu doux.

Echalotes

Préparation	Dans un endroit sec, elles se conservent longtemps. Mais elles finissent par sécher. Congelées, elles sont comme des échalotes fraîches. Les peler, les blanchir 2 mn à l'eau bouillante, les rafraîchir, les éponger.
Emballage. Congélation	Verser les échalotes dans de petits sacs ou boîtes, fermer, étiqueter, congeler. Ou bien congeler à découvert.
Durée de conservation	Jusqu'à 12 mois.
Avant consommation	Décongeler (pour hacher), soit au réfrigérateur, soit à la température ambiante. On peut ajouter de petites échalotes gelées à une préparation brûlante, si elle doit être ensuite passée.

Endives

Préparation	Crues, elles se congèlent mal, comme toutes les salades. Mais on peut les congeler cuites. Avec la pointe d'un couteau, retirer le petit cône amer, du côté de la racine. Faire blanchir 4 mn, dans beaucoup d'eau bouillante. Rafraîchir, égoutter, éponger.
Emballage. Congélation	Ranger les endives dans des boîtes à congélation, bien serrées les unes contre les autres, fermer, étiqueter, congeler.
Durée de conservation	Jusqu'à 6 mois.
Avant consommation	Faire décongeler à température ambiante pour pouvoir presser entre les mains et exprimer le maximum d'eau ou bien, faire cuire ou accommoder comme des endives fraîches.

Epinards

Préparation	A cause de leur volume, etc., très intéressants à congeler. Et se congèlent très bien. Choisir des épinards d'été, tendres, fraîchement cueillis, à feuilles petites ou moyennes. Laver à fond, équeuter, blanchir 2 mn dans beaucoup d'eau bouillante, égoutter, rafraîchir, presser, éponger.
Emballage. Congélation	Verser dans des sacs à congélation de dimensions appropriées aux utilisations futures, placer les sacs dans des formes rigides, rabattre les sacs et congeler. Retirer les sacs des formes, fermer, étiqueter, remettre au congélateur : les blocs se rangent bien.
Durée de conservation	Jusqu'à 12 mois.

Avant consommation	Sans décongélation préalable, mettre le bloc d'épinards dans un sautoir avec très peu d'eau (3 cuillerées pour 500 g d'épinards) et amener doucement à ébullition. Dès que le dégel est complet (15 mn environ), les épinards sont cuits. Les utiliser comme des épinards frais.

Fenouils

Préparation	Ils ne peuvent être mangés crus après leur congélation. Choisir des bulbes ronds, très blancs, sans aucune flétrissure. Retirer trognon et tiges. Couper en rondelles ou en lamelles verticales, ou en quartiers, blanchir 3 mn à l'eau bouillante, égoutter, éponger.
Emballage. Congélation	Voir « Choux ».
Durée de conservation	Jusqu'à 6 mois.
Avant consommation	Jeter le fenouil tout gelé dans de l'eau bouillante salée; ou bien faire cuire à la vapeur; ou bien faire cuire à feu doux avec du beurre, comme pour du fenouil frais.

Flageolets frais et haricots frais

Préparation	Seule la congélation permet de les garder frais. Les écosser sitôt après la cueillette. Les blanchir 3 mn, en les secouant sans cesse; les égoutter, les rafraîchir, les éponger.

Emballage. Congélation	Les verser, 500 g par 500 g, dans des sacs à congélation, fermer, étiqueter, congeler. On peut aussi les étaler sur un plateau spécial et les congeler à découvert. Les verser ensuite dans des sacs, fermer, étiqueter, remettre au congélateur.
Durée de conservation	Jusqu'à 12 mois.
Avant consommation	Sans décongélation, jeter les flageolets ou les haricots dans de l'eau bouillante salée (2 fois 1/2 leur volume), avec les assaisonnements ou compléments habituels (bouquet garni, blanc de poireau fondu, sel et poivre), et laisser cuire une quinzaine de minutes.

Haricots verts

Préparation	Cueillir de bonne heure le matin des haricots verts fins et parfaitement intacts, les effiler, les blanchir 2 mn dans beaucoup d'eau bouillante, rafraîchir à l'eau glacée, égoutter, éponger; ou bien, s'ils sont juste cueillis, se contenter de les effiler, de les laver et de les éponger. En vue de macédoines futures, tronçonner les haricots verts les moins fins.
Emballage. Congélation	Verser les haricots blanchis (entiers ou tronçonnés) dans des boîtes à congélation, fermer, étiqueter, congeler. Etaler les haricots juste lavés sur un plateau spécial, congeler à découvert, puis verser dans des sacs, fermer, étiqueter, remettre au congélateur.
Durée de conservation	Jusqu'à 12 mois.
Avant consommation	Sans décongélation préalable, jeter les haricots dans beaucoup d'eau bouillante, laisser cuire de 5 à 7 mn des haricots blanchis, de 12 à 18 mn des haricots non blanchis. On peut aussi les faire cuire à la vapeur (25 mn environ).

Légumes pour pot-au-feu

Préparation	Préparer chaque légume du pot-au-feu (carotte, navet, poireau, céleri) comme il doit l'être. Les nettoyer, les blanchir, les couper en morceaux, les éponger.
Emballage. Congélation	Congeler chaque légume comme il doit l'être, puis, au choix, rassembler tous les légumes dans un même sac ou les enfermer dans des sacs distincts. Fermer, étiqueter, remettre au congélateur.
Durée de conservation	Jusqu'à 12 mois (sans céleri). Sinon, 6 mois.
Avant consommation	Sans décongélation préalable, jeter les éléments dans le bouillon de viande à ébullition.

Macédoine

Préparation	Ne pas essayer de congeler ensemble les éléments d'une macédoine, les meilleurs moments de récolte ne coïncidant pas forcément. Eplucher et couper en dés réguliers carottes et navets, effiler les haricots verts, écosser les petits pois. Blanchir ensemble carottes et navets, séparément haricots (tronçonnés) et petits pois.
Emballage. Congélation	Voir à chaque nom de légume.
Durée de conservation	Voir à chaque nom de légume.
Avant consommation	Pas de décongélation préalable. Cuisson à l'eau bouillante ou mieux, à la vapeur.

Maïs

Préparation	Ne congeler que du maïs comestible et tout fraîchement cueilli : les grains sont presque blancs et s'écrasent sous les doigts. Retirer les protections de l'épi (enveloppes, fils) et le trognon. Blanchir dans beaucoup d'eau bouillante (8 mn), rafraîchir, égoutter, éponger. On peut aussi égrener après blanchiment.
Emballage. Congélation	Envelopper chaque épi dans un morceau de film à congélation, placer plusieurs épis dans un sac, fermer, étiqueter, congeler. Verser les grains dans de petites boîtes, fermer, étiqueter, congeler.
Durée de conservation	Jusqu'à 10 mois.
Avant consommation	Décongeler les épis à la température ambiante (pour les faire griller). Plonger les épis tout gelés dans de l'eau bouillante salée et laisser cuire une vingtaine de minutes (les grains doivent se détacher facilement). Ou faire griller, après décongélation.

Mange-tout

(voir « Haricots verts »)

Marrons

(voir « Châtaignes »)

Navets

Préparation	Choisir de petits navets nouveaux, fraîchement arrachés et tout à fait sains. Les peler superficiellement, les laisser entiers – ou non –, les blanchir 2 mn dans de l'eau bouillante, rafraîchir, égoutter, éponger. Pour de futures macédoines : tailler en petits cubes. Voir aussi : « Légumes pour pot-au-feu ».

Emballage. Congélation	Voir « Carottes ».
Durée de conservation	Jusqu'à 12 mois.
Avant consommation	Voir « Carottes ».

Oignons nouveaux

Préparation	Les oignons se conservent longtemps; mais il est agréable de pouvoir, grâce au congélateur, conserver de petits oignons nouveaux. Les éplucher, les laisser entiers, les blanchir 1 mn seulement à l'eau bouillante, rafraîchir, éponger.
Emballage. Congélation	Verser les petits oignons dans des sacs en Rilsan (pratiquer le double emballage); fermer, étiqueter, congeler.
Durée de conservation	Jusqu'à 12 mois.
Avant consommation	Ajouter sans décongélation préalable aux préparations chaudes (lapin, veau, etc.) Utiliser aussi pour oignons à la grecque, oignons glacés au beurre et au sucre, etc.

Oseille

Préparation	Cueillir les feuilles quand elles sont jeunes (vert tendre). Equeuter, laver à grande eau, couper aux ciseaux, grossièrement. Plonger 2 mn dans beaucoup d'eau bouillante, rafraîchir à l'eau glacée, presser, éponger. Ou bien : faire fondre l'oseille émincée dans du beurre, à couvert.

Emballage. Congélation	Verser l'oseille, soit dans de petites boîtes, fermer, étiqueter, congeler; soit dans des éléments de tiroirs à glaçons, congeler à découvert, démouler les glaçons, les verser dans un sac, fermer, étiqueter, remettre au congélateur.
Durée de conservation	Jusqu'à 12 mois.
Avant consommation	Ajouter l'oseille toute gelée à des sauces, potages, etc.

Petits pois

Préparation	Cueillir les petits pois le matin de bonne heure, écosser aussitôt, trier, blanchir 1 mn, rafraîchir, égoutter, éponger.
Emballage. Congélation	Etaler les petits pois sur un plateau, congeler à découvert. Verser les petits pois dans des sacs (peu importe la taille, ils ne collent pas les uns aux autres), fermer, étiqueter, remettre au congélateur.
Durée de conservation	Jusqu'à 12 mois.
Avant consommation	Sans décongélation préalable, faire cuire les petits pois : – Soit en pleine eau bouillante salée; – Soit dans très peu d'eau, avec laitue, bouquet garni et petits oignons (qui peuvent être tout gelés eux aussi).

Poireaux

Préparation	Choisir des poireaux tendres et très frais. Retirer racines et partie verte des feuilles. Entailler en croix, plonger plusieurs fois dans de l'eau, en secouant; s'ils sont très sales, les laisser tremper 15 mn dans de l'eau légèrement vinaigrée. Les trier par grosseur, les lier en bottes. Les blanchir 3 ou 4 mn à l'eau bouillante, rafraîchir, égoutter, éponger. Ou bien : tronçonner les poireaux avant blanchiment, par exemple en vue de potages, de tartes, etc. Voir aussi « Légumes pour pot-au-feu ».
Emballage. Congélation	Placer les poireaux blanchis dans des boîtes, fermer, étiqueter, congeler.
Durée de conservation	Jusqu'à 8 mois.
Avant consommation	Sans décongélation préalable, jeter les poireaux dans de l'eau bouillante salée et laisser cuire de 6 à 8 mn (après la reprise de l'ébullition). Accommoder comme des poireaux frais : vinaigrette, sauce blanche, gratin, etc. S'ils sont très petits et très tendres, les faire cuire à la vapeur.

Poivrons

Préparation	Rouges ou verts, ils se congèlent très bien. Les laver, retirer le pédoncule, ouvrir, retirer cloisons blanches et graines, couper en lanières, blanchir 1 mn (pas plus), égoutter, éponger.
Emballage. Congélation	Voir « Choux ».

Durée de conservation	Jusqu'à 8 mois.
Avant consommation	Sans décongélation préalable, faire cuire à l'huile les seules lanières de poivrons, ou les lanières jointes aux autres éléments d'une ratatouille, par exemple, ou à de la tomate pour une préparation « basquaise ».

Pommes de terre

Préparation	On ne peut les congeler crues. Il est intéressant de les congeler « pré-frites » ou cuisinées : pommes dauphine, par exemple. Pour des pommes de terre « pré-frites » : les éplucher, les tailler en bâtonnets, en les plongeant à mesure dans de l'eau froide. Les éponger. Les plonger dans de la friture à 175°C et les laisser cuire 4 mn. Les égoutter, les éponger dans du papier absorbant, les laisser refroidir complètement.
Emballage. Congélation	Voir « Choux ».
Durée de conservation	Jusqu'à 3 mois.
Avant consommation	Laisser dégeler à la température ambiante (de 2 à 3 heures), plonger dans de la friture à 180°C et laisser la cuisson s'achever.

Radis noir

Préparation	Pour ceux qui ont un jardin, inutile de le congeler : il se garde bien en terre. Toutefois, en cas de besoin, l'éplucher largement, le laver, le couper en deux ou en quatre, le blanchir 2 mn à l'eau bouillante, le rafraîchir, l'éponger.

Emballage. Congélation	Voir « Choux ».
Durée de conservation	Jusqu'à 6 mois.
Avant consommation	Laisser dégeler à température ambiante. Utiliser dès que la décongélation est complète.

Radis roses

Préparation	Ils ne se congèlent pas : le gel les ramollit et les rend translucides.

Ratatouille

Préparation	Comme pour la macédoine, le mieux est de congeler séparément les éléments de la ratatouille (aubergine, courgette, poivron, tomate) et de les réunir au moment de la cuisson. Ou bien de les congeler séparément et de les réunir dans un sac avant de remettre au congélateur. Voir au nom de chaque légume.

Rhubarbe

Préparation	Choisir de la rhubarbe tendre, effiler les tiges, les couper en tronçons égaux, les laver, ne pas les blanchir ou les blanchir 2 mn à l'eau bouillante, les rafraîchir, les éponger.
Emballage. Congélation	Placer les tiges, blanchies ou non, dans des boîtes longues, avec du sucre, par couches alternées. Couvrir, étiqueter, congeler.

Durée de conservation	Jusqu'à 12 mois.
Avant consommation	Utiliser la rhubarbe congelée sans décongélation préalable, comme de la rhubarbe fraîche, en compote, confiture, tartes.

Riz

Préparation	Il ne se congèle pas bien incorporé à des plats contenant du liquide (soupes, par ex.). Mais on peut congeler un reste de riz cuit à l'eau, s'il a été bien rafraîchi après cuisson. Le secouer, l'éponger.
Emballage. Congélation	Le verser dans des sacs spécial-congélation (sans les emplir tout à fait), fermer, étiqueter, congeler.
Durée de conservation	Jusqu'à 2 mois.
Avant consommation	Faire dégeler le riz à la température ambiante pour le manger froid, en salade, par exemple. Pour un plat chaud : plonger le riz tout gelé dans de l'eau bouillante (ou du bouillon) et laisser jusqu'à ce que les grains se détachent les uns des autres, mais pas plus longtemps.

Salades

Préparation	Crues, elles se congèlent très mal, à cause de leur teneur élevée en eau : les feuilles deviennent flasques et translucides. En revanche, elles se congèlent très bien une fois cuites. C'est un très bon moyen d'utiliser les salades du jardin, qui grossissent toutes en même temps, ou celles qu'en pleine saison on trouve, fraîches, à bon compte.

	Retirer les feuilles du tour, laver les salades en pleine eau en les tenant par le trognon, les blanchir 1 mn dans beaucoup d'eau bouillante, rafraîchir, égoutter, presser, éponger en « fuseaux ».
Emballage. Congélation	Ranger les salades blanchies dans des boîtes, couvrir, étiqueter, congeler.
Durée de conservation	Jusqu'à 10 mois.
Avant consommation	Sans décongélation préalable, faire fondre au beurre ou braiser les salades congelées comme des fraîches, à feu doux au début.

Salsifis

Préparation	Ils doivent rester en terre, au jardin, jusqu'aux premières gelées. Mais ne pas congeler de vieux salsifis, qui sont coriaces et filandreux. Gratter superficiellement les salsifis, les laver, les blanchir 3 mn à l'eau bouillante citronnée, égoutter, retirer le reste de l'écorce, rafraîchir, éponger, couper en tronçons.
Emballage. Congélation	Verser les tronçons de salsifis dans des sacs ou des boîtes à congélation, fermer, étiqueter, congeler.
Durée de conservation	Jusqu'à 10 mois.
Avant consommation	Sans décongélation préalable, jeter les salsifis dans de l'eau bouillante salée, laisser cuire jusqu'à ce qu'ils aient atteint la consistance désirée (les laisser un peu fermes pour les accommoder en beignets). On peut achever leur cuisson directement dans une sauce blanche, par exemple.

Scarole

(voir « Salades »)

Scorsonères ou Salsifis noirs

(voir « Salsifis »)

Tomates

	Elles se congèlent très bien, excepté pour être consommées crues, en salade. On peut les congeler sous forme de tomates évidées à farcir, de tomates en quartiers (pour la ratatouille, etc.), de tomates pelées, de jus. Et de légumes farcis (voir page 301). Voir aussi « Sauce tomate », page 299.
Préparation	– *Tomates évidées.* Les choisir rondes, saines, mûres, fermes. Les décalotter largement, les épépiner, les retourner pour qu'elles s'égouttent. – *Tomates en quartiers.* Choisir des tomates saines, mûres, mais fermes (elles peuvent être d'une variété à côtes). Les couper en morceaux, les épépiner, les laisser égoutter. – *Tomates pelées.* Retirer leur pédoncule, les plonger 20 secondes dans de l'eau bouillante, les peler, les laisser entières s'il s'agit de tomates olivettes (qui ne contiennent presque pas de graines), sinon, les couper en morceaux et les épépiner. – *Jus de tomate.* Laver des tomates mûres, les couper en quatre, les mettre dans une marmite, couvrir. Faire chauffer à tout petit feu pendant une dizaine de minutes, passer à travers un chinois ébouillanté, faire refroidir à l'eau glacée.
Emballage. Congélation	Ranger les tomates évidées et tasser les tomates pelées dans des boîtes à congélation; mettre les morceaux dans des sacs à congélation; verser le jus dans des gobelets à liquides; dans tous les cas, fermer, étiqueter, congeler.

Durée de conservation	Jusqu'à 6 mois.
Avant consommation	Utiliser sans décongélation préalable les tomates à farcir, les tomates pelées et les morceaux (pour sauces, légumes farcis, ratatouille, garniture basquaise, etc.) Faire dégeler le jus à la température ambiante pour consommation immédiate, ou bien, dans le récipient de congélation, sous le robinet d'eau froide.

Truffes

Préparation	Brosser les truffes sous le robinet d'eau froide pour les débarrasser de la terre qui s'incruste dans les creux. Eponger à fond.
Emballage. Congélation	Placer les truffes dans un bocal de verre résistant au froid (le verre est le seul matériau capable d'empêcher le parfum violent de la truffe d'émigrer vers les autres produits). Fermer hermétiquement, étiqueter, congeler.
Durée de conservation	Jusqu'à 8 mois.
Avant consommation	Décongeler la truffe juste assez pour la couper en lamelles ou l'utiliser comme de la truffe fraîche.

9. Les poissons

Tous les poissons se congèlent particulièrement bien, qu'ils soient maigres ou gras, et c'est une triple chance :
Parce qu'ils sont extrêmement fragiles et se conservent très peu de temps à l'état de produit frais;
Parce que certaines espèces sont saisonnières;
Parce qu'il arrive que, dans les familles de pêcheurs (je ne parle pas seulement des pêcheurs professionnels, mais aussi des amateurs passionnés), la manne soit brusquement si abondante qu'elle se vende mal (pour les professionnels) ou qu'elle amène les membres de la famille à la limite de la satiété.
La congélation vient fort à point pour éviter le gâchis.
En fait, je l'ai déjà dit, les particuliers ne peuvent congeler le poisson que s'ils habitent au bord de l'eau ou à proximité d'un élevage de poissons, truites ou truites saumonées, par exemple.
Même transporté dans de bonnes conditions, le poisson qui a voyagé n'est plus apte à la congélation.

Comment préparer le poisson pour la congélation

Quelle que soit l'espèce du poisson (mais aussi sa grosseur), il faut le mettre au réfrigérateur dès l'arrivée à la maison si l'on ne peut le congeler à l'instant même. Quelques poissons ont d'ailleurs besoin d'être un peu « rassis », comme la viande, pour devenir tendres. C'est le cas de la lotte, queue de la baudroie, et de la raie.

Il reste à nettoyer complètement le poisson avant de le congeler. Cela veut dire :
– L'écailler s'il a besoin de l'être; c'est facultatif : on peut aussi le congeler avec ses écailles, ce qui lui donne de la solidité;
– Couper aux ciseaux les nageoires et les barbes;
– Couper la tête s'il ne s'agit pas d'un très beau poisson comme le bar, le brochet, le colin, la sandre, le saumon, la truite ou la truite saumonée;
– Le laver à plusieurs eaux, en vinaigrant au besoin le dernier rinçage;
– L'éponger à fond à l'intérieur et à l'extérieur, soit avec un torchon, soit avec du papier absorbant.

Encore une fois, ces conseils sont valables pour tous les poissons, de mer, de rivière ou d'étang, même ce que l'on appelle la friture (éperlans ou lançons pour les poissons de mer, goujons, ablettes ou gardons pour les poissons de rivière), au moins en ce qui concerne les trois dernières opérations.

Filets de poisson, darnes (ou tranches), poisson entier.

Il est tout à fait inutile de congeler entier un très gros poisson si l'on n'a pas ensuite le moyen de le faire cuire entier. Si les poissonniers, en effet, louent ou prêtent volontiers une poissonnière à ceux de leurs clients qui viennent de leur acheter une belle et coûteuse pièce, il n'en va pas de même pour un poisson sorti du congélateur.

Une seule solution : couper le poisson en darnes (tranches), ou en tronçons; en lever les filets.

Comment lever les filets

Les filets que l'on a souvent l'occasion de lever sont ceux des merlans, des daurades ou des soles. Il arrive en effet qu'au bord de la mer même des poissons « de luxe » soient soldés, bien que tout frais, à des prix plus qu'abordables. La technique est tout à fait différente s'il s'agit d'un poisson rond ou d'un poisson plat.

Poisson rond : le merlan

L'opération se fait en quatre temps :

– Videz le poisson par une petite incision ventrale. Lavez à fond.

– Parez ou « habillez » le merlan, c'est-à-dire coupez les nageoires pectorales des deux côtés de la tête (avec des ciseaux de cuisine coupant bien), puis les nageoires ventrales et les nageoires dorsales.

– Posez ensuite le poisson sur le plan de travail. Avec un couteau coupant bien tout du long de la lame et à la pointe, entaillez profondément le poisson, de la tête à la queue, le long de l'arête centrale. Détachez ensuite la chair en glissant le couteau le long de cette arête, toujours de la tête à la queue. Il ne reste qu'à détacher la chair au niveau de la tête. Attrapez ensuite le poisson par la queue et glissez le couteau entre la chair et l'arête, de la queue à la tête. Coupez aussi au niveau de celle-ci.

– Posez un filet (qui est en réalité un demi-poisson) sur le plan de travail, côté peau contre celui-ci. Détachez un tout petit morceau de chair au niveau de la queue, puis, en maintenant la peau entre deux doigts, glissez la lame du couteau, le plus à plat possible, entre la peau et la chair. Faites de même pour l'autre filet.

Pour une daurade, il faut aussi écailler le poisson avant de le préparer (servez-vous de la moitié plate d'une coquille Saint-Jacques en remontant de la queue vers la tête), inciser légèrement le poisson sous le ventre pour le vider et arracher les ouïes. Les filets se lèvent comme ceux du merlan. Utilisez une lame assez longue pour ne pas hachurer la chair de la daurade.

Poisson plat : la sole

La technique est toute différente, car on lève, non pas deux, mais quatre filets, c'est-à-dire réellement les filets.

Trois opérations :

– Lavez la sole, puis, avec les ciseaux de cuisine, coupez les nageoires des deux côtés;

– Posez le poisson sur le plan de travail, peau blanche contre celui-ci (pour faciliter le travail quand vous retournerez le poisson, l'épaisseur de l'arête n'étant pas la même sur les deux faces). Avec la pointe d'un couteau, coupez la peau légèrement en biais au niveau de la queue, en essayant de ne pas entamer la chair. En mettant le couteau le plus plat possible, détachez un petit morceau de la peau; saisissez ce morceau avec un torchon ou du papier absorbant : la peau est très glissante et, plus le poisson est frais, plus elle tient à la chair; en maintenant de l'autre main le poisson sur la table, tirez fermement vers la tête. Passez la peau par-dessus le « nez » de la sole et tirez la peau de l'autre face, jusqu'à la queue. On peut aussi enlever la peau blanche comme on a retiré la noire, en commençant par la queue;

– Il reste à lever les filets. Avec un couteau flexible, précisément dit « à filets de sole », passez la lame le long de l'arête centrale, de la tête à la queue, puis à droite et à gauche du poisson, toujours de la tête à la queue, entre les filets, très blancs, et les bords, légèrement rosés, à la base de la tête, enfin. Passez alors la lame en biais, de la tête vers la queue, en la glissant sous un filet, de la coupure au niveau de l'arête centrale vers le bord. Détachez-le. Faites de même pour les trois autres filets. Ils sont prêts pour la congélation.

On emploie la même méthode pour lever les filets de turbot ou de barbue.

Pour retirer l'arête d'un poisson (daurade, merlan, sardine).

C'est une opération que l'on pratique, soit pour farcir un poisson, soit pour le rendre plus agréable à la dégustation s'il a des arêtes nombreuses et fines, comme c'est le cas du hareng ou de la sardine. La méthode est simple et se déroule en trois temps.

– Posez le poisson sur la table, en oblique par rapport à vous; avec un couteau tranchant bien, y compris à la pointe, incisez le dos du poisson de la tête à la queue en passant la lame d'un côté de l'arête centrale et jusqu'au ventre, sans percer celui-ci.

– Retournez le poisson pour passer la lame, dans les mêmes conditions, de l'autre côté de l'arête centrale qui se trouve ainsi séparée de la chair, des deux côtés.

– Coupez alors l'arête au niveau de la tête et basculez-la vers la queue, ce qui achève de la séparer de la chair. Coupez-la ou cassez-la au niveau de la queue. Ne jetez pas les arêtes et la peau. Elles peuvent servir à faire d'excellents fumets.

Darnes ou tranches

Cette préparation concerne les gros poissons que l'on n'a pas envie de conserver entiers dans le congélateur et que l'on sait (voir plus haut) ne pas pouvoir faire cuire entiers le moment venu (gros mulets, congres, ailes de raie, etc.). Le mieux est de couper des morceaux-portions correspondant à la part d'un convive. Pour le thon, coupez des tranches de 4 cm d'épaisseur environ, que vous ferez par exemple griller ou cuire « en daube » au sortir du congélateur.

L'emballage

Même très frais, le poisson sent fort. Il faut donc l'emballer avec un soin particulier, soit en l'enveloppant dans du film alimentaire, puis dans un sac à congélation, tous deux en Rilsan; soit en plaçant les morceaux ou tranches dans deux sacs successifs, ou une boîte et un sac. Chassez l'air au maximum.

A moins qu'il ne s'agisse de « friture », enveloppez toujours les poissons entiers un par un, afin de pouvoir sortir du congélateur le nombre exact de parts dont vous avez besoin. Mettez dans une seule boîte ou sac les morceaux ou filets correspondant au repas d'une famille, en les séparant par du film ou de l'aluminium.

La congélation elle-même

Seules les très petites pièces (« friture », petites sardines) peuvent être congelées à découvert sur un plateau spécial ou une plaque garnie d'aluminium. Les autres doivent être emballés avant congélation.

Il existe néanmoins une possibilité de congeler les poissons à découvert, sous une couche de glace. Pour cela, trempez le poisson dans de l'eau froide, ne l'essuyez pas et mettez-le dans le congélateur, sur une plaque garnie d'aluminium. Quand l'eau a « pris » autour du poisson, trempez-le à nouveau dans l'eau et remettez-le au congélateur. Recommencez jusqu'à ce qu'il se soit formé une bonne couche de glace, qui assure au poisson une protection parfaite contre l'air. Enroulez dans un morceau de film, puis glacez dans un sac, fermez, étiquetez, remettez au congélateur.

Poissons maigres et poissons gras

Malgré le froid, les poissons ont tendance à rancir à la longue au congélateur. C'est pourquoi les poissons maigres (bar, colin, merlan, sole, etc.) s'y conservent mieux que les poissons gras (hareng, maquereau, sardine, saumon, etc.). Mieux, entendez plus longtemps. Mais si vous opérez une rotation assez rapide des stocks, les poissons gras vous donneront autant de satisfaction que les autres.

Poissons fumés et non fumés

On peut théoriquement congeler un poisson fumé, pour prolonger sa fraîcheur. Encore faut-il qu'il soit fumé depuis peu de temps au moment de l'achat, ce qui est difficile à vérifier. Lisez l'étiquette avec beaucoup de soin, ce qui vous permettra, en particulier, de constater que certains poissons fumés ont déjà été congelés et décongelés; ce qui vous interdit bien sûr de les recongeler vous-même.

Si vous êtes sûr de la qualité, de la fraîcheur, enveloppez bien le poisson dans un film alimentaire, puis dans un sac en Rilsan, fermez en expulsant le maximum d'air, étiquetez et congelez. S'il s'agit de filets ou de tranches, interposez un morceau de film ou d'aluminium entre deux, afin de pouvoir les séparer facilement après congélation. Pour la décongélation, mettez le poisson au réfrigérateur et laissez-le ainsi pendant une durée qui dépend du poids et de l'épaisseur du poisson. Pour un saumon d'un bon kilo, il faut environ 12 heures.

La cuisson des poissons

Quelle que soit la méthode de cuisson utilisée : pochage au court-bouillon (entretenez un simple frémissement), cuisson à la vapeur, au four, en friture, elle n'appelle aucune décongélation préalable. Celle-ci, en effet, ramollit les chairs, qui se défont. Même la cuisson en papillotes d'aluminium ou de papier sulfurisé, si délectable pour les petits rougets, par exemple, se pratique ainsi. Seule la cuisson au gril est améliorée par une décongélation préalable.

Autre facilité rendue possible par la congélation : vous pouvez placer dans une béchamel classique, ou au curry, ou au fromage, des filets ou un bloc de poisson tout gelé (cabillaud ou merlan par exemple); le poisson cuit directement dans la sauce, sans obligation d'un passage préalable par le court-bouillon. Et c'est bon.

Remarque : mon expérience m'a toutefois enseigné qu'un très gros saumon congelé est meilleur cuit au court-bouillon s'il a déjà été dégelé au réfrigérateur dans son emballage. On le laissera, d'ailleurs, refroidir dans son court-bouillon.

Anguille

Préparation	Choisir des anguilles moyennes. Les acheter vivantes. Saisir l'anguille avec un torchon, trancher la colonne vertébrale (arête) à la base de la tête, décoller la peau de la chair tout autour et tirer énergiquement, d'une main, vers la queue, en retournant la peau comme un doigt de gant tandis que l'autre main immobilise le poisson. Faire de même pour la totalité des anguilles à congeler. Eliminer la tête, couper les anguilles en tronçons réguliers, bien laver, laisser dégorger dans de l'eau légèrement salée pendant une dizaine de minutes. Egoutter, éponger.
Emballage. Congélation	Garnir un récipient rigide d'un sac de plastique à congélation (Rilsan, si possible), y ranger les morceaux d'anguilles par portions correspondant aux utilisations futures, sur deux ou trois couches, en séparant deux couches avec un petit morceau de film; rabattre le sac sur le poisson et congeler. Retirer alors le sac du récipient, le placer dans un second sac, fermer, étiqueter, remettre au congélateur. Ainsi peut-on y ranger les paquets sans perdre de place.
Durée de conservation	Jusqu'à 6 mois.
Avant consommation	Pour une matelote ou pour des anguilles au vert (recette célèbre en Belgique), mettre les tronçons de poisson à dorer dans le beurre ou l'huile, sans décongélation préalable. Ils peuvent également être joints aux autres poissons, même frais, d'une soupe.

Bar

Préparation	Coûteux et exquis, ce poisson demande à être congelé entier, si l'on dispose d'une poissonnière pour la cuisson. Couper les nageoires, fendre le ventre, vider, laver, éponger. Sinon, tronçonner le poisson.
Emballage. Congélation	Envelopper le bar entier dans un morceau de film à congélation, le placer dans un sac en expulsant le maximum d'air, étiqueter, congeler. Mettre les morceaux dans un premier, puis dans un second sac, fermer, étiqueter, congeler.
Durée de conservation	Jusqu'à 6 mois.
Avant consommation	Si le poisson atteint 2 kg, le faire dégeler au réfrigérateur dans un seul emballage (24 heures au moins). Sans décongélation préalable si le poisson pèse moins de 2 kg : pochage au court-bouillon; ou bien : braisage; ou bien : cuisson au gril pour les poissons petits ou moyens.

Barbue

Préparation	Si l'on dispose d'une turbotière pour la cuisson, laisser la barbue entière, couper les nageoires, vider, laver, éponger. Ou bien : couper le poisson en deux; ou bien : lever les filets (technique, page 140), laver, éponger.
Emballage. Congélation	Pour le poisson entier ou coupé en deux : même méthode que pour le bar entier. Pour les filets : même méthode que pour l'anguille.
Durée de conservation	Jusqu'à 6 mois.

Avant consommation	Ne pas décongeler avant cuisson. Sans décongélation préalable : pochage au court-bouillon; ou bien : braisage; ou bien : cuisson à l'anglaise (filets panés); ou bien : cuisson meunière.

Baudroie

(voir « Lotte »)

Brème

Préparation	Ecailler complètement le poisson, de la queue vers la tête, lever les filets (voir technique « Daurade », page 139), laver, éponger.
Emballage. Congélation	Même méthode que pour le bar entier.
Durée de conservation	Jusqu'à 4 mois.
Avant consommation	Sans décongélation préalable, pochage au court-bouillon ou bien braisage; ou bien cuisson au four.

Brochet

Préparation	Conserver entier ce beau poisson si l'on dispose d'une poissonnière (poids optimum : 2 kg). Vider le poisson, saler légèrement l'intérieur, le suspendre par la tête à l'air pendant 7 ou 8 heures. L'écailler, couper les nageoires, le laver, l'éponger. Si l'on ne dispose pas d'une poissonnière, et si le brochet est très gros : le tronçonner avant de le laver.

Emballage. Congélation	Mêmes méthodes que pour le « Bar ».
Durée de conservation	Jusqu'à 5 mois.
Avant consommation	Faire dégeler le brochet s'il s'agit de faire des quenelles. Le mettre au réfrigérateur dans un seul emballage pendant au moins 24 heures. Sans décongélation préalable, pochage au court-bouillon; ou bien braisage; ou bien cuisson au four (farci ou non); ou bien cuisson au gril (pour les petits brochets ou brochetons).

Cabillaud

Préparation	A moins d'habiter un pays baigné de mers froides, on n'a guère l'occasion de congeler du cabillaud. Si tel était pourtant le cas, le nettoyer à fond, le couper en tranches, le laver, l'éponger.
Emballage. Congélation	Même méthode que pour le bar coupé en morceaux.
Durée de conservation	Jusqu'à 6 mois.
Avant consommation	Sans décongélation préalable : pochage au court-bouillon ou bien braisage; ou bien cuisson au four.

Carpe

Préparation	Ne pas congeler entières des carpes de plus de 3,500 kg. Faire dégorger le poisson (il reste vivant longtemps) 12 heures dans de l'eau claire. La carpe achetée vivante chez le poisonnier y a dégorgé. L'écailler à fond (les écailles sont très grosses), la fendre sur toute la longueur du ventre pour la vider, la laver plusieurs fois. Retirer la petite poche amère qui se trouve à l'arrière de la tête. Laisser le poisson entier s'il est petit ou moyen. Lever les filets s'il est gros (technique « Daurade », page 139).
Emballage. Congélation	Pour la carpe entière, même méthode que pour le bar. Pour les filets, même méthode que pour les tronçons d'anguille.
Durée de conservation	Jusqu'à 5 mois.
Avant consommation	Sans décongélation préalable, pochage au court-bouillon ou bien braisage; ou bien cuisson au four; ou bien cuisson en matelote.

Carrelet

Préparation	Poisson plat, bon marché. Ne choisir que de très gros carrelets, et en lever les filets suivant la même méthode que pour les soles (voir page 140). Laver, éponger à fond.
Emballage. Congélation	Même méthode que pour les tronçons d'anguilles.
Durée de conservation	Jusqu'à 6 mois.

Avant consommation	Sans décongélation préalable, pochage au court-bouillon; ou bien cuisson « meunière »; ou bien braisage; ou bien cuisson à l'anglaise (pané).

Caviar

Ne pas le congeler : le conserver au réfrigérateur, dans les conditions indiquées sur l'étiquette.

Colin

	Son nom légal est « merlu ». Mais dans les grandes villes du nord de la Loire, il est connu sous le nom de « colin ».
Préparation	Même préparation que pour le « Bar ».
Emballage. Congélation	Mêmes méthodes que pour le « Bar ».
Durée de conservation	Jusqu'à 6 mois.
Avant consommation	Sans décongélation préalable, pochage au court-bouillon, braisage ou cuisson meunière. Pour la friture : on peut, ou non, faire d'abord dégeler le poisson.

Grondins

Appelés improprement « Rougets grondins ».

Préparation	Couper les nageoires et la tête, vider, laver, éponger.

Emballage. Congélation	Même méthode que pour les « Merlans ».
Durée de conservation	Jusqu'à 6 mois.
Avant consommation	Sans décongélation préalable, cuisson au four ou dans une soupe de poisson.

Haddock (cabillaud fumé)

Préparation	Lever les filets (technique du poisson rond ou plat, suivant la forme du morceau).
Emballage. Congélation	Même méthode que pour les tronçons d'anguilles.
Durée de conservation	Jusqu'à 5 mois.
Avant consommation	Sans décongélation préalable, pochage au lait (ou mélange moitié lait-moitié eau).

Harengs frais

Préparation	Les laver, retirer l'arête centrale (voir technique, page 140), les ouvrir, les vider, en prélevant éventuellement laitance ou œufs (voir ces mots). Les laver, les éponger. Les aplatir.
Emballage. Congélation	Poser 2 harengs l'un sur l'autre, peau contre peau, les envelopper dans du film à congélation. Placer plusieurs de ces paquets dans un même sac, fermer, étiqueter, congeler.

Durée de conservation	Jusqu'à 4 mois.
Avant consommation	Sans décongélation préalable : pochage au court-bouillon, cuisson meunière; ou en marinade. Pour la cuisson au gril, mieux vaut faire d'abord dégeler les harengs.

Harengs fumés

Préparation	Choisir des harengs entiers, petits (ou des filets) fraîchement fumés. Pas d'autre préparation.
Emballage. Congélation	Envelopper les harengs entiers dans du film, puis dans un sac. Mettre les filets déjà emballés dans un second emballage (sac). Attention : l'odeur est très forte. Fermer, étiqueter, congeler.
Durée de conservation	Jusqu'à 6 mois.
Avant consommation	Développer les harengs ou les filets, les mettre tout gelés dans le lait et laisser dégeler complètement. Lever alors les filets des harengs entiers. Eponger ces filets. Les mettre dans un plat avec de l'huile, des rondelles d'oignons, du thym, du laurier et, facultativement, des graines de coriandre. Sans décongélation préalable : faire cuire les harengs au beurre, dans une poêle.

Laitances (fraîches ou fumées)

Préparation	Bien laver les laitances fraîches. Les éponger.
Emballage. Congélation	Mettre les laitances fumées dans de très petits sacs, sans autre préparation. Pour les laitances fraîches, même méthode que pour les tronçons d'anguilles.

Durée de conservation	Jusqu'à 3 mois.
Avant consommation	Faire dégeler les laitances fumées au réfrigérateur ou à la température ambiante. Sans décongélation préalable : pochage au court-bouillon ou cuisson en friture. Pour la cuisson au gril, mieux vaut faire d'abord dégeler, puis enduire d'huile aromatisée.

Limandes

(voir « Carrelet »)

Lotte

Préparation	Ce que l'on appelle « Lotte » est la queue de la baudroie : seul morceau comestible, avec les joues, de cet animal à tête énorme. Comme la viande, la chair de la lotte doit rassir pour devenir comestible. Sinon, elle est dure et caoutchouteuse. Laisser entières les petites queues, exquises. Bien laver, éponger. Couper en tranches les grosses queues.
Emballage. Congélation	Même méthode que pour le « Bar ».
Durée de conservation	Jusqu'à 6 mois.
Avant consommation	Ne faire dégeler la lotte que pour la cuisson au gril, en brochettes. Sans décongélation préalable : pochage au court-bouillon, braisage, cuisson au four (avec vin et aromates), cuisson à l'américaine.

Loup

(voir « Bar »)

Maquereaux

Préparation	Tout frais, ils sont brillants et raides. Les choisir petits (de 180 à 220 g si possible). Les nettoyer, les vider, les laver, les éponger.
Emballage. Congélation	Envelopper chaque maquereau dans un morceau de film à congélation en Rilsan (à cause de l'odeur) et les enfermer quatre par quatre, par exemple, ou en nombre correspondant à celui des membres de la famille, dans un sac à congélation. Fermer, étiqueter, congeler.
Durée de conservation	Jusqu'à 4 mois.
Avant consommation	Sans décongélation préalable : cuisson au court-bouillon dans une marinade (pour les manger froids), au four. Pour la cuisson au gril, mieux vaut les faire d'abord dégeler.

Merlans

Préparation	Si les merlans sont très petits, les nettoyer, les vider, les laver, les éponger, les laisser entiers. S'ils sont moyens, retirer l'arête centrale (voir technique, page 140), et couper la tête. Aplatir les poissons.
Emballage. Congélation	Envelopper chaque merlan dans un morceau de film à congélation, puis les enfermer dans un sac en un nombre correspondant à celui des membres de la famille. Fermer, étiqueter, congeler.

Durée de conservation	Jusqu'à 4 mois.
Avant consommation	Sans décongélation préalable, pochage au court-bouillon ou bien cuisson à la meunière, au four, en friture.

Merlu

(voir « Colin »)

Mulet

Préparation	Injustement dédaigné, il se prête pourtant à toutes sortes de préparations et se congèle bien. Le préparer comme le « Bar ».
Emballage. Congélation	Même méthode que pour le « Bar ».
Durée de conservation	Jusqu'à 4 mois.
Avant consommation	Comme le « Bar ». Sans décongélation préalable, pochage au court-bouillon (pour manger le poisson chaud ou froid), cuisson « à la Dugléré », braisage, cuisson au four.

Œufs frais de poisson

Préparation	Même préparation que pour les « Laitances ».
Emballage. Congélation	Même technique que pour les « Laitances ».

Durée de conservation	Jusqu'à 3 mois.
Avant consommation	Comme les « Laitances ».

Perche

Préparation	Même préparation que pour le « Bar ».
Emballage. Congélation	Même technique que pour le « Bar ».
Durée de conservation	Jusqu'à 3 mois.
Avant consommation	Sans décongélation préalable, pochage au court-bouillon, cuisson au four (farcie ou non), à la meunière (si elle est petite).

Plie

(voir « Carrelet »)

Rouget, ou Rouget-barbet

Préparation	Exquis, surtout quand il est petit, il supporte mal le transport. Le traiter le plus tôt possible, après la pêche, si possible sans passage au réfrigérateur. Couper les nageoires, vider, laver sans laisser tremper, essuyer à fond.

Emballage. Congélation	Même méthode que pour les « Merlans ».
Durée de conservation	Jusqu'à 6 mois.
Avant consommation	Faire dégeler (dans un seul emballage, au réfrigérateur) pour la cuisson au gril. Sans décongélation préalable, cuisson au beurre, dans une poêle; à l'huile d'olive, dans une poêle; en papillotes; au gril, après décongélation, enduire d'huile les rougets.

Roussette

Préparation	La dépouiller (même technique que pour l'« Anguille »), la laisser entière si elle est petite; sinon, la tronçonner en deux ou en quatre. Laver, éponger.
Emballage. Congélation	Même méthode que pour le « Bar ».
Durée de conservation	Jusqu'à 6 mois.
Avant consommation	Sans dégel préalable, pochage au court-bouillon.

Sardines

Préparation	Ne congeler que des sardines petites, et très fraîches (elles sont brillantes et raides). Les écailler sous le robinet d'eau froide, les vider avec le doigt, les laver, les éponger.

Emballage. Congélation	Même méthode que pour les tronçons d'anguilles.
Durée de conservation	Jusqu'à 4 mois.
Avant consommation	Pour la cuisson au gril, faire dégeler les sardines dans un seul emballage, au réfrigérateur. Sans décongélation préalable, cuisson au beurre, au four, en pleine friture.

Saumon

Préparation	Si l'on dispose d'une poissonnière, laisser le saumon entier. Sinon, le tronçonner en darnes (tranches). Couper les nageoires (sauf celle de la queue), ainsi que les ouïes. Ecailler de la queue vers la tête, laver, ouvrir de l'anus à la tête, avec des ciseaux, vider, débarrasser sous le robinet des caillots de sang. Laver encore et éponger.
Emballage. Congélation	Même méthode que pour le « Bar ».
Durée de conservation	Jusqu'à 5 mois.
Avant consommation	Faire dégeler le saumon au réfrigérateur, dans un seul emballage (36 heures environ). Ne pas faire dégeler les darnes, sauf pour les griller. Faire cuire le poisson entier dégelé comme un saumon frais. Sans décongélation préalable, faire cuire les darnes : au court-bouillon (pochage), au four, en braisage. Faire dégeler et huiler avant de faire cuire au gril.

Sole

Préparation	Dépouiller les soles (voir technique, page 140). Vider, laver, éponger. Si les soles sont moyennes, couper les arêtes des deux côtés. Si elles sont grosses, lever les filets (voir technique, page 140), laver, éponger.
Emballage. Congélation	Envelopper chaque sole dans un morceau de film à congélation, puis en placer plusieurs dans un sac à congélation. Garnir un récipient rigide d'un sac à congélation, y ranger les filets en séparant deux couches par du film à congélation. Rabattre le sac, congeler. Retirer le sac du récipient, fermer, étiqueter, remettre au congélateur.
Durée de conservation	Jusqu'à 6 mois.
Avant consommation	Ne faire dégeler les soles que pour les griller. Sans décongélation préalable, pochage au court-bouillon, cuisson au four, à la meunière, en fritots, etc.

Thon

Préparation	A ne congeler qu'en tranches épaisses de 3 à 4 cm. Laver, éponger.
Emballage. Congélation	Envelopper chaque tranche dans du film à congélation ou du papier d'aluminium, mettre dans un récipient rigide et congeler. Mettre alors plusieurs tranches dans un sac à congélation, fermer, étiqueter et remettre au congélateur.
Durée de conservation	Jusqu'à 6 mois.

Avant consommation	Ne faire dégeler (complètement) le thon que pour la cuisson au gril. – Sans décongélation préalable, pochage au court-bouillon, cuisson au four, braisage, etc.

Truite

Préparation	Bien laver les poissons, recouverts d'un enduit très gluant, vider, laver encore, éponger.
Emballage. Congélation	Même méthode que pour les « Merlans ».
Durée de conservation	Jusqu'à 5 mois.
Avant consommation	Sans dégel préalable, pochage au court-bouillon, cuisson à la meunière, braisage, cuisson en papillotes, etc.

Truite saumonée

Elle se traite comme le saumon entier

Turbot

(voir « Barbue »)

10. Les viandes de boucherie

Pour beaucoup de propriétaires ou de futurs propriétaires de congélateurs, la viande est considérée comme un aliment privilégié. De plus en plus, en effet, et en face de la montée des prix, le consommateur cherche à réduire ses frais. Il s'informe, cherche et trouve des sources avantageuses de ravitaillement.

A quel prix ?

Certes, il est encore difficile de convaincre certains bouchers qu'ils doivent vendre à des clients 10 kilos de viande moins cher qu'un seul. Cela est vrai aussi d'ailleurs des charcutiers.

En revanche, un nombre croissant de commerçants spécialisés dans les ventes par quantités importantes et les magasins à grande surface ont fait un effort sensible dans ce domaine et semblent bien décidés à le poursuivre. Il est de plus en plus courant de voir présenter des cageots de viande (autour de 10 kilos le plus souvent), surmontés de cette inscription : « Nos viandes sont garanties fraîches et propres à la congélation. » Des commerçants ajoutent même à ces colis une sorte de notice pour traiter les viandes le mieux possible.

Pour certaines viandes (l'agneau, le porc) le prix varie sensiblement d'un moment de l'année à l'autre. En plus de ces hausses saisonnières liées aux animaux eux-mêmes, il y a les hausses dues aux consommateurs, à la veille des fêtes de Noël et de Pâques en particulier. Des achats à l'avance font faire des économies.

Il peut enfin être intéressant de grouper les achats de deux ou trois familles. Beaucoup de provinciaux ont déjà pris cette bonne habitude à laquelle répugnent les habitants des grandes villes. Et c'est dommage.

La maturation

Les professionnels savent que toutes les viandes de boucherie ne se traitent pas de la même façon; si le porc et le veau (celui-ci parce que c'est une viande jeune) demandent à être rapidement congelés après l'abattage, le bœuf et le mouton (et même l'agneau) doivent acquérir en chambre froide une certaine maturation; faute de quoi même une viande de première qualité reste dure après cuisson. A titre d'information, je précise que, dans une chambre froide où la température est comprise entre O et 2° C, la maturation est d'une semaine environ pour l'agneau et le mouton, d'une douzaine de jours pour le bœuf.

C'est parce que la température des réfrigérateurs est comprise entre + 4 et + 6° C que la maturation de la viande y est plus rapide : trois jours pour l'agneau et le mouton, cinq jours pour le bœuf. Ces informations sont bonnes à connaître s'il vous arrive de l'abattoir un morceau de viande non traité par le boucher.

La réglementation

Elle est sévère en ce qui concerne la viande, produit particulièrement favorable au développement des germes de toutes sortes. Ainsi un particulier (fermier ou non fermier) ne peut-il abattre un animal chez lui que s'il réserve la consommation à lui-même et aux personnes vivant sous son toit. En revanche, tout animal dont la viande sera commercialisée doit être abattu dans un abattoir « autorisé », qu'il soit public ou privé. Il faut :

– Que le personnel soit qualifié et strictement respectueux de l'hygiène : mains, vêtements, etc.

– Que le lieu d'abattage soit frais, facile à nettoyer, interdit aux animaux domestiques : chien, chat, poules, etc.

– Que l'animal soit en bonne santé. On ne peut manger un animal abattu pour cause de maladie. En cas de doute, le vétérinaire doit être consulté.

– Que les animaux à abattre aient été mis au repos et privés de nourriture solide pendant 24 heures avant le sacrifice;

– Que les quantités de viande soient adaptées aux possibilités de congélation. Seules par conséquent les exploitations disposant d'une chambre froide peuvent abattre sur place des bovidés.

Si un congélateur ne peut accepter la valeur d'un mouton entier par exemple, il faut placer au réfrigérateur le reste de l'animal.

Préparer le congélateur

Il faut, c'est évident, ranger le congélateur pour s'assurer que l'on dispose d'un volume correspondant à celui des quantités de viande à congeler, ces quantités étant fonction du « pouvoir de congélation » (voir page 15) de l'appareil; et libérer la partie ou les parties réservées à la congélation rapide.

Même précaution à prendre si l'on se fait livrer la viande – pratique de plus en plus courante, en raison de l'existence de camions convenablement réfrigérés.

Il faut enfin régler le congélateur sur la fonction « congélation » 12 heures au moins avant d'y introduire la viande.

Préparer les viandes

A moins que vous ne soyez experte en la matière, faites découper les morceaux par un professionnel.

Gardez-vous de barder avant congélation les morceaux qui

devront l'être à la cuisson, rôti de veau, par exemple. Ils se congèleraient moins bien. Mais supprimez, ou faites supprimer, tout os inutile ou excessivement encombrant ou pointu! Ne pas oublier qu'une viande avec os occupe un volume qui peut être jusqu'à deux fois supérieur à celui de la même viande sans os (épaule d'agneau, par exemple). Ne jetez pas les os : concassés et congelés à part, si vous avez de la place, ils peuvent améliorer sauces ou potages. Débarrassez grosses ou petites pièces du maximum de déchets et de graisse superflue. C'est d'ailleurs le seul moyen ensuite d'opérer une cuisson sans décongélation préalable.

Emballer les viandes

Elles doivent toutes être protégées le mieux possible et de l'air (elles sont sensibles à la déshydratation) et de la lumière. C'est pourquoi il est recommandé de les envelopper (voir page 31 les conseils d'emballage) dans du film à congélation, auto-adhésif si possible, ou dans du papier d'aluminium, plus fragile, puis dans un sac. Les petites pièces (escalopes, côtelettes, biftecks, etc.) peuvent alors être placées les unes à côté des autres sur des plateaux et congelées ainsi; vous les rangerez ensuite à plusieurs dans des sacs à congélation que vous fermerez bien. A moins que vous ne préfériez les disposer dans des boîtes garnies d'un sac à congélation (à condition de les séparer par des morceaux de film à congélation), fermer la boîte, puis retirer le sac de la boîte, bien le fermer en chassant l'air au maximum, étiqueter et remettre au congélateur.

Viandes salées et viandes fumées

Elles se congèlent moins bien que la viande fraîche. Les viandes fumées paraissent excessivement fumées, les viandes salées excessivement salées. Elles sont d'ailleurs moins intéressantes à conserver que la viande fraîche : on ne les trouve que chez les charcutiers, à des prix de détail; elles sont accessibles toute l'année et à des prix variant peu. Un reste peut très bien se conserver quelque temps au réfrigérateur (attention aux viandes fumées qui donnent généreusement leur parfum à tout l'appareil).

Durée de conservation

La viande congelée se conserve longtemps, jusqu'à douze mois pour le bœuf. Vous trouverez les indications précises dans les tableaux des pages 166 à 181. La viande hachée et les abats ne se conservent pas comme la viande non hachée.

Que se passerait-il si vous dépassiez les délais prescrits? Rien de grave pour votre santé si la congélation a été correctement menée de bout en bout. Mais la viande devient moins savoureuse, moins agréable à l'œil et au toucher. Essayer de vous tenir toujours en deçà des durées maximales.

Décongélation et cuisson

Contrairement à ce qui se passe pour la presque totalité des légumes ou des poissons, les viandes ne doivent pas forcément cuire sans décongélation préalable.

En fait, on peut, au choix, faire dégeler d'abord ou faire cuire sans décongélation la plupart des viandes ou abats. Simplement, la décongélation n'apporte aucune amélioration, par exemple aux morceaux à faire bouillir (bœuf pour le pot-au-feu, veau pour la blanquette, porc pour la potée, mouton pour le ragoût) : ils se décongèlent en commençant à cuire et perdent leur jus dans le bouillon au lieu de l'abandonner au récipient de décongélation.

On peut de même faire cuire sans décongélation les pièces petites ou minces : steaks, escalopes, petits morceaux à braiser. Huilez-les avant de les griller pour éviter que la surface ne se dessèche prématurément. Les pièces moyennes et grosses s'accommodent mieux d'une décongélation préalable, totale ou partielle. Un accessoire utile lorsqu'on fait cuire sans décongélation préalable, par exemple un rôti d'un kilo et demi : la sonde de cuisson, que l'on plante au cœur du morceau de viande. Celle-ci est cuite quand cette sonde, qui est en réalité un thermomètre, indique 45° pour de la viande rouge (bœuf, agneau), de 80 à 85° pour une viande blanche (porc ou veau).

Une viande complètement décongelée se cuit exactement comme une viande fraîche. Arrosez souvent la pièce avec le jus.

Nous allons suivre par ordre alphabétique les quatre viandes de boucherie : agneau (ou mouton), bœuf, porc et veau.

Alors, cuisson avec ou sans décongélation préalable?

L'expérience réelle, c'est-à-dire celle d'une maîtresse de maison et non pas celle qui s'effectue en laboratoire dans des conditions spéciales, prouve que les pièces de viande un peu importantes cuisent mieux, en cocotte, et surtout au four, quand elles ont d'abord dégelé dans de bonnes conditions. Sans décongélation préalable, certes, la viande finit par cuire, et même par cuire bien. Mais le temps de cuisson est au moins du double et il faut intervenir sans cesse pour couvrir la viande, puis la découvrir pour la recouvrir en fin de cuisson. Ce n'est pas ce que j'appelle un gain de temps. Bien sûr, la décongélation préalable est incomparablement plus longue, (excepté si elle se pratique dans le four à micro-ondes), mais elle s'effectue dans le réfrigérateur sans que l'on ait à s'en occuper, et sans consommation supplémentaire d'énergie. J'indique, viande par viande et morceau par morceau, mes préférences personnelles.

L'AGNEAU ET LE MOUTON

Choisir une viande rosée, à grain fin, avec une graisse ferme, blanche, sans granulations, mais suffisante : la viande maigre manque de saveur et d'onctuosité. La viande d'agneau est au summum de sa qualité au printemps. L'animal entier pèse de 18 à 22 kg.

Abats

(voir page 57)

Baron

Préparation	Très gros morceau formé par la selle et les deux gigots. Faire retirer la queue, très grasse. Ne congeler que le baron d'un jeune agneau.
Emballage. Congélation	Protéger avec un film à congélation ou du papier d'aluminium l'extrémité des deux gigots. Envelopper le baron dans du film à congélation, fermer en chassant l'air, étiqueter, congeler.
Durée de conservation	Jusqu'à 10 mois.
Avant consommation	Décongélation totale au réfrigérateur avant cuisson (40 heures environ). – Cuisson au four, à même température que pour de la viande fraîche (275° environ). Protéger en fin de cuisson par du papier d'aluminium. Vérifier la cuisson avec une sonde (voir page 164).

Carré

Préparation	C'est lui qui fournit : – Les côtelettes couvertes proches du filet (premières, dont la noix est la plus charnue; secondes, plus grasses et moins charnues; moins chères aussi); – Les côtelettes découvertes, proches du collet ou collier. Toutes ces côtelettes ont des « manches » plus ou moins longs. Ne pas congeler le « carré double », c'est-à-dire celui qui comprend les côtes des deux côtés de la colonne vertébrale : la congélation serait beaucoup plus longue.
Emballage. Congélation	Congeler le carré couvert entier ou en côtelettes. *Entier.* L'envelopper dans un film à congélation ou de l'aluminium, puis dans un sac; *En côtelettes.* Séparer 2 côtelettes par de l'aluminium ou du film à congélation, puis en emballer plusieurs dans un sac. Ou bien, congeler les côtelettes à découvert sur un plateau spécial, puis pratiquer un double emballage. Dans tous les cas, étiqueter et congeler ou remettre au congélateur.
Durée de conservation	Jusqu'à 10 mois.
Avant consommation	Faire dégeler le carré entier avant cuisson : la viande est plus moelleuse. Personnellement, je fais aussi dégeler les côtelettes pour les griller. – Cuisson au four du carré dégelé, comme pour de la viande fraîche. Cuisson au gril des côtelettes dégelées ou non, cuisson à la poêle ou en cocotte.

Collet ou collier

Préparation	C'est avec les morceaux de collet ou de collier que l'on fait les meilleurs navarins.
Emballage. Congélation	Mettre dans un sac le nombre de morceaux correspondant à un repas de la famille, fermer en chassant l'air, étiqueter, congeler. Ou bien, congeler les morceaux sur un plateau spécial, à découvert, les emballer, étiqueter, remettre au congélateur.
Durée de conservation	Jusqu'à 10 mois.
Avant consommation	Sans dégel préalable, cuisson braisée, en ragoût, sauté.

Epaule

Préparation	Faire, ou non, désosser l'épaule par le boucher.
Emballage. Congélation	Protéger avec du film à congélation ou de l'aluminium l'extrémité de l'os (éventuellement), envelopper l'épaule dans le même matériau, mettre dans un sac, fermer en chassant l'air, étiqueter, congeler.
Durée de conservation	Jusqu'à 10 mois.
Avant consommation	Faire dégeler au réfrigérateur l'épaule désossée et roulée. Faire dégeler aussi l'épaule non désossée pour cuisson au four : la viande est plus moelleuse. On peut faire cuire à la cocotte sans dégel préalable. Faire cuire l'épaule dégelée comme de la viande fraîche, l'épaule encore congelée en réduisant le feu dès qu'elle est bien dorée.

Filet

Préparation	Faire découper par le boucher les côtelettes dans le filet (sans « manche ») plus ou moins épaisses (minces pour un barbecue).
Emballage. Congélation	Emballer et congeler comme les côtelettes coupées dans le carré.
Durée de conservation	Jusqu'à 10 mois.
Avant consommation	Comme les côtelettes dans le carré.

Gigot

Préparation	Ne congeler que des gigots d'agneau, entiers (gigot, plus portion attenante de la selle, qui fait suite aux côtelettes dans le filet), ou raccourcis (la cuisse seule, sans la selle). Ne conservez que juste assez d'os pour bien saisir le gigot au moment de le découper.
Emballage. Congélation	Comme l'épaule.
Durée de conservation	Jusqu'à 10 mois.
Avant consommation	Faire dégeler le gigot au réfrigérateur (plus de 24 heures). Faire rôtir le gigot comme un gigot frais. Le protéger d'un papier d'aluminium s'il a tendance à trop se colorer. Vérifier la cuisson avec une sonde (voir page 164).

Hauts de côtelettes et poitrine

Préparation	Ils forment, suivant les cas, un morceau ou deux. Faire couper en petits morceaux (2 morceaux pour une portion individuelle) par le boucher. Faire dégraisser ou dégraisser partiellement.
Emballage. Congélation	Comme pour le collier.
Durée de conservation	Jusqu'à 10 mois.
Avant consommation	Cuisson en sauté ou en ragoût sans dégel préalable.

Selle

Préparation	Morceau situé de part et d'autre de la colonne vertébrale, à la suite des côtelettes dans le filet, avant les gigots.
Emballage. Congélation	Comme l'épaule.
Durée de conservation	Jusqu'à 10 mois.
Avant consommation	Comme le gigot.

LE BŒUF

Tous les morceaux de bœuf peuvent se congeler, y compris les abats (voir page 57) et les os. Comme pour toutes les viandes, ne congeler que du bœuf de première qualité.

Morceaux à faire bouillir

Préparation	Ils sont surtout placés dans les parties « avant » de l'animal, le ventre, le cou, la partie basse des membres. Par ordre alphabétique : bavette de flanchet (extrémité postérieure de la bavette d'aloyau; voir « morceaux à rôtir »); collier (veine maigre, veine grasse); crosses; flanchet; gîtes; jumeau à pot-au-feu; macreuse à pot-au-feu; paleron (sous la « pièce parée »); poitrine; queue; tendrons. Faire couper, ou couper, les morceaux en leur donnant un poids correspondant aux besoins habituels de la famille (ne pas dépasser 1,500 kg).
Emballage. Congélation	Mettre les morceaux dans deux sacs à congélation successifs, chasser l'air, étiqueter, congeler. Indiquer sur l'étiquette, en plus du poids et de la date, le mode de cuisson prévu.
Durée de conservation	Jusqu'à 12 mois.
Avant consommation	Ne pas faire dégeler les morceaux avant de les plonger dans l'eau ou le bouillon. Allonger le temps de cuisson d'une vingtaine de minutes.

Morceaux à braiser

Préparation	Intermédiaires entre les morceaux à bouillir et les morceaux à rôtir, certains pouvant passer d'une catégorie à l'autre. Ce sont, par ordre alphabétique : aiguillette; basses côtes; dessous de macreuse; dessus de côtes; filet mignon; gîte à la noix; griffe; jumeau; macreuse, pointe de flanchet. Laisser entiers (en ne dépassant pas un poids de 1,500 kg) les morceaux à braiser entiers (aiguillette, par ex.). Couper les autres en morceaux-portions.
Emballage. Congélation	Employer la même méthode que pour les morceaux à bouillir. Pièces de 1,500 kg : envelopper dans du papier d'aluminium ou du film à congélation, placer dans un sac, chasser l'air, fermer, étiqueter, congeler. Indiquer sur les étiquettes, en plus de la date et du poids, le mode de cuisson prévu.
Durée de conservation	Jusqu'à 12 mois.
Avant consommation	– Faire dégeler les plus grosses pièces au réfrigérateur (24 heures au maximum). – Braiser sans décongélation préalable les morceaux-portions : la cuisson est allongée d'une dizaine de minutes. Braiser le morceau partiellement dégelé comme de la viande fraîche (daube, par ex.). Le temps total de cuisson est à peine allongé.

Morceaux à griller ou à rôtir

Préparation	Ce sont les plus tendres, qui exigent un temps de cuisson moins long, mais une température plus élevée. Par ordre alphabétique : aiguillette; araignée (petite, délicieuse et difficile à trouver); bavette d'aloyau; côtes; faux-filet (ou contre-filet); filet; hampe; jumeau à bifteck (ferme); macreuse

	à bifteck (ferme); onglet; pièce parée ou paleron; rumsteck; tranche à rôtir ou tranche grasse. Faire couper rôtis et biftecks à la grosseur et au poids prévus pour la cuisson future.
Emballage. Congélation	*Pour les biftecks :* Garnir une boîte d'un sac à congélation. Y déposer les biftecks en les séparant les uns des autres par de petits morceaux de film à congélation ou de papier d'aluminium. Rabattre et congeler. Sortir le sac de la boîte, fermer en chassant l'air, étiqueter (en indiquant le nombre de biftecks), remettre au congélateur. *Pour les rôtis :* Envelopper la pièce dans du papier d'aluminium, puis dans un sac à congélation, fermer en chassant l'air, étiqueter (en indiquant le poids), congeler.
Durée de conservation	Jusqu'à 12 mois.
Avant consommation	– Décongélation préalable des biftecks : facultative. Personnellement, je fais dégeler pour cuisson au gril. Décongélation partielle des rôtis (pas plus de 24 heures au réfrigérateur). – Cuisson des biftecks au gril ou à la poêle (à la poêle : sans dégel préalable). Cuisson des rôtis au four (dégel complet) ou à la cocotte (dégel partiel). Vérifier la cuisson avec une sonde.

Os

Préparation	Très utiles pour des bouillons. Les faire concasser ou scier par le boucher.
Emballage. Congélation	Enfermer les os par petites quantités dans des sacs à congélation, fermer, étiqueter, congeler.
Durée de conservation	Os à moelle : jusqu'à 4 mois. Les autres os : jusqu'à 6 mois.
Avant consommation	Plonger les os tout gelés dans le futur bouillon.

Viande hachée

Préparation	Mieux vaut congeler des morceaux que de la viande hachée, fragile. Toutefois, pour une occasion spéciale, on peut avoir quelques steaks en réserve, sous trois conditions : s'entourer de toutes les précautions d'hygiène possibles; ne conserver ces steaks que pendant 1 mois; les faire cuire dès la sortie du congélateur. Hacher soi-même la viande dans un hachoir ébouillanté; ne pas la manier, mais la prendre avec une fourchette ébouillantée, la façonner entre deux morceaux d'aluminium, au besoin avec une petite presse spéciale, par portions de 100 à 125 g.
Emballage. Congélation	Garnir un récipient rectangulaire rigide avec du papier d'aluminium. Y ranger les steaks hachés (les morceaux d'aluminium les empêchent de coller les uns aux autres), rabattre le sac, congeler. Sortir le sac, le mettre dans un second sac, expulser l'air, fermer, étiqueter, remettre au congélateur.
Durée de conservation	Jusqu'à 1 mois.
Avant consommation	Cuisson sans dégel préalable au gril, à la poêle.

LE PORC

Contrairement à ce que l'on pense trop souvent, la viande de porc de bonne qualité est, non pas blanche, mais rose pâle, fraîche à l'odorat, légèrement humide. Sa graisse, couleur crème fraîche, est à la fois onctueuse et ferme.

Vous achèterez, suivant vos habitudes alimentaires, ou bien seulement de la viande à griller ou à rôtir, ou bien de la viande à charcuterie : rillettes, pâtés. Si vous avez l'occasion d'acheter un demi-porc, vous pouvez peut-être vous entendre avec des amis qui n'ont pas les mêmes goûts que vous et seraient heureux de disposer à bon compte de ce que l'on appelle les « bas morceaux » : gorge, par exemple, parfaite pour les rillettes ou les terrines. Vous trouverez au chapitre « Abats » tout ce qui concerne le foie, les rognons, les oreilles, les queues et les pieds.

Les morceaux du porc sont classés par catégories, comme pour toutes les viandes de boucherie.

Morceaux de première catégorie

Préparation	Ce sont les morceaux à griller ou à rôtir : *Le carré de côtes* (ou avant du filet) pour des rôtis plus que pour des côtes à griller ou à poêler; *L'échine,* plus entrelardée, tendre et savoureuse. On désosse le morceau à rôtir, on laisse l'os des tranches à griller. *Le filet, pointe* (à l'arrière de l'animal) et milieu. Le morceau le plus cher, mais non pas le plus tendre. Désossé, il donne des rôtis (tranches belles et régulières). Non désossé, des côtes à griller ou à poêler. *Les grillades :* parties charnues, plates, situées sous le lard. Particulièrement indiquées pour les cuissons au barbecue. *Le jambon,* que l'on peut faire cuire au court-bouillon, braiser ou rôtir. C'est un plat somptueux, mais réservé à un repas groupant de nombreux convives, ou pour un buffet. On peut avoir intérêt à le faire couper en deux, le long de l'os : congélation et utilisation en seront rendues plus aisées.

Emballage. Congélation	Envelopper les pièces importantes dans du film alimentaire, puis dans un sac; fermer en chassant l'air, étiqueter, congeler. Pour les côtes et les tranches : Voir « Bœuf : biftecks ».
Durée de conservation	Jusqu'à 6 mois.
Avant consommation	–Pour les rôtis : faire dégeler, au moins partiellement, les pièces les plus importantes (plus de 24 heures au réfrigérateur). – Faire rôtir les pièces comme du porc frais. Protéger en fin de cuisson si la viande se colore trop. Vérifier la cuisson avec une sonde (voir page 164). Faire cuire les tranches ou les côtes à la poêle, à feu moyen d'abord, puis doux, sans dégel préalable. Je fais dégeler les tranches et les côtes destinées à la grillade : la viande est plus moelleuse.

Morceaux de deuxième catégorie

Préparation	Ce sont : *La palette,* que l'on peut rôtir, mais que l'on utilise surtout dans la potée ou, salée, dans la choucroute. Ne pas la saler avant congélation. *La poitrine,* partie sans homogénéité, qui sert à faire, à la fois, ce que l'on appelle le « jambon d'épaule » et des sautés.
Emballage. Congélation	Comme les pièces de première catégorie.
Durée de conservation	Jusqu'à 6 mois.
Avant consommation	Sans dégel préalable, cuisson au bouillon, surtout; mais aussi à la poêle ou à la cocotte pour les morceaux de poitrine.

Morceaux de troisième catégorie

Préparation	Ce sont : *Les travers,* deux bandes obtenues en coupant en travers le haut des côtes. Naguère utilisés en salaisons seulement. Aujourd'hui, la mode venue de Chine et des Etats-Unis aidant, ils sont très appréciés en grillades, au barbecue ou non. *Les jambonneaux* : 2 devant, 2 derrière, ceux-ci plus charnus; *Le lard.* On devrait dire « les lards » : le dur et le mou. C'est dans le lard dur (aussi appelé lard gras) que l'on taille les bardes, avant et après congélation.
Emballage. Congélation	Emballer et congeler travers et jambonneaux comme les morceaux et les pièces de première catégorie. Congeler le lard dans des boîtes, en séparant éventuellement les bardes par du papier d'aluminium.
Durée de conservation	Jusqu'à 6 mois. Pour le lard : jusqu'à 3 mois.
Avant consommation	– Faire éventuellement dégeler les travers avant cuisson. Faire dégeler le lard à usage de bardes. – Faire cuire les jambonneaux au bouillon sans dégel préalable. Huiler les travers avant de les faire griller. Faire fondre le lard « mou » sans dégel préalable, mais avec de l'eau et à tout petit feu (pour faire du saindoux).

LE VEAU

Elevé en plein air, nourri de bonne herbe naturelle, le veau se porte bien. Et parce qu'il se porte bien, sa chair est plus serrée, plus parfumée que celle des pauvres bêtes placées en lieu clos. Elle est, non pas d'une pâleur triste, comme on s'était habitué, par ignorance, à la demander, mais d'un rose pâle et d'une humidité sympathiques : ni trop, ni trop peu. Ce veau « de plein air » est plus cher que l'autre. Mais l'achat massif rendu possible par le congélateur compensera la différence de prix. Tous les morceaux du veau, pratiquement, sont tendres. A l'exception des pieds! Simplement, certains morceaux sont moins gras que d'autres, fondent moins à la cuisson et donnent des tranches plus belles. C'est la seule justification à la différence de prix de la noix à la sous-noix, par exemple. Et toujours, 3 catégories.

Abats

(voir page 57)

Morceaux de première catégorie

Préparation	Ce sont : *Le quasi;* *La culotte;* *Le cuisseau raccourci,* dans lequel on taille la noix, la noix pâtissière, la sous-noix. Trois morceaux pris dans le cuisseau, ensemble formé de la hanche et de la cuisse du veau; ils donnent les rôtis et les escalopes; *La longe,* généralement vendue désossée, et dans laquelle on fait de délectables rognonnades; *Le carré de côtes,* qui donne les côtes premières (5 par demi-veau) et les côtes secondes (3 par demi-veau).

Emballage. Congélation	Comme les morceaux correspondants du bœuf.
Durée de conservation	Jusqu'à 9 mois.
Avant consommation	– Décongélation totale pour les pièces atteignant 1,500 kg. Décongélation partielle ou totale pour les pièces moyennes. Au choix, décongélation totale, partielle ou pas de décongélation pour les escalopes ou les côtes. Personnellement, je décongèle. – Cuisson au four ou à la cocotte comme pour de la viande fraîche des pièces dégelées. Comme pour de la viande fraîche, cuisson à la poêle ou en cocotte des escalopes et côtes, après dégel total; cuisson plus douce pour les morceaux non dégelés.

Morceaux de deuxième catégorie

Préparation	Ce sont : *L'épaule,* sans le jarret. Elle est généralement vendue désossée et roulée. Sinon, demander que le désossage soit effectué; *Le haut de côtes,* qui fournit d'excellents sautés; *Le flanchet.*
Emballage. Congélation	Comme pour les morceaux correspondants du bœuf.
Durée de conservation	Jusqu'à 9 mois.

Avant consommation	Cuisson à la cocotte, avec ou sans dégel préalable. Personnellement, je décongèle totalement l'épaule roulée avant de la faire cuire. Pour la blanquette : pas de nécessité de dégel préalable.

Morceaux de troisième catégorie

Préparation	Ce sont : *Le collet.* Avant du veau, au niveau du cou. Le couper en morceaux; *La poitrine.* On l'utilise très bien comme poche à farcir; *Les tendrons,* en arrière de la poitrine, morceaux gras, mais savoureux; *Les jarrets,* mis à la mode par l'osso bucco.
Emballage. Congélation	Comme pour les morceaux correspondants du bœuf.
Durée de conservation	Jusqu'à 9 mois.
Avant consommation	Faire dégeler la poitrine pour pouvoir la farcir. Faire cuire à la cocotte les autres morceaux, sans dégel préalable.

Os de veau

Préparation	Ajouter à des préparations de toutes sortes (bœuf ou veau : daubes, bœuf à la mode, rôtis à la cocotte, etc.) Ils fournissent des sauces agréablement liées qui forment gelée en refroidissant. Les faire concasser par le boucher.

Emballage. Congélation	Enfermer les os par petites quantités dans des sacs à congélation, fermer, étiqueter, congeler.
Durée de conservation	Jusqu'à 6 mois.
Avant consommation	Pas de dégel avant cuisson.

11. Les volailles

Les volailles, ce sont les animaux qui se vendent chez le volailler, chez qui vous prenez aussi lapins et chevreaux que nous étudierons dans cette rubrique.

Intérêt de la congélation des volailles

Elle est particulièrement indiquée pour ceux qui les élèvent et ne souhaitent pas, ou ne peuvent pas, les vendre. Pourquoi continuer à nourrir – c'est cher – des animaux qui ont atteint leur point maximum de croissance?

Elle l'est aussi pour ceux qui ont la possibilité de se procurer à la campagne des volailles élevées dans des conditions qui leur inspirent confiance. Normalement abattues, aussi : on les a laissé jeuner 24 heures; on les a saignées à fond.

Comment préparer la volaille pour la congélation

Il faut plumer et vider le volatile (l'opération est plus

facile si vous l'avez d'abord mis dans le réfrigérateur pendant quelques heures), dépouiller et vider le lapin ou le chevreau, et achever de les parer comme vous le feriez si vous deviez les consommer tout de suite.

Quel que soit l'animal à congeler, ne le laissez pas attendre plus de 24 heures dans un endroit frais, augmentées de deux jours dans le réfrigérateur. Sa chair n'appelle pas la même maturation que la viande de boucherie.

Pour congeler l'animal. Deux possibilités :

– Ou bien vous le laissez entier moins, toutefois, les abattis. Protégez l'extrémité des « pilons » – de poulet ou de dinde – avec du papier d'aluminium. Donnez-lui la forme la plus massive possible en ramenant les pattes contre le corps. Enfermez dans un sac spécial-congélation, puis dans un second sac (fermez en expulsant le maximum d'air). Étiquetez (sans oublier d'indiquer le poids de l'animal) et congelez;

– Ou bien découpez l'animal en morceaux. Garnissez alors un récipient rigide d'un papier d'aluminium ou de film alimentaire, placez-y les morceaux, rabattez le sac et congelez. Retirez le sac du récipient, fermez-le bien en expulsant l'air, étiquetez et remettez-le au congélateur.

Il vous est loisible aussi de trier les morceaux par espèces, par exemple en séparant les « beaux morceaux » des moins beaux. Parmi les beaux morceaux : l'arrière des lapins ou des chevreaux; les ailes, les cuisses et les « blancs » des poulets ou des dindes, les « magrets » des canards (ensemble formé par une aile et le « blanc » correspondant de la poitrine).

Ces beaux morceaux seront congelés d'un côté, de la façon suivante : garnissez un récipient rigide avec un sac à congélation. Rangez-y les morceaux en les séparant les uns des autres par de petits morceaux de papier d'aluminium ou de film à congélation; rabattez le sac et congelez. Sortez alors le sac du récipient rigide, fermez en expulsant le maximum d'air, étiquetez en détaillant bien le contenu, remettez au congélateur.

Vous pouvez aussi ranger ces beaux morceaux dans des boîtes bien hermétiques.

Les « bas morceaux » seront placés dans deux sacs, successivement; ceux-ci seront parfaitement fermés, étiquetés et mis à congeler.

Cette solution présente de grands avantages. Un avant de lapin, c'est à peine un repas pour deux personnes, même en le cuisinant avec des lardons, des champignons et des oignons. Plusieurs avants de lapin donnent un plat convenable. Même chose pour les abattis de poulet, que l'on a intérêt à grouper pour les faire cuire, soit au bouillon, soit en ragoût.

D'où l'intérêt, et pas seulement pour le rendement du congélateur, de congeler plusieurs volailles le même jour. Mais rien ne vous empêche de regrouper après congélation, dans le même sac, des morceaux de volailles traitées séparément. Il faut simplement que le délai entre les deux préparations ne soit pas long, afin de ne pas gêner le calcul de la durée de conservation.

Décongélation et cuisson

Il est souvent recommandé de faire cuire les volailles sans les avoir préalablement décongelées; cela permet aux sucs contenus dans le sérum et le sang de ne pas s'échapper de l'animal. Toutefois, il vaut mieux faire dégeler les grosses pièces et les moyennes, si l'on désire les faire cuire au four, et, de toute façon, utiliser une sonde de cuisson (voir page 164). La cavité formée quand on a vidé l'animal, en effet, se réchauffe mal et cela peut présenter des risques, même si l'on s'est entouré de toutes les précautions d'hygiène possibles au moment de la congélation.

Si vous pratiquez la décongélation avant cuisson, calculez (approximativement) les durées de décongélation au réfrigérateur :

– Volaille de 1 kg à 1,500 kg : 24 heures environ;
– Volaille de 2 kg : 36 heures environ.
– Volaille de 3 à 5 kg (oie, dinde) : de 36 à 40 h environ.

Naturellement, ces temps seront considérablement raccourcis si vous disposez d'un four à micro-ondes, dans lequel toutefois vous ne placerez pas les gros animaux.

Abattis

Préparation	On peut congeler : – Dans le canard, le cou (dépouillé ou non), l'extrémité des ailerons, le gésier, le foie; – Dans la dinde ou le dindonneau : le cou (dépouillé), l'extrémité des ailerons, le gésier nettoyé, le foie (facultativement : il est souvent granuleux, mais réduit en purée, il peut lier une sauce); – Dans l'oie : comme le canard. Le cou d'oie est excellent farci (une fois désossé, naturellement). – Dans le poulet : le cou, l'extrémité des ailerons, les pattes, le gésier, le foie. Flamber les pattes, le cou et les ailerons. Dépouiller les pattes (à chaud) et retirer les ongles. Nettoyer le gésier en jetant la poche à graviers, laver, éponger. Retirer le fiel du foie. Si ce fiel a été crevé, découper largement autour tout ce qui a verdi.
Emballage. Congélation	Mettre dans un sac plusieurs abattis de poulet, de dinde ou de canard, sans le foie, ou les placer un par un dans des sacs. Fermer en chassant l'air, étiqueter, congeler. Garnir une petite boîte d'un sac à congélation, y verser plusieurs foies, rabattre et congeler. Retirer le sac de la boîte, le fermer, l'étiqueter, le remettre au congélateur.
Durée de conservation	Jusqu'à 3 mois.

Avant consommation	– Faire dégeler les foies (au réfrigérateur) pour les réduire en purée. – Plonger les abattis dans l'eau sans dégel préalable, ou les cuire en ragoût, en sauté, etc. Cuisson aussi sans dégel préalable des foies cuits à la poêle.

Caille d'élevage

Comme pour la caille tuée à la chasse
(voir page 103)

Canard

Préparation	Choisir des animaux jeunes et pas trop gras, les canettes étant plus tendres que les mâles. Les canards de Barbarie sont les plus réputés. Le saigner ou le faire saigner. Le plumer, le vider, le parer en séparant les abattis et en retirant le maximum de bases de plumes. Le laisser soit entier (en ce cas ramener les membres contre le corps pour lui donner une forme massive); soit le couper en morceaux (pour les très gros animaux, surtout); ou encore préparer des « magrets » (ensembles formés par une aile et la partie correspondante de la poitrine).
Emballage. Congélation	Emballer le canard entier dans un sac à congélation ou dans du film à congélation, puis dans un second sac. Fermer en chassant le maximum d'air, étiqueter, congeler. Garnir d'un sac à congélation une forme rigide, y ranger les morceaux de canard, rabattre le sac et congeler. Retirer le sac de la forme, fermer en chassant l'air, étiqueter, remettre au congélateur. On peut choisir de grouper des morceaux de même sorte : ailes ou magrets, par exemple.
Durée de conservation	Jusqu'à 5 mois.

Avant consommation	– Décongeler complètement un gros canard et au moins partiellement une canette. Faire dégeler entièrement au réfrigérateur un canard destiné à un pâté ou une terrine (de 24 à 36 heures). – Après décongélation, faire cuire le canard comme une volaille fraîche. Cuisson à la cocotte des morceaux avec ou sans décongélation.

Chevreau

Préparation	On ne le trouve que pendant quelques semaines au printemps. C'est une viande peu serrée, donc fragile. Faire dépouiller le chevreau, le mettre au réfrigérateur pendant deux jours. Le couper en deux, en séparant l'avant de l'arrière. Eliminer la tête et l'extrémité des pattes.
Emballage. Congélation	Envelopper le chevreau dans une feuille d'aluminium ou du film à congélation, mettre dans un sac, fermer en chassant l'air, étiqueter, congeler.
Durée de conservation	Jusqu'à 3 mois.
Avant consommation	– Faire dégeler le chevreau au réfrigérateur pendant 12 heures. – L'enduire complètement de beurre fondu; le faire rôtir comme de la viande fraîche : le temps de cuisson est un peu plus long. Le protéger d'un papier d'aluminium en fin de cuisson s'il se colore trop. – Faire cuire des morceaux sans dégel préalable.

Dinde ou dindonneau

Préparation	Choisir de préférence un dindonneau pas trop gros (3,500 kg conviennent pour 8 à 10 personnes). Le mettre au réfrigérateur, le plumer, le vider, jeter l'extrémité des pattes et la tête. Séparer les abattis (voir ci-dessus). S'il doit être congelé entier, ramener les membres le long du corps. Si la dinde est grosse, la couper en morceau : 2 pour chaque patte, 2 pour chaque aile, les blancs de la poitrine entiers ou émincés.
Emballage. Congélation	Emballer et congeler la volaille entière ou en morceaux comme pour le « Canard ».
Durée de conservation	Jusqu'à 7 mois.
Avant consommation	– Faire dégeler le dindonneau au réfrigérateur (plus de 36 heures). Faire dégeler partiellement ou pas du tout les morceaux. – Faire rôtir le dindonneau dégelé comme une volaille fraîche après l'avoir enduit de beurre fondu (et, éventuellement, farci). Faire cuire les morceaux à la cocotte comme de la volaille fraîche, même s'ils n'ont pas préalablement dégelé; la cuisson est seulement un peu plus longue.

Foies de volaille

(voir « Abattis »)

Lapin

Préparation	Ne pas essayer de choisir soi-même un « bon » lapin vivant si l'on n'est pas un professionnel. Faire confiance à un vendeur qualifié. Dépouillé, le lapin doit être gras au niveau des rognons, et peser de 1,250 à 1,700 kg.

	Dépouiller ou faire dépouiller le lapin et le vider. Eliminer l'extrémité des pattes et la tête. Laisser le lapin entier en ramenant les pattes sous le corps (pour gagner de la place). Ou bien séparer l'avant de l'arrière. Ou bien le couper en morceaux.
Emballage. Congélation	Comme pour le canard. Congeler le foie avec l'avant du lapin.
Durée de conservation	Jusqu'à 6 mois.
Avant consommation	– Faire dégeler le lapin entier au réfrigérateur (36 heures environ), pour pâté, terrine, arrière rôti. – Faire cuire le lapin comme un lapin frais : l'arrière en rôti, l'avant non dégelé en morceaux (ou les morceaux de tout le lapin) en cocotte. Cuisson au bouillon (pour préparation froide en gelée) sans dégel préalable.

Oie

Préparation	Mêmes conseils que pour la dinde. Le cou d'oie farci est un vrai régal.
Emballage. Congélation	Même méthode que pour le canard entier ou en morceaux
Durée de conservation	Jusqu'à 5 mois.
Avant consommation	Comme pour le canard. Le dégel prend 48 heures environ. Vérifier avec une sonde (voir page 164) la cuisson de l'oie entière rôtie.

Pigeon

Comme pour la pintade.

Pintade

Préparation	Choisir des pintadeaux, c'est-à-dire de jeunes pintades de l'année : bec et bréchet souples, pattes lisses. Pour la qualité, et si la volaille est achetée vivante, s'en remettre à une personne de confiance : c'est très difficile d'apprécier une volaille avec ses plumes. Plumer l'animal, le vider. Conserver éventuellement cou, ailerons et gésier pour la sauce (les envelopper dans du papier d'aluminium et glisser dans la volaille vidée). Bien ramener les membres le long du corps de la pintade.
Emballage. Congélation	Comme pour le canard entier.
Durée de conservation	Jusqu'à 9 mois.
Avant consommation	– La pintade est une volaille sèche : la faire dégeler complètement et la barder avant cuisson. – Cuisson au four ou à la cocotte, à la même température que pour une volaille fraîche.

Poule et poulet

Préparation	Choisir des poulets (plus de 800 g) ou des coqs (volailles adultes), de préférence à des poussins (moins de 800 g). Les poules, volailles plus âgées, pèsent de 2,250 à 2,500 kg. Tout poulet doit être dodu, avec une poitrine bien en chair et des cuisses rondes. Plumer la volaille, la vider, séparer et nettoyer les abattis. Si la volaille doit rester entière, bien ramener les membres le long du corps. Si elle doit être plus tard cuite en morceaux, la découper avant congélation : en 7 morceaux pour un poulet moyen (2 pour les pattes, 2 pour les ailes, 2 pour la poitrine, 1 pour l'arrière), en 9 morceaux pour une poule (4 pour les pattes).

Emballage. Congélation	Comme pour le canard.
Durée de conservation	Jusqu'à 10 mois.
Avant consommation	– Faire dégeler totalement les volailles entières de plus d'un kilo. Faire, ou non, dégeler les poussins et les morceaux de poulet ou de coq. – Cuisson au four ou à la cocotte des volailles entières comme pour une volaille fraîche. Cuisson en cocotte ou dans un sautoir les morceaux de poulet, avec ou sans décongélation. Plonger la poule ou les morceaux de poule dans ce qui sera le bouillon, sans décongélation préalable.

II. Les plats préparés ou cuisinés

Pour « la » femme contemporaine, celle sur laquelle se penchent avec tant de sollicitude sociologues, hommes politiques (surtout à la veille des élections), fabricants d'appareils ménagers et électro ménagers (surtout au moment des cadeaux de fin d'année), psychologues de tous poils, c'est à travers les plats préparés (qui laissent encore des opérations à accomplir après la décongélation) ou cuisinés (qu'il ne reste qu'à glisser dans le four ou à placer dans une poêle ou une cocotte) que le congélateur trouve son plein emploi, et sa justification. A la ville comme à la campagne. Pour « la femme qui travaille » comme pour celle qui ne fait rien, je veux dire qui passe son temps à s'occuper d'autrui, à la maison.

Il n'y aurait naturellement pas grand sens à préparer à l'avance des plats qui cuisent en 5 minutes – sauf à utiliser ainsi des produits qui, autrement, seraient perdus. Mais ce n'est pas d'économie d'argent seulement que je veux parler ici. Je m'intéresserais volontiers dans ce chapitre davantage à l'économie de temps.

Préparer une daube de bœuf qu'il faut faire mariner 48 heures, préparer, faire mijoter à tout petit feu pendant des heures, c'est long. Mais ce n'est pas plus long, ou à peine plus long, d'en préparer pour douze personnes que pour quatre. Non que vous soyez obligée d'inviter toute la famille à venir manger « votre » daube. Mais rien ne vous empêche de répartir ce plat entre plusieurs récipients que vous ferez surgir magiquement à des moments bien choisis. Il ne vous coûtera que le mal de faire réchauffer.

La daube est un exemple (voir recette page 259). En fait, presque tous les plats en sauce se congèlent et se décongèlent sans problème, comme se stockent bien au congélateur toutes sortes d'entrées, de desserts, de pâtes à pâtisserie, etc. On peut même congeler dans le même sac un repas complet pour une ou deux personnes, ce qui est bien commode pour les paresseux qui, seuls, refusent de cuisiner pour eux-mêmes. Un rien de bon sens permet de ne stocker ensemble ni des aliments d'une durée par trop différente de conservation, ni des aliments qui risquent, mal emballés, de se communiquer des odeurs antipathiques.

Pour profiter au maximum des facilités données par les plats préparés ou cuisinés, il suffit de se mettre en mémoire – ou de retrouver dans ce livre – quelques indications grâce auxquelles sont évitées erreurs et déceptions.

- **Le carnet ou fichier de congélation**

Sans doute est-il plus utile encore qu'ailleurs. Un sac de chou-fleur se distingue au premier coup d'œil d'un sac de carottes ou d'une oie à rôtir. Mais qu'est-ce qui distingue un sauté de veau congelé d'un sauté de mouton congelé une fois qu'ils ont été rangés dans le congélateur?

L'étiquette, direz-vous. L'étiquette qui, bien rédigée, porte les indications nécessaires. Mais qu'est-ce qui vous rappelle la présence ou la disparition – par estomac interposé – des deux fameux sautés? Rien du tout. Il ne vous resterait plus qu'à explorer le congélateur, à l'aveuglette.

Donc, inscrivez tout, de façon détaillée, et ne vous lassez jamais de tenir votre répertoire à jour.

Si, par surcroît, le congélateur est bien rangé (même s'il s'agit d'un coffre et non pas d'une armoire), la viande avec la viande, les légumes avec les légumes, etc., vous ne perdrez même pas de temps à chercher le plat convoité.

Qu'est-ce qui se congèle bien en matière de plats préparés ou cuisinés?

Pas question de dresser ici une liste exhaustive – qui entraînerait une lecture éprouvante – des plats qui se congèlent bien. Mieux vaut les classer par familles.

Mais d'abord, deux préalables :

– Quel que soit le plat préparé, il faut *absolument* le refroidir dans de l'eau glacée le plus tôt possible après sa cuisson, et le congeler dès qu'il est complètement froid;

Quelque petites erreurs sont à éviter, les unes évidentes, les autres plus sournoises :

– N'incorporez aux plats préparés en sauce ni pommes de terre, ni riz, ni pâtes;

– Modérez vos élans quand vous épicez; la congélation exalte et parfois déforme la puissance des aromates et des épices;

– N'ajoutez les fines herbes qu'au moment de servir; ainsi leur arôme ne sera-t-il pas amoindri;

– N'utilisez pas non plus de blancs d'œufs durs, qui deviennent granuleux;

– Abstenez-vous d'épaissir les potages, sauces ou entremets, avec du tapioca ou d'utiliser de la gélatine pour des entrées, des plats froids, des entremets. D'une façon générale, gardez les « liaisons » pour le moment du service, quand la décongélation totale est acquise. Il nous reste – c'est le plus important – à passer en revue les différentes sortes de « plats préparés ou cuisinés », étant entendu une fois pour toutes qu'il s'agit ici de tout ce qui n'est pas aliment simple. Les produits de boulangerie ont donc aussi bien leur place que les potages, entrées, plats de viande, plats de légumes, entremets ou desserts.

12. Les produits de boulangerie

Je veux parler ici du pain, naturellement (baguette, pain de campagne, pain de mie, petits pains au lait), mais aussi des brioches et des croissants. Et de ce qui sert à réaliser chez soi toutes sortes de pâtes : la levure.

Un conseil général. La fermeture hermétique de l'emballage est un point capital. Faute de quoi les produits de boulangerie se dessèchent, croûte et mie se séparent.

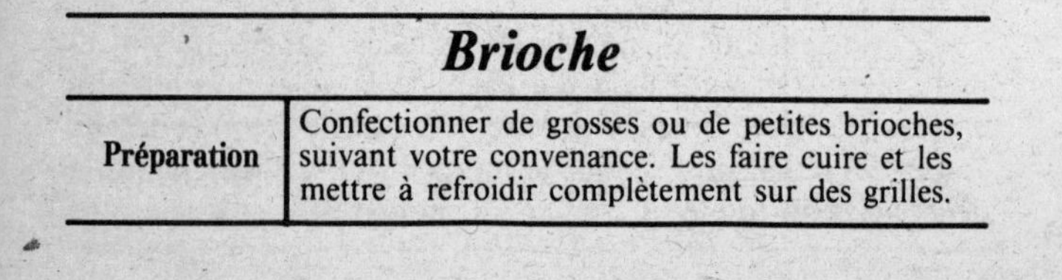

Brioche

Préparation	Confectionner de grosses ou de petites brioches, suivant votre convenance. Les faire cuire et les mettre à refroidir complètement sur des grilles.

Emballage. Congélation	Deux méthodes pour congeler les petites brioches : les mettre sur un plateau spécial ou une plaque garnie d'aluminium, les faire congeler à découvert; les mettre dans un sac, fermer hermétiquement, étiqueter, congeler. Ou bien, les mettre dans une boîte ou un sac appropriés, fermer ou couvrir en chassant l'air, étiqueter, congeler. Pour les grosses brioches : les envelopper de papier d'aluminium, mettre dans un sac en chassant l'air, fermer, étiqueter, congeler.
Durée de conservation	Jusqu'à 3 mois.
Avant consommation	Deux méthodes : – Laisser dégeler à la température ambiante, dans la boîte ou le sac. Pendant une bonne heure. – Mettre dans le four chauffé à 200° C environ les brioches encore enveloppées d'aluminium et laisser dégeler et chauffer pendant 25 mn environ (moins pour les petites brioches). Servir tiède. De toute façon, consommer sans attendre une fois obtenu le dégel complet.

Croissant

Préparation	Confectionner soi-même les croissants ou les acheter encore tièdes chez le boulanger. Laisser juste refroidir.
Emballage. Congélation	Envelopper chaque croissant dans un petit morceau d'aluminium, enfermer plusieurs croissants dans le même sac à congélation, fermer, étiqueter, congeler.
Durée de conservation	Jusqu'à 6 mois.

Avant consommation	Sortir les croissants du sac plastique et les placer tout gelés dans le four (thermostat 5 ou 6) : il suffit d'une dizaine de minutes pour des croissants moyens. Ou bien : laisser dégeler à la température ambiante et, sans les déballer, les mettre 5 mn dans le four.

Levure

Préparation	Ce produit vivant ne se conserve qu'au froid. Diviser la levure en petits morceaux correspondant aux utilisations les plus courantes. Les envelopper un par un dans du papier d'aluminium.
Emballage. Congélation	Mettre les morceaux dans un petit récipient hermétique (boîte de polyéthylène ou pot résistant au froid). Bien fermer, étiqueter, congeler.
Durée de conservation	Jusqu'à 6 mois.
Avant consommation	Sortir le morceau de levure et laisser dégeler à la température ambiante : 30 mn suffisent largement. Pour ajouter à du lait tiède : ne pas faire préalablement dégeler.

Pains

Préparation	Couper les baguettes en morceaux d'une portion; couper en tranches le pain de mie ou de campagne. Ne congeler que du pain très frais.

Emballage. Congélation	Enrouler dans du papier d'aluminium les petits pains ou les morceaux de baguette, en veillant à bien clore les paquets. Mettre plusieurs paquets dans un sac. Mettre les pains de mie (section carrée) ou les boules de pain de campagne dans une boîte ou dans un sac hermétiques. Fermer en chassant l'air, étiqueter, congeler.
Durée de conservation	Jusqu'à 5 mois.
Avant consommation	Déballé et placé à la température ambiante, le pain (morceaux ou tranches) dégèle en 30 mn environ. Au four dans le papier d'aluminium (thermostat 6), il dégèle en 15 mn environ.

13. Les potages et les soupes

Les potages et soupes à base de pommes de terre, de chou, de riz, de tapioca (ces deux éléments utilisés comme épaississants) ne se congèlent pas bien. En revanche, on obtient d'excellents résultats avec les bouillons de légumes ou de viande, que l'on a intérêt à concentrer au moment de la cuisson préalable à la congélation, quitte à les « allonger » au moment de la décongélation : ce procédé fait gagner de la place dans le congélateur; avec les soupes et potages à base de légumes secs (haricots, pois, lentilles); avec les soupes de poisson, les soupes à l'oignon, à la tomate, au cresson, etc.

Ainsi qu'avec tous les potages qui deviendront « crèmes » ou « veloutés » au moment du service, quand on aura ajouté aux premières de la crème fraîche, aux seconds un mélange de crème fraîche et de jaune d'œuf : crèmes et veloutés d'asperge, de chou-fleur, de champignon, etc.

• **Pour les stocker au congélateur.** Garnissez d'un sac à congélation un récipient creux, par exemple rond et de la dimension de l'une de vos casseroles usuelles; versez-y la soupe, rabattez le sac et congelez. Sortez alors le sac du récipient, fermez-le bien en chassant l'air, étiquetez (en indiquant clairement la quantité d'eau à ajouter en cas de réduction) et remettez au congélateur le bloc ainsi obtenu; il se rangera sans difficulté.

• **Durée de stockage :** jusqu'à 3 mois.

• **Pour réchauffer.** Faites glisser le bloc de soupe directement du sac dans la casserole, ajoutez un peu d'eau (ou davantage si le potage est concentré) et réchauffez doucement, à couvert, en remuant de temps en temps. Achevez la liaison si le potage le demande.

Vous trouverez quelques recettes de potages et soupes à congeler, pages 243 à 256.

14. Les entrées

Elles sont tellement diverses qu'elles appellent des précisions plus grandes que les autres familles de plats. Elles vont des crêpes aux rillettes, des quiches aux terrines, des bouchées à la reine aux populaires pizzas. Chacune réclame un traitement différent.

Bouchées à la reine

Préparation	Préparer et faire cuire séparément les croûtes et la garniture. Ne pas faire une sauce trop épaisse : mieux vaut achever de la lier au moment du réchauffage.
Emballage. Congélation	Dès qu'elles sont froides, disposer les croûtes vides dans des boîtes. Verser la garniture dans des récipients rigides garnis d'un sac à congélation. Rabattre le sac, congeler. Retirer le sac de la boîte, fermer en chassant l'air, étiqueter, remettre au congélateur. Ne pas oublier d'indiquer précisément sur les étiquettes, et le nombre de croûtes, et le nombre de croûtes que chaque paquet de garniture peut emplir.
Durée de conservation	Jusqu'à 3 mois.
Avant consommation	– Ne pas faire dégeler avant cuisson ou réchauffage. – Introduire les croûtes dans le four pour les réchauffer seules (thermostat 6, de 110° à 200°). Réchauffer la sauce sans dégel préalable, en mettant le bloc dans une petite casserole à fond épais avec 3 cuillerées à soupe d'eau et réchauffer tout doucement. Lier éventuellement en fin de réchauffage. Verser la garniture chaude dans les croûtes chauffées.

Brochettes

Préparation	Enfiler sur des brochettes des cubes de viande, d'abats ou de poisson (lotte, par exemple), et des légumes (champignons, oignons, poivron coupé en carrés, cubes d'aubergine, etc., à l'exclusion de petites tomates).

Emballage. Congélation	Congeler à découvert sur des plateaux spéciaux ou des plaques garnies d'aluminium. Ranger les brochettes dans des boîtes longues, en séparant deux couches (par précaution supplémentaire) par du film à congélation ou du papier d'aluminium, puis bien fermer en chassant l'air, étiqueter, remettre au congélateur.
Durée de conservation	La durée de conservation de l'aliment le plus fragile.
Avant consommation	– Faire dégeler au réfrigérateur (12 heures au maximum). – Huiler, aromatiser et faire griller comme des brochettes fraîches.

Chaussons ou friands à la viande ou au fromage (cuits)

Préparation	Les préparer et les faire cuire suivant la méthode habituelle.
Emballage. Congélation	Dès qu'ils sont froids, les envelopper séparément dans du papier d'aluminium, les placer dans des boîtes ou des sacs, fermer, étiqueter, congeler.
Durée de conservation	Jusqu'à 3 mois.
Avant consommation	– Ne pas faire dégeler avant cuisson. – Faire réchauffer les friands ou les chaussons tout gelés dans le four, avec leur papier d'aluminium.

Chaussons ou friands à la viande ou au fromage (crus)

Préparation	Les préparer suivant la méthode habituelle, mais ne pas les faire cuire.

Emballage. Congélation	Les disposer sur un plateau spécial ou une plaque garnie d'aluminium, congeler. Ranger dans des boîtes ou des sacs, fermer en chassant l'air, étiqueter, remettre au congélateur.
Durée de conservation	Jusqu'à 2 mois.
Avant consommation	– Ne pas faire dégeler avant cuisson. – Déballer les friands et les faire cuire au four (200° C environ) comme s'ils étaient frais.

Crêpes

Préparation	Réaliser les crêpes suivant la méthode habituelle (blinis ou crêpes traditionnelles). Ne pas les farcir, les plier en quatre. Ou bien, les farcir avec une béchamel garnie de fromage, de champignons, de crevettes, d'épinards, de jambon, etc.
Emballage. Congélation	Ranger les crêpes non farcies dans des boîtes. Séparer deux couches avec du film à congélation ou du papier d'aluminium. Ranger les crêpes farcies dans des boîtes, par couches correspondant à des repas familiaux. Séparer deux couches par du film à congélation ou du papier d'aluminium. Dans les deux cas, fermer en chassant l'air, étiqueter, congeler. Ou bien mettre les crêpes pliées deux par deux dans un sac de Rilsan.
Durée de conservation	Jusqu'à 2 mois.
Avant consommation	– Ne pas faire dégeler avant cuisson. Ou faire dégeler 15 mn à la température ambiante. – Réchauffer les crêpes non farcies à la poêle, avec un peu de beurre (ou en plongeant le sac de Rilsan dans de l'eau bouillante. C'est le procédé utilisé pour les blinis).

	– Faire chauffer les crêpes farcies telles quelles, sous un papier d'aluminium, ou à la poêle, avec un peu de beurre (10 mn environ dans une poêle mise sur thermostat 7 d'une plaque électrique numérotée de 1 à 12).

Coquillages et crustacés

(voir pages 62 et 71)

Légumes farcis

(aubergines, champignons, oignons, poivrons, tomates)

Préparation	Préparer une bonne quantité de légumes farcis (20, par exemple). Se servir si possible d'une machine électrique pour faire rapidement les hachis. Faire cuire aux trois quarts les légumes farcis, puis les mettre à refroidir très vite.
Emballage. Congélation	Garnir de papier d'aluminium de grandes boîtes rectangulaires. Y ranger les légumes farcis. Fermer, étiqueter, congeler.
Durée de conservation	Jusqu'à 3 mois.
Avant consommation	– Ne pas faire dégeler avant cuisson. – Déposer sur la tôle du four les légumes farcis avec le papier d'aluminium qui garnissait la boîte à congélation et achever la cuisson à température moyenne (200° C environ) de 20 à 30 mn (suivant le degré initial de cuisson).

Pizza

Préparation	Confectionner des pizzas pour 1 ou 2 personnes, et les garnir en évitant les anchois, qu'il vaut mieux ajouter au dernier moment. *Pizza crue :* La déposer sur un papier d'aluminium assez grand pour l'envelopper plus tard. *Pizza cuite :* La déposer sur un papier d'aluminium comme pour la pizza crue et la faire cuire aux 3/4. Mettre à refroidir.
Emballage. Congélation	Faire congeler à découvert les pizzas crues ou cuites, puis rabattre le papier d'aluminium sur chaque pizza, mettre dans une boîte (une pizza ou plusieurs ensemble), fermer, étiqueter, remettre au congélateur.
Durée de conservation	Jusqu'à 3 mois.
Avant consommation	– Ne pas faire dégeler avant cuisson. – Achever la garniture des pizzas encore gelées avec, éventuellement, des anchois; parsemer d'herbes aromatiques. Arroser d'un peu d'huile d'olive. Mettre à four moyen : la pizza cuite demande seulement à être réchauffée (une dizaine de minutes suffisent dans le four à 220° C ou sur thermostat 7).

Quiche

Préparation	Confectionner des quiches pour 4 ou 6 personnes ou en portions individuelles suivant la technique habituelle. Faire cuire, puis refroidir très vite.

Emballage. Congélation	Faire congeler les quiches froides à découvert, sur les plateaux spéciaux ou, pour les grandes, dans la tourtière d'origine. Empiler les petites quiches congelées dans des boîtes, en séparant deux couches avec du papier d'aluminium, fermer, étiqueter, remettre au congélateur. Pour les grandes quiches : les laisser dans les moules ou bien les démouler, les ranger dans des boîtes plates spéciales (elles peuvent contenir 2 quiches). Fermer, étiqueter, remettre au congélateur.
Durée de conservation	Jusqu'à 3 mois.
Avant consommation	– Pas de dégel avant cuisson. – Réchauffer à four moyen (200° C, thermostat 6) de 15 à 25 mn suivant l'épaisseur des quiches.

Rillettes

Préparation	Confectionnées comme elles doivent l'être, avec seulement de la viande et de la graisse de porc, du sel, du poivre et des aromates; cuites comme elles doivent l'être, c'est-à-dire à petit feu et très longtemps, les rillettes, recouvertes de graisse, stockées dans un endroit frais, se conservent pendant des semaines. Il n'y a donc pas grand intérêt à les conserver au congélateur. Excepté si les conditions de stockage, précisément, sont aléatoires. En ce cas, bien les mélanger encore tièdes, pour empêcher la graisse de se figer en surface.
Emballage. Congélation	Verser les rillettes dans de *petites* boîtes ou de petits pots à congélation, étiqueter, congeler.
Durée de conservation	Jusqu'à 3 mois.

Avant consommation	Pour les servir, les faire dégeler au réfrigérateur (de 18 à 24 heures suivant le volume du récipient). Consommer rapidement une fois ouverts le pot ou la boîte.

Terrines

Préparation	Elles peuvent se congeler crues ou cuites. Préparer suivant la méthode habituelle (gibier, poisson, viande, volaille). Garnir la terrine en tassant bien. Faire cuire (voir page 241) ou ne pas faire cuire.
Emballage. Congélation	*Terrines crues :* Les congeler le plus tôt possible après la fin de la préparation. Pour cela, les envelopper avec leur moule dans du papier d'aluminium, mettre dans un sac et fermer en chassant l'air, étiqueter, congeler. Ou bien, garnir d'aluminium la terrine choisie pour la future cuisson, y tasser la préparation, couvrir d'aluminium, congeler. Démouler pour récupérer le récipient (ainsi pourra-t-il servir pour mouler d'autres terrines, ou les faire cuire), mettre le bloc dans un sac, fermer en chassant l'air, étiqueter, remettre au congélateur. *Terrines cuites :* Les plonger dans l'eau glacée dès la fin de la cuisson. Démouler, dégraisser, découper en tranches en séparant deux tranches avec du film à congélation ou du papier d'aluminium, ou bien laisser la terrine entière. Envelopper, étiqueter, congeler.
Durée de conservation	Jusqu'à 2 mois pour les terrines crues, 3 mois pour les terrines cuites.
Avant consommation	*Terrines crues :* Ne pas faire dégeler avant cuisson. Laisser dans le récipient de congélation. Ou bien : retirer le papier d'aluminium, remettre le bloc dans la terrine, couvrir.

Avant consommation (suite)	*Terrines cuites :* Les mettre au réfrigérateur et les laisser ainsi pendant 36 heures environ : le temps exact dépend du volume de la terrine. – Faire cuire la terrine comme une terrine fraîche, au bain-marie, dans le four chauffé à 200° C environ. Il faut compter une bonne heure et demie pour une terrine de 1 kg. Piquer l'intérieur de la terrine : quand le jus coule clair, la terrine est cuite. La servir chaude ou froide suivant les cas. Si on la sert froide, la mettre sous presse comme pour les terrines cuites dès la fin de leur cuisson.

15. Les plats de viande, de volaille, de gibier ou de poisson

Préparés « à la casserole », c'est-à-dire en fait à la cocotte, mis ou non au four, ou dans un sautoir, ces plats se congèlent sans mal; prévoyez simplement assez de sauce pour que l'aliment solide en soit recouvert. Il en va de même pour les aliments bouillis ou poêlés, pour les fricassées; pour les viandes, volailles, légumes ou poissons cuits à l'étouffée; pour les boulettes, mais aussi pour un cassoulet, etc.

S'il s'agit d'un plat en sauce, retirez avec une petite louche ou avec une écumoire la graisse montée en surface. A ce propos, l'expérience montre, sans que l'on sache pourquoi, que les plats préparés à l'huile d'olive, au beurre, à la margarine, à la graisse de veau, réagissent à la congélation mieux que ceux préparés à l'huile d'arachide ou au saindoux.

- **Pour les congeler**

Verser ou placer la préparation

Soit dans une barquette qui ira directement au four pour la décongélation et le réchauffage (excepté s'il s'agit d'un four à micro-ondes qui, je le rappelle, ne supporte pas le métal)

Soit dans un sac de Rilsan qui pourra aller à l'eau bouillante

Soit dans un sac à congélation garnissant un récipient rigide

Soit dans une boîte hermétique. Dans tous les cas, égaliser la surface, expulser le maximum d'air, fermer, étiqueter, congeler.

- **Durée de stockage :** jusqu'à 3 mois.

- **Pour réchauffer.** Placer dans le four la barquette d'aluminium (en remplaçant éventuellement le couvercle de carton par du papier d'aluminium) ou la cocotte contenant le bloc gelé; dans l'eau bouillante le sac de Rilsan; sur le feu la cocotte, la casserole ou le sautoir contenant la préparation, en ajoutant un peu d'eau pour qu'elle ne colle pas, et en couvrant le récipient. Sur le feu, le réchauffage doit se pratiquer doucement; dans le four, la température peut être élevée. Là aussi, la cocotte doit être couverte.

16. Les rôtis
(volailles, viandes de boucherie),
les grillades

Les envelopper dans du papier d'aluminium, puis placer le paquet dans un sac à congélation. Fermer, étiqueter et congeler.

- **Durée de conservation** : jusqu'à 3 mois.

- **Pour consommer.** Faites décongeler au réfrigérateur, dans son dernier emballage d'aluminium, faites réchauffer dans le four; bien qu'il n'y ait pas grand intérêt à congeler cuit un rôti pour le servir chaud, la viande se conservant mieux crue et cuisant dans le temps qu'il faut pour réchauffer.
Ne pas congeler les viandes grillées, qui deviendraient sèches et insipides.

17. Les légumes

Pratiquement, tous les légumes cuits, même ceux qui, crus, haïssent le gel : concombres, tomates, laitues, endives, etc., réagissent favorablement dans le congélateur. Et n'oubliez pas les légumes farcis (voir « Entrées », page 198).

- **Pour les congeler.** Même méthode que pour les plats de viandes, volailles, poissons, etc.

- **Durée de stockage** : jusqu'à 3 mois.

- **Pour réchauffer.** Même méthode que pour les soupes.

18. Les pommes de terre

Je l'ai déjà dit : on ne peut les congeler crues. Mais elles se congèlent parfaitement une fois cuites : en purée, sous forme de pommes croquettes ou dauphines, en pommes frites (chips, allumettes, pont-neuf).

- **Pour congeler.** Traiter la purée comme une soupe. Verser les pommes frites (à demi cuites) dans des sacs; dans les deux cas, fermer, étiqueter, congeler. Disposer pommes dauphines et croquettes dans un récipient rigide garni d'un sac, rabattre celui-ci, congeler, puis sortir le sac du récipient, fermer, étiqueter et remettre au congélateur.

- **Durée de stockage** : jusqu'à 3 mois.

- **Pour réchauffer.** Chauffer la purée au bain-marie; achever dans la friture la cuisson des pommes dauphines, croquettes ou frites, sans décongélation préalable.

19. Les pâtes à pâtisserie

Elles se congèlent très bien.
– Pâte brisée, pâte sablée, pâte feuilletée peuvent être

stockées au congélateur, soit sous forme de pavés ou de boules aplaties (ceci dépend de l'usage futur), soit sous forme de fonds de tarte tout prêts à cuire dans leur forme d'aluminium, ou de croûtes pour bouchées à la reine. Ne pas préparer de paquets trop gros dont on ne saurait que faire le moment venu, puisqu'on ne peut pas recongeler la pâte; un bloc de 250 à 300 g permet de réaliser une belle tarte pour six personnes.

• **Pour stocker.** Envelopper le bloc ou la boule de pâte dans un morceau d'aluminium, puis dans un sac à congélation, fermer, étiqueter, congeler.

S'il s'agit d'un fond de tarte, on peut, soit emballer le fond avec sa forme dans un sac à congélation, soit décongeler à découvert (ce que l'on fait aussi avec les croûtes pour bouchées à la reine), puis démouler délicatement le fond de tarte, l'envelopper dans du papier d'aluminium, puis dans un sac, fermer, étiqueter et remettre au congélateur.

• **Durée de stockage** : Déballer le bloc ou la boule de pâte, faire dégeler à la température ambiante (2 heures 30 environ pour un bloc de 300 g), ou dans le four à micro-ondes (4 minutes), utiliser comme de la pâte fraîche. Laisser dans son moule (ou remettre dans la forme) le fond de tarte et faire cuire sans décongélation préalable à 200° environ. Le fond congelé peut être garni de fruits congelés (mirabelles ou cerises, par exemple).
Dans ce cas, congeler à découvert, puis emballer, fermer, étiqueter et remettre au congélateur.

La pâte à choux se congèle très bien, sous forme non pas de pâte crue, mais de choux (ou d'éclairs) crus ou cuits. Dans les deux cas, réaliser la recette suivant la méthode habituelle (voir page 321). Avec une poche à douille à bout lisse, déposer sur une tôle huilée de petites masses de pâte, rondes pour les choux (et plus ou moins grosses suivant que l'on veut faire des pets de nonne, des profiteroles ou de gros choux garnis), allongées pour des éclairs.

• **Pour stocker.** On peut :

– Soit congeler les choux ou les éclairs crus, à découvert, puis les emballer dans les sacs ou des boîtes, fermer, étiqueter, remettre au congélateur;

– Soit les faire cuire, les fendre légèrement sur le côté, les disposer sur un plateau à congélation ou une plaque garnie de papier d'aluminium, puis les congeler à découvert, les mettre dans des sacs ou des boîtes, fermer, étiqueter, remettre au congélateur.

• **Pour décongeler les choux cuits.** Deux possibilités :

– Ou bien l'on dispose les choux sur une tôle à pâtisserie, on fait chauffer dans le four à 180° pendant 10 mn environ, puis on les laisse refroidir avant de les garnir et, éventuellement, de les glacer.

– Ou bien les laisser dégeler à la température ambiante pendant une bonne heure.

Pour achever les choux crus : les faire cuire tout gelés sur la tôle du four (200° environ) pendant 30 mn environ. Quand ils sont blonds, les sortir du four, les fendre sur un côté et les laisser refroidir avant de les garnir (crème pâtisserie, crème chantilly, mousse au chocolat, etc.).

20. Les gâteaux

La plupart des gâteaux se congèlent et se décongèlent bien et certains, même, s'améliorent au congélateur, à condition d'avoir été très bien emballés.

Vous pouvez donc préparer, non pas un, mais trois ou quatre savarins, cakes, manqués, quatre-quarts, biscuits roulés, gâteaux au fromage, gâteaux au chocolat, mokas à la crème au beurre, etc., ainsi que les gaufres, ou les beignets à demi cuits et qui achèvent leur cuisson tout en dégelant dans la friture.

Fondant et glaçage royal réagissent mal à la congélation. Mieux vaut donc utiliser de la crème au beurre ou même, si étrange que cela paraisse, de la crème chantilly, à condition de pratiquer la congélation sitôt la garniture du gâteau achevée.

On peut aussi préparer des « fonds de gâteaux » (biscuits, génoises), les faire cuire, les découper en disques ou en couches, placer un morceau d'aluminium ou de film alimentaire à congélation entre deux disques ou deux couches, reconstituer les gâteaux, les emballer, les étiqueter et les congeler. Après décongélation, il ne restera plus qu'à garnir les gâteaux, par exemple de fruits ou de confiture, qui réagissent mal à la congélation.

On peut aussi couper en tranches, avant congélation, un cake, un quatre-quarts, etc., et placer un petit morceau de papier d'aluminium entre deux tranches, ce qui permet de ne pas décongeler le gâteau en une fois.

Pour décongeler un gâteau tout garni, à la crème au beurre par exemple, le poser sur un plateau spécial ou une plaque garnie d'aluminium et le congeler à découvert : ainsi sa garniture ne souffrira-t-elle pas au moment de l'emballer; le mettre dans une boîte, fermer hermétiquement, étiqueter et remettre au congélateur.

Pour décongeler ce gâteau garni : le déballer tout gelé pour ne pas abîmer le décor et le laisser dégeler, soit dans le réfrigérateur, soit à température ambiante.

• **Durée de congélation :** 3 mois environ.

Le gâteau de riz

Alors que le riz ajouté à un potage ou à une préparation en sauce ne donne rien de bon, à la congélation, le gâteau de riz, lui, se congèle très bien, tout comme le gâteau de semoule. Le congeler dans son moule caramélisé; cela permet de le décongeler sans difficulté.

21. Les glaces

Les fabricants ont mis au point toutes sortes de glaces et de sorbets classiques ou fantaisie, proposés dans les bacs à produits surgelés à des prix généralement abordables, et qui font gagner un temps fou. J'ajoute, ce qui compte, qu'elles sont souvent, sinon extraordinaires, du moins convenables et même, pour certaines, bonnes.

Rien n'empêche de stocker ensemble au congélateur des glaces achetées toutes faites et des glaces confectionnées à la maison.

• **Préparation**

Pour que ces glaces ne soient pas décevantes, il faut qu'elles soient brassées pendant la congélation; ce brassage rompt les cristaux, empêche les paillettes de se former; c'est le travail qu'effectue la sorbetière. Les modèles électriques familiaux, d'un prix abordable, ont mis les glaces familiales à la portée du plus grand nombre.

En l'absence de sorbetière, le recours contre les paillettes se trouve dans l'onctuosité de la crème qui doit devenir glace. Ce qui n'exclut pas la nécessité de remuer la glace plusieurs fois jusqu'à ce qu'elle soit prise. Quand je dis « glaces », je pense aussi aux sorbets, qui ne sont que du jus de fruits (ou de la pulpe mixée) additionné de sucre ou de sirop de sucre. Le « vrai » sorbet traditionnel contient aussi du blanc d'œuf. Ce blanc d'œuf abrège leur temps de conservation, et, sans blanc d'œuf, les sorbets sont tout de même exquis.

Première congélation : On congèle alors à découvert, en plaçant plusieurs moules côte à côte dans le congélateur. Un ennui : l'obligation d'ouvrir celui-ci pendant la congélation. Mais faute d'opérer ce brassage, mieux vaut s'abstenir de confectionner des glaces à la maison.

Moulage de la glace ou du sorbet : Une fois prise, la préparation doit être moulée pour la conservation. Il existe dans le commerce toutes sortes de moules traditionnels en métal, mais aussi des moules en polyéthylène de formes extrêmement variées, jolies et amusantes, de toutes les tailles. Ils permettent de réaliser sans peine aussi bien des glaces individuelles que des présentations par couches alternées, à la vanille et au café ou aux fruits, par exemple. Sans oublier les petits moules vendus avec des bâtons et qui permettent la confection de « sucettes glacées » dont les enfants raffolent. Pour que les glaces se moulent bien il faut les tasser énergiquement. Dans les formes pour plusieurs personnes, n'emplir les moules qu'aux 9/10 de leur hauteur. Si l'on envisage de garnir la glace de crème chantilly, par exemple, au moment de la servir, n'emplir la forme qu'aux 2/3. On sert alors la glace dans sa forme.

Pour congeler (2e congélation) et emballer glaces et sorbets. Placer les moules ou formes dans le congélateur, sans les couvrir. Quand la glace se tient bien, fermer ou couvrir, étiqueter, remettre au congélateur.

Pour servir, sortir la glace du congélateur pour la mettre au réfrigérateur, trente minutes environ avant consommation (pour une préparation de 3/4 de litre). Ne sortir les glaces individuelles qu'au dernier moment.

Pour une bonne utilisation des produits surgelés

Nous avons vu, et nous verrons encore, que beaucoup de conseils donnés pour les produits congelés sont tout aussi valables pour les produits surgelés.

Les différences résident dans l'achat des produits, frais pour la congélation, déjà gelés dans le second cas; puis dans leur transport. La conservation, la décongélation, la cuisson, sont identiques pour les uns et les autres.

La protection des consommateurs

Théoriquement, l'achat par le consommateur d'un produit surgelé devrait pouvoir s'effectuer en toute tranquillité. Il existe en effet une législation très stricte qui devrait mettre l'acheteur à l'abri de toute déconvenue.

La législation.

Le point de départ en est le décret du 9 septembre 1964. Je vous fais grâce de la totalité du texte, pour en souligner les points importants. Ils concernent :

– La qualité des produits avant traitement par le froid : fraîcheur parfaite; salubrité parfaite (définie par les textes en vigueur en matière de répression des fraudes et, pour les produits d'origine animale, en matière de salubrité); triage et parage conformes aux obligations imposées à chaque produit;

– L'opération de gel à proprement parler. Les produits ont dû être soumis, je cite le texte : « à un abaissement de température suffisant pour permettre l'obtention à cœur d'une température égale ou inférieure à –18°, appliquée le plus tôt possible après la capture, l'abattage ou la préparation. L'opération de surgélation doit être conduite de manière à franchir très rapidement la zone de température de cristallisation maximum ».

– Le maintien des produits à une température égale ou inférieure à –18° de la surgélation au moment de l'achat par le consommateur; cette obligation concerne le transport des produits aussi bien que leur stockage.

– L'emballage, qui doit assurer une protection parfaite;

– Les mentions obligatoires : le terme « surgelé », ainsi que le nom et l'adresse de l'établissement qui a surgelé le produit, l'indication de la provenance, française ou étrangère; le poids net exprimé en grammes, en français; la composition; un mode d'emploi en français précisant le mode de décongélation et la conservation du produit au domicile du consommateur; la date de fabrication du produit (indication qui a entraîné de multiples contestations, les fabricants voulant s'en tenir aux codes, les unions de consommateur réclamant une date en clair.)

Le fabricant, le distributeur ou le vendeur en gros de produits surgelés sont en outre soumis à toutes sortes de déclarations adressées au service de répression des fraudes du département dans lequel est situé l'établissement.

Un certain nombre d'arrêtés complètent ce décret de 1964, en particulier sur l'étiquetage ou les conditions de transport des denrées périssables.

En principe, donc, le consommateur est parfaitement protégé. Ouvrons une parenthèse, à propos des marques. Tous les produits surgelés sont vendus sous un nom de marque. Cette marque n'indique pas forcément que la surgélation a été effectuée dans ses usines. Beaucoup de produits sont seulement vendus sous la responsabilité de cette marque, qui achète à un fabricant les produits surgelés. C'est ainsi que j'ai visité, en Norvège, un élevage – fascinant – de saumons, traités sur place et vendus ensuite sous plusieurs marques, françaises ou étrangères, qui contrôlent la qualité. Du sérieux, et de la fabrication, et du contrôle, dépend la qualité du produit livré au consommateur.

La fameuse « chaîne du froid »

J'en reviens à la qualité du produit mis à la disposition du consommateur. Pour nous résumer, je dirai qu'elle est fonction à la fois de la qualité intrinsèque du produit, du traitement par le froid, de la commercialisation elle-même, du soin, enfin, qu'apporte le consommateur au transport et au stockage, chez lui, du produit surgelé.

Je ne reviens, ni sur la qualité du produit, ni sur le traitement par le froid. Je m'arrête ici sur la commercialisation et sur l'attitude du consommateur.

La commercialisation.

J'ai déjà indiqué la nécessité qu'il y a à ne pas rompre la « chaîne du froid », c'est-à-dire à ne jamais laisser le produit dans des conditions telles que sa température remonte au-dessus de –18°C.

Il n'y a pratiquement de risques, ni chez le fabricant, qui prend toutes les précautions nécessaires pour qu'aucune coupure de courant ne puisse mettre en défaut son installation, ni pendant le transport du fabricant chez le grossiste ou du grossiste chez le détaillant, à cause de la qualité des wagons et des camions frigorifiques. Le risque commence au niveau du magasin de détail. Non que les bacs contenant les produits surgelés soient mal conçus : ils le sont fort bien, la température intérieure y étant toujours inférieure aux fameux –18°C exigés. Certains possèdent des couvercles opaques qui se soulèvent, d'autres des couvercles à glissière qui sont transparents; les autres enfin sont carrément ouverts parce que le couvercle, aux dires des commerçants, est un frein à l'achat pour ceux des consommateurs qui sont déterminés plus par ce qu'ils voient que par une décision antérieure; ces coffres ouverts possèdent un niveau limite d'emplissage.

Et c'est là, parfois, que les choses se gâtent. Qui de nous, en effet, n'a pas vu de ces coffres emplis de produits dont le niveau dépasse de plusieurs dizaines de centimètres, parfois, celui de la limite autorisée? Forme condamnable de négligence.

Autre forme de négligence : elle est due à l'origine au consommateur lui-même. Je pense à la personne qui, dans un magasin à grande surface, surtout, prend un produit surgelé dans un coffre, puis, pour une raison ou pour une autre, décide qu'il n'en a plus envie et le pose dans n'importe quel comptoir, où il reste jusqu'à ce qu'un employé le récupère, plusieurs heures plus tard, parfois, pour le remettre dans son coffre d'origine, alors que le processus de décongélation est largement entamé. Il arrive aussi, surtout dans des petits magasins de détail mal équipés, que l'on aperçoive dans l'arrière-boutique des produits surgelés qui attendent dans des paniers, à la chaleur ambiante, d'être placés dans les bacs conservateurs. Bien entendu, ces observations doivent déclencher chez le consommateur une protestation suivie d'un refus d'achat, chez l'acheteur plus timide un simple réflexe d'abstention.

Deux remarques.

– Chaque fois que vous le pouvez, faites vos courses dans des magasins spécialisés dans la vente de produits surgelés. Ils se sont multipliés et le mouvement paraît irréversible. Pourquoi choisir ces magasins? Parce que, étant spécialisés dans le froid, ils le traitent avec tous les égards qui lui sont dus : coffres fermés, que les couvercles soient transparents ou non; liste généralement affichée des produits en vente dans le magasin, ce qui fait gagner du temps; grandes pancartes par secteurs et, sur les coffres, étiquettes indiquant clairement leur contenu, souvent avec le poids, le prix, le mode et le temps de décongélation (ou l'absence de nécessité de décongélation) avant cuisson; fourniture, parfois, de neige carbonique à la demande.... avec un carton à couvercle si vous avez oublié votre sac personnel; fourniture de beaucoup d'accessoires destinés au congélateur ou au conservateur; compétence du personnel, en particulier sur les possibilités de préparations culinaires; fourniture de listes de produits surgelés disponibles, avec des indications de promotion, qui permettent de dresser un plan de campagne pour le prochain marché de surgelés; prix souvent très compétitifs, à cause des grandes quantités de produits achetés; existence de « cartes de fidélité » dont le pourcentage de remise est faible, mais c'est un petit cadeau agréable; presque partout, existence de parkings qui permettent des achats importants.

Vous ne verrez jamais dans ces magasins de produits abandonnés hors des coffres, dans des chariots ou ailleurs. Les paquets mal emballés ou abîmés par un client maladroit ou peu scrupuleux sont aussitôt retirés de la vente pour réemballage et les dates de péremption sont scrupuleusement respectées. Bref, le consommateur se sent ici particulièrement bien protégé.

Mais naturellement, tout magasin dont vous avez pu apprécier le sérieux mérite votre confiance.

Evitez en revanche d'acheter presque à la sauvette un produit surgelé dans un petit magasin inconnu.

Les livraisons à domicile.

Elles sont pratiques parce qu'elles vous épargnent les déplacements et les transports de lourds paquets. Elles peuvent être gênantes parce qu'elles vous bloquent à la maison, parfois pendant des demi-journées entières, les heures de livraison étant très aléatoires; parce qu'entraîné par la facilité que donne la commande, vous êtes tenté de vous laisser aller à des achats trop importants pour la capacité de votre appareil; et parce que la livraison ne correspond pas toujours à ce que vous espériez. Donc, prudence.

La responsabilité du consommateur.

La familiarité entraîne souvent la négligence. Combien de consommateurs – des deux sexes – ne voit-on pas dans les centres commerciaux commencer par acheter les produits surgelés, faire leurs autres courses dans le centre, pendant une heure parfois, déposer tout cela dans le coffre de la voiture, puis rentrer paisiblement chez eux, non sans s'arrêter pour acheter le journal ou prendre le petit dernier à l'école : deux bonnes heures se sont ainsi passées entre l'achat des surgelés et le moment où ils seront mis au froid à la maison. Si, par-dessus le marché, les produits ont tout simplement été placés dans un sac ordinaire ou un panier, en compagnie des légumes ou des produits d'entretien, on comprend que la fameuse chaîne du froid est, sinon rompue, du moins distendue.

J'ai, à dessein, un peu caricaturé mon acheteur. Il aurait pu prendre deux précautions :

– Se munir d'un sac spécial ou d'une boîte isotherme qui assure le maintien du froid pendant deux heures environ. Certains magasins spécialisés fournissent ces sacs, gratuitement si l'achat est important; ou bien ils donnent de la neige carbonique, comme je l'ai indiqué plus haut;

– Acheter les surgelés non pas au début, mais à la fin des courses. Les associations de consommateurs devraient d'ailleurs bien suggérer aux magasins à grande surface d'installer les coffres à surgelés près des caisses, et non pas, comme c'est souvent le cas, à l'entrée.

Quatre remarques.

Certains comités d'entreprise prennent auprès du personnel des commandes de produits surgelés qu'ils transmettent à des vendeurs qualifiés, la date de livraison étant précisée. Mais il arrive que la livraison se fasse plus tôt que le jour fixé, le 19 décembre pour des langoustes commandées en vue de fêter dignement Noël, par exemple. Résultat : le personnel n'a pu prendre aucune disposition spéciale pour stocker sur place, puis rapporter à la maison les produits commandés. La réaction raisonnable serait le refus. Mais comme les prix sont souvent avantageux, et que la « contagion d'achat » joue, chacun emporte le produit à la maison, soit pour le manger aussitôt, soit pour le stocker quand même, malgré les risques...

– On est parfois tenté par un produit vendu en promotion. Il s'agit de gros paquets de viande, de volaille ou de légumes. Si l'on ne dispose que d'un conservateur d'un volume réduit, dont on n'a pas vérifié les possibilités d'accueil avant le départ, il arrive que le nouveau venu refuse d'y entrer. D'où obligation de faire cuire aussitôt tout ou partie.

– Les produits surgelés sont pratiquement au même prix

toute l'année. Si les fabricants achètent des produits à surgeler au meilleur moment ou dans les meilleures conditions de production, ou de pêche, ou d'abattage, c'est-à-dire aux prix les plus bas, ils doivent intégrer à ce prix, non seulement celui de la fabrication, mais celui du stockage. Il ne serait pas raisonnable pour l'acheteur de payer ce prix de stockage au moment où l'on peut aussi acheter les produits à leur prix le plus bas; donc, pas d'achat de fraises surgelées en pleine saison des fraises fraîches, par exemple.

– On paie une seconde fois le prix du stockage dès lors que l'on met les surgelés dans l'appareil personnel, puisqu'il consomme de l'électricité. Plus longtemps ils y restent, plus s'élève le prix du stockage. Nul n'a donc intérêt à acheter à l'avance de grosses quantités de produits surgelés, excepté s'il s'agit de gros paquets vendus à un prix avantageux. Pour que ces gros paquets soient avantageux, il faut bien entendu qu'ils soient divisibles. Mieux vaut donc disposer de petites quantités de produits variés que d'une grosse quantité d'un même produit. Le problème est ici à l'inverse de celui de la congélation domestique.

Le stockage à la maison des produits surgelés

Supposons que tout se soit bien passé et que les produits nouvellement acquis puissent trouver leur place dans l'appareil (congélateur, conservateur ou, à la rigueur, ce que l'on appelle en France « freezer », où le délai de conservation n'excède pas une semaine). Quelques précautions restent à prendre :

– Etiquetez le produit surgelé comme vous le faites pour un produit congelé. Les étiquettes, en effet, ne sont pas toujours lisibles. Si vous employez des étiquettes ou des boîtes de couleur, cela vous facilitera les recherches le moment venu. Indiquez la date limite d'utilisation du produit de préférence à la date d'achat. Beaucoup d'étiquettes de produits surgelés portent l'indication vague : « Conservation, plusieurs mois. » Pour plus de précisions, reportez-vous aux indications données dans les tableaux concernant les produits congelés; elles ont été calculées au plus juste.

– Notez dans votre carnet ou fichier de congélation les indications concernant les nouveaux produits surgelés. Dans une division à part, évidemment.

– Comme pour les produits congelés à la maison, n'oubliez pas de rayer les produits à mesure qu'ils disparaissent de l'appareil.

– Indiquez dans le même carnet les autres observations que vous avez faites. Un exemple typique : vous avez acheté un « Colin à la Dugléré » et, innocente que vous êtes, vous avez, tout comme moi, imaginé que vous alliez manger du... « Merlu à la Dugléré », le terme « merlu » étant la dénomination légale de ce que les ménagères de beaucoup de grandes villes, Paris en particulier, appellent « colin » : poisson fin, blanc et... cher. Or le poisson est ce que l'on appelle ici ou là du colin, c'est-à-dire du cabillaud. D'où déception, et d'autant plus que la préparation à la Dugléré n'a qu'un lointain rapport avec votre préparation à vous. Mais en matière de gastronomie, il n'est pas de désignation légale.

Notez ces réflexions... pour ne pas racheter un produit qui vous a déçu. N'oubliez pas non plus d'indiquer la marque.

Si, en revanche, la préparation est bonne (j'ai gardé un souvenir ébloui d'un certain canard aux pêches), inscrivez-le aussi. Il n'y a aucune raison pour que votre carnet ne soit qu'un cahier de doléances.

Notez enfin le nombre de convives auquel s'adresse, d'après vous, la barquette achetée. Il est souvent inférieur à celui qu'annonce le fabricant, tenu, simplement, de ne pas tricher sur le poids.

Naturellement, vous consommez les surgelés dans l'ordre de leur ancienneté, tout comme les produits congelés à la maison.

Les produits surgelés proposés aux consommateurs

Naguère encore, le recensement en aurait été rapide. Mais le nombre des produits surgelés s'accroît d'année en année, et, dans le domaine des plats préparés, de jour en jour. Il devient donc impossible d'en dresser une liste. Je me contente donc ici de rappeler les grandes catégories de produits surgelés, sous forme de produits bruts, puis de plats préparés.

I. Les produits bruts

Viandes de boucherie

Boeuf. Tous les morceaux à rôtir, à poêler et à griller, y compris des morceaux difficiles à trouver en produits frais, les onglets, par exemple;

La plupart des morceaux à braiser ou à bouillir, soit en pièces à couper, soit en morceaux précoupés; ils se présentent parfois avec la seule indication « boeuf à braiser » ou « pot-au-feu », sans aucune précision;

Des steaks hachés, sans aucun assaisonnement.

Veau. Tous les morceaux à rôtir et à poêler (noix, sous-noix, côtes, escalopes);

Tous les morceaux à sauter;

Tous les morceaux à braiser ou à bouillir (blanquette).

Agneau et mouton. Tous les morceaux à rôtir ou à griller

(gigot, épaule, toutes les sortes de côtelettes, souvent sans précisions, de sorte qu'on ne sait s'il s'agit de côtelettes premières ou de côtelettes secondes);

Tous les morceaux à sauter ou à bouillir (ragoût);

Des agneaux entiers, de 15 à 20 kg, pour le méchoui.

Porc. Tous les morceaux à rôtir, à griller, à cuire au bouillon ou dans la choucroute, la potée, etc.

Abats

On trouve : des cervelles d'agneau (par deux, par six) ou de veau, à l'unité ou par deux; des langues de boeuf, de veau, parfois de mouton, toutes parées et données pour « congelées »; des pieds de veau; des ris de veau, parés; des rognons d'agneau, de veau, de porc ou de génisse, non parés et, à mon avis, décevants à la cuisson; des demi-têtes de veau.

Volailles

On les trouve, soit entières : cailles, canards, dindonneaux, lapins, pintades, poules et poulets; soit en morceaux : escalopes, cuisses ou rôtis de dindonneaux, râbles ou avants de lapin, cuisses ou ailes de poulet.

Poissons

Ils sont présentés, soit entiers : bar, bouillabaisse (groupant poissons, blancs de seiche, crabes, le tout pour deux personnes), daurade, friture (de mer ou d'eau douce), limande, merlan (étêté ou non), merlu, rouget-barbet, sardine, saumon, sole, truite; soit en filets ou darnes (tranches) : cabillaud, daurade, églefin, lieu, lotte, merlan, raie, turbot.

Coquillages, crustacés, etc.

On en trouve une grande variété; coquilles Saint-Jacques (noix et corail), crabes tourteaux (entiers ou sous forme de chair émiettée), crabes à bouillabaisse, crevettes (entières ou décortiquées), cuisses de grenouilles, gambas, homard, langouste, langoustines (entières ou queues, parfois sous le nom de scampis), moules décoquillées ou non; le tout à des prix très inférieurs à celui des produits frais.

Légumes

Pratiquement tous, y compris sous forme de ratatouille ou de jardinière crue, à l'exception du céleri en branche, des concombres, des salades crues (y compris cresson), des tomates entières. Ils présentent le même intérêt que les légumes congelés à la maison et se préparent de la même façon.

Fruits

Les plus courants, sinon les moins chers, sont le cassis, les fraises, les framboises, les groseilles, les myrtilles. Voir dans le tableau correspondant « Fruits congelés » ce qu'il faut en penser.

Comment traiter ces produits bruts surgelés?

Exactement comme les mêmes produits bruts congelés à la maison. Il vous suffit donc de vous reporter aux tableaux correspondants. Complètement dégelés avant cuisson, et toujours comme les produits congelés à la maison, ils se traitent comme des produits frais.

Un petit conseil. Chaque fois que cela vous sera possible, faites transiter les produits surgelés par votre conservateur, au lieu de les accommoder directement. Mis à la même température que vos propres produits congelés, ils réagiront de la même façon qu'eux. A une exception éventuelle près : le blanchiment des légumes n'est pas forcément égal à celui que vous pratiquez vous-même. C'est pourquoi de faibles différences peuvent apparaître dans la durée des temps de cuisson.

Il est donc impossible de donner ici des temps exacts de cuisson sans décongélation. Un exemple : les haricots verts.

Le temps de cuisson dépend du volume à décongeler, mais aussi de la finesse des haricots, et de votre goût personnel; certains aiment les légumes en général, les haricots en particulier, encore un peu croquants, les autres plus cuits. C'est ainsi, pour nous en tenir à l'exemple des haricots verts, qu'un paquet de haricots dits extra-fins (mais moins fins que les haricots extra-fins en conserves appertisées) de 450 g (pour 3 ou 4 personnes), plongé tout gelé dans de l'eau bouillante mettra de 7 à 12 mn à cuire après la reprise de l'ébullition, selon vos goûts.

Autre exemple : celui d'un rôti de boeuf. Court et épais, il cuira plus longtemps que long et mince; ce n'est pas seulement une question de poids. Et c'est pour cela que la sonde de cuisson, dont j'ai préconisé l'emploi, est ici pratiquement indispensable. En règle générale, on peut estimer qu'une viande mise à rôtir sans décongélation préalable réclame au moins deux fois plus de temps qu'une viande fraîche ou décongelée, pour un même degré de cuisson, évidemment : saignant, à point, très cuit. La différence de temps de cuisson est proportionnellement beaucoup moins grande pour les préparations à cuisson longue, comme les braisés ou les bouillis. Et cela se comprend : le temps de décongélation à prendre sur le temps de cuisson est le même alors que le temps de cuisson à proprement parler des viandes braisées ou bouillies est beaucoup plus long que celui des viandes rôties.

II. Les produits élaborés

Ils sont nombreux, pour tous les services d'un repas.

Les soupes

Elles ont du mal à se faire accepter par les Français, habitués qu'ils sont aux potages familiaux (dont certains,

grâce au développement des mixers-blenders, sont d'une préparation presque instantanée) ou aux potages en boîtes ou en sachets. Il est vrai que l'offre est encore restreinte : soupes au cresson, au cerfeuil, aux poireaux et aux pommes de terre, à la tomate, soupe de poisson, potage jardinière... Toutes ces soupes sont fortement concentrées pour occuper un volume moindre.
Comment les traiter. A 350 g de potage concentré, il faut généralement ajouter 600 cl d'eau pour obtenir en 15 mn 1 litre de potage brûlant, moyennant quelques coups de fouet donnés dans la casserole. On peut améliorer tous ces potages aux légumes en y ajoutant de la crème fraîche dès qu'ils sont complètement dégelés; la soupe de poisson, en présentant en même temps des petits croûtons frottés d'ail et frits à l'huile d'olive, tout en les parsemant au moment du service d'herbes fraîches ciselées.

Les charcuteries

Je ne trouve pas un grand intérêt à l'achat de charcuteries surgelées à manger froides : rillettes, pâté, jambon ou saucisson, qu'il faut décongeler (plusieurs heures au réfrigérateur) pour les manger et qui ne se conservent pas une fois dégelées. Plus intéressantes sont les charcuteries à cuire : toutes sortes de saucisses, y compris les merguez; boudin blanc et noir; chair à saucisse, tripes et andouillettes, souvent bonnes et moins chères que les produits frais correspondants.
Comment les traiter. Toutes ces charcuteries se font cuire comme des produits frais, sans décongélation préalable, mais à feu moins vif et pendant un temps plus long, surtout pour les saucisses crues (genre saucisse de Toulouse) dont le temps de cuisson se trouve doublé.

Les entrées

Comme pour toutes les autres préparations élaborées, l'emballage des entrées doit obligatoirement porter les indications nécessaires pour que réchauffage et cuisson se passent dans les meilleures conditions :

– Réchauffage dans le sac d'emballage lui-même (Rilsan) à l'eau bouillante (blinis, grosses crêpes russes, par exemple);

– Réchauffage ou fin de cuisson à la poêle pour les crêpes fourrées de toutes sortes, par exemple; pour celles-ci, toutefois, il est toujours conseillé de faire d'abord dégeler 15 mn à la température ambiante. Or c'est inutile si l'on prend la précaution de réchauffer les crêpes d'abord vivement avec un peu de matière grasse pour les colorer, puis plus doucement pour achever la cuisson à l'intérieur, ou plutôt le réchauffage. La cuisson est seulement un peu plus longue que pour des crêpes totalement ou partiellement dégelées, c'est évident.

Si l'on veut éviter l'emploi de matières grasses, on peut aussi réchauffer les crêpes à feu doux (de 160 à 180°) en les couvrant d'un papier d'aluminium. Mais c'est plus long qu'à la poêle.

– Réchauffage ou fin de cuisson en pleine friture : beignets de crevettes ou de calmars, par exemple. La cuisson est à peine plus longue que pour des beignets frais, car ils sont pré-cuits.

– Réchauffage ou fin de cuisson au four : c'est le cas pour les escargots au beurre bourguignon, qu'il faut faire chauffer de toute façon à feu doux, comme pour des escargots frais; ici, il faut en plus permettre à l'animal lui-même de bien se réchauffer (moins de 15 mn). C'est le cas encore pour les pizzas vendues toutes cuites, les croque-monsieur, les feuilletés, bouchées et friands crus ou cuits, les quiches, les tartes salées, les saucissons en brioche qu'il faut réchauffer vivement, etc. Si, par inadvertance, toutefois, le début de la cuisson a été conduit à température trop élevée, il suffit de couvrir les éléments à réchauffer ou à cuire d'un papier d'aluminium pour achever la cuisson intérieure en empêchant le dessus de brûler.

On vous indique souvent que, pour toute cuisson au four, il faut préchauffer celui-ci pendant 15 ou 20 mn, par exemple, s'il s'agit d'un four électrique. Tout dépend naturellement du four dont vous disposez, certains petits fours modernes, parfaits pour le réchauffage, atteignant en moins de 5 mn la température choisie et s'y maintenant, grâce à un thermostat.

En outre, pourquoi préchauffer un four pour y glisser un plat qui n'a pas besoin d'être « saisi », comme le réclament les rôtis par exemple? Je mets à four froid les escargots et les plats en sauce, sans aucun souci.

Les poissons

On les trouve, ou panés, ou au gratin, ou en sauce.

– Panés, sous forme de croquette, de palets, de bâtonnets etc. (Certains sont aromatisés à la tomate, à l'oignon etc.), ils sont d'un emploi très pratique, parce qu'ils permettent des fractionnements adaptés au nombre de convives et à l'appétit de chacun. Et parce qu'ils peuvent achever leur cuisson aussi bien à la poêle qu'au four ou en pleine friture, étant entendu qu'ils « salissent » celle-ci, comme le feraient des poissons panés frais. Les temps de cuisson indiqués sont en général exacts. Pour le réchauffage à la friture, veillez à conduire la cuisson assez doucement pour que la panure ne brûle pas : elle deviendrait amère. N'utiliser que très peu de matière grasse : 1 cuillerée à café de beurre ou 1 cuillerée à soupe d'huile pour 4 croquettes par exemple.

Pour varier la présentation de ces poissons panés, vous pouvez servir en même temps :

– Soit une fondue de tomate, bien relevée, et brûlante;

– Soit une mayonnaise aromatisée à l'ail ou aux fines herbes, et bien assaisonnée;

– Soit une salade de concombre bien assaisonnée;

– Soit une salade mixte tomate-poivron-concombre.

Vous pouvez encore faire cuire les poissons panés avec

très peu de matière grasse et les arroser brûlants d'un beurre fondu bien assaisonné et relevé d'un jus de citron.

- *Au gratin.* Ils se réchauffent au four, comme un gratin frais. Faites d'abord chauffer sur position « four » pour que le centre du plat soit chaud, puis mettez sur position « gril » pour faire dorer le dessus. Ou bien laissez plus longtemps dans le four très chaud (une vingtaine de minutes). Mais il n'y a rien là qui soit spécial aux plats surgelés.
- *En sauce.* Ils se présentent, soit sous la forme de barquettes, soit sous la forme de coquilles. Le cabillaud, le lieu noir, le thon, l'églefin (parfois baptisé « colin ») sont alors les poissons les plus utilisés. Complétés par des moules, des crevettes, des champignons ou des quenelles, et accommodés avec des sauces diverses, ils portent des noms de la cuisine traditionnelle (ils sont « parmentier », ou « à l'américaine », ou « à la normande », ou « à la provençale », etc.); pour être précis sur la qualité des garnitures, parfois un peu succinctes, il faudrait apprécier marque par marque ces préparations, ce que vous ferez vous-même en n'achetant qu'à un exemplaire une préparation que vous ne connaissez pas encore, et en la « notant » dans votre répertoire de congélation.

N'essayez pas de réchauffer au four une préparation que l'on vous conseille de verser dans une casserole, ou le contraire. Mais si vous disposez d'un four à micro-ondes, vous devez obligatoirement extraire le bloc de poisson de la barquette d'aluminium pour le placer dans un plat pouvant aller dans cette sorte de four, en verre ou en porcelaine à feu, par exemple. Et ne pas oublier de couvrir le plat si la sauce ne nappe pas largement le poisson, ceci pour éviter la déshydratation.

Les viandes et volailles ou les plats à base de viande ou de volaille

Ici encore, les conseils de réchauffage et de fin de cuisson doivent être donnés sur l'emballage : c'est la loi. Généralement, ces conseils peuvent être suivis sans mauvaise surprise.

Viandes en sauce

Il est recommandé, selon les cas :

– Soit de les réchauffer au four, dans leur barquette d'aluminium, en retirant ou non le couvercle (suivant que celui-ci est lui-même, ou non, en aluminium) :

– Soit de verser dans une cocotte le contenu de la barquette et de faire réchauffer à couvert, sur feu doux. Même si le conseil ne vous en est pas donné, versez dans la cocotte 2 ou 3 cuillerées à soupe d'eau froide, qui empêcheront la préparation d'attacher. L'important, c'est que le fond du récipient soit épais. Mais c'est vrai aussi pour les réchauffages de préparations fraîches si elles sont un peu épaisses.

Vous trouverez ainsi des préparations de qualités très diverses suivant leur nature et leur marque; j'ai personnellement un excellent souvenir, en plus du somptueux canard aux pêches dont j'ai déjà parlé, de délicates cailles au raisin, chères, certes, mais le jeu en valait la chandelle : et un très mauvais souvenir d'un incroyable coq au vin, dont la chair évoquait plus un peloton de ficelle qu'une volaille bien nourrie. Comme pour le poisson, achetez d'abord à l'unité, goûtez, « notez »; et choisissez d'abandonner ou de recommencer.

Vous choisirez des plats traditionnels : tripes, boeuf bourguignon, langue, rognon ou jambon au madère, poulet sauté ou lapin à la moutarde, et puis d'autres plus originaux, le porc à l'orientale ou le sauté d'agneau au curry, par exemple.

Viande hachée

Les steaks de viande hachée surgelée présentent toutes les garanties requises à la fabrication. Mais il est capital que la fameuse « chaîne du froid » n'ait pas été rompue, la viande hachée étant, comme chacun le sait, d'une fragilité particulière. Si vous avez un doute, jetez; mais ne risquez pas une intoxication qui pourrait être très grave. On trouve des steaks hachés « nature », et d'autres assaisonnés, ou aromatisés à l'oignon, à la tomate, aux herbes, etc. Ils sont généralement très bons, et cuisent sans se défaire.

Ils sont très pratiques aussi pour confectionner un peu vite une sauce « à la mode bolognaise », avec de la tomate, de l'oignon, de l'huile d'olive et des herbes; il vous suffit de faire revenir le steak ou les steaks dans l'huile pour à la fois dorer et dégeler la viande, puis de l'émietter, d'ajouter les autres ingrédients ainsi qu'un peu d'eau et de faire cuire une petite heure.

Plats complets

A cause du temps requis pour leur préparation, certains plats complets méritent d'être achetés en produits surgelés. Ici encore, leur qualité dépend du soin apporté à leur fabrication, et telle marque a fait un sérieux effort pour offrir un cassoulet presque « comme chez soi »; vous trouverez aussi des couscous, des paellas, des choucroutes (moins intéressantes, car on en trouve toute l'année de très bonnes chez les charcutiers), des cannelloni de bonne race, etc.

Les pommes de terre

On l'a vu dans la partie consacrée à la congélation domestique, on ne peut congeler – donc surgeler – des pommes de terre crues. Mais cuites ou partiellement cuites, elles réagissent favorablement au froid. C'est ainsi que l'on peut acheter des pommes de terre frites précuites, intéressantes à cause du temps qu'exige normalement leur préparation, des pommes dauphines, des croquettes de pommes de terre, des pommes noisettes dont on peut achever la cuisson soit au four, soit dans la friture.

Les sauces

Il existe toutes sortes de sauces déshydratées en sachets, souvent très décevantes; en boîtes, dont certaines ne sont pas mauvaises du tout. Mais vous trouverez en surgelé quelques sauces excellentes mises au point par une maison « de luxe » : au madère, au curry, à l'américaine, à la dieppoise, au poivre. Elles ne sont pas bon marché, mais elles méritent l'effort qui leur est consenti. Les conseils donnés pour leur utilisation (étiquette de la présentation) sont tout à fait pertinents. Il suffit de les suivre à la lettre.

Les pâtes à pâtisserie

On trouve sous quatre formes les pâtes à pâtisserie en produit surgelé :

– Blocs de pâte : pâte feuilletée, pâte brisée, pâte sablée. Il faut les faire dégeler complètement pour les utiliser. Déballé et placé à la température ambiante (mais non pas à proximité immédiate d'une source de chaleur, encore moins sur un radiateur, qui les fait couler), sur l'un de ses côtés étroits, un bloc de 450 g dégèle complètement en trois heures au maximum. Dans un four à micro-ondes, en quelques minutes seulement. Vous trouverez maintenant ces blocs aussi en deux portions de 225 g, à l'intérieur d'un même emballage; plus petits, ils dégèlent plus vite et chacun d'eux suffit pour un fond de tarte destiné à quatre ou cinq personnes.

– Pâte feuilletée « étalée », sous forme de rouleaux de 350 g qui dégèlent en une heure à peu près;

– Fonds de tarte feuilletée, brisée ou sablée, à faire cuire tels quels, sans décongélation préalable, avec une garniture fraîche ou elle-même surgelée;

– Croûtes de bouchées à la reine, à traiter comme les fonds. Rien ne différencie le traitement de ces pâtes à pâtisserie achetées surgelées de celui des pâtes congelées à la maison.

Les gâteaux, pâtisseries et entremets

Après des débuts timides, les gâteaux, pâtisseries et entremets surgelés occupent désormais une place importante dans les magasins spécialisés, et les autres : des simples éclairs aux pièces montées (dont certaines sont spectaculaires, sinon d'un goût parfait!), en passant par toutes les tartes aux fruits, les croustades, les charlottes, les bavarois, les biscuits ou génoises fourrés ou garnis de crème au beurre et de fruits, les saint-honoré, les gâteaux au fromage, les gâteaux basques, normands, etc., les pithiviers, les paris-brest, les savarins.

A cela il faut ajouter les gâteaux à manger glacés (roulés, vacherins, nougatines, omelettes norvégiennes) dont les enfants, ordinairement, raffolent.

Je rappelle aussi, pour mémoire, les brioches, croissants, petits pains que l'on peut faire dégeler, soit à la température ambiante si l'on veut les manger froids, soit dans le four si l'on veut les manger croustillants. Et que l'on ne peut distinguer des produits frais correspondants.

Les glaces et sorbets

Ce que l'on appelle improprement les « soufflés glacés » entrent dans cette catégorie, ainsi que les « mousses » et « fruits givrés » (ananas, citron, mandarine ou orange).

Les crèmes glacées elles-mêmes et les sorbets offrent aujourd'hui toutes sortes de parfums; on les trouve à des prix raisonnables, étant donné surtout le temps qu'ils font gagner, en demi-litres, en litres, en bacs de 1 litre, 2 litres ou

5 litres. Réfléchissez bien avant d'acheter les bacs les plus importants qui sont les plus avantageux au litre, mais qui ne sont pas forcément d'un emploi commode. Certes, quelques-unes de ces crèmes glacées sont aujourd'hui assez souples pour qu'on en puisse prélever la quantité juste nécessaire sans faire dégeler l'ensemble. Mais toutes les crèmes ne sont pas « souples » et l'on sait qu'il ne faut pas congeler à nouveau ce qui a été dégelé. Les cuillers à glace spéciales, au demeurant, permettent de prélever des boules de glace à la sortie du congélateur : c'est une acquisition judicieuse.

Les fabricants multiplient aussi les formules individuelles, si pratiques, mais souvent coûteuses : bâtonnets, coupes, gobelets, tranches, cornets, bouchons, mystères, parfaits, etc.; on peut les manger, soit directement à la sortie du congélateur, soit après un passage d'une quinzaine de minutes au réfrigérateur, pour les coupes, en particulier, qui appellent une certaine « souplesse », à cause du plaisir qu'il y a à pouvoir prendre en même temps dans la cuiller les éléments différents du dessus et du fond du récipient.

Les plats cuisinés pour la congélation

Les recettes

Nous l'avons vu au chapitre des produits surgelés, le consommateur trouve désormais toutes sortes de plats cuisinés surgelés qu'il n'a souvent que le mal de faire réchauffer. C'est pratique. Mais il s'agit d'une cuisine en « prêt à manger », qui, comme la mode du prêt à porter, est destinée à plaire à un vaste public; une cuisine moyenne, en somme, sans réelle personnalité.

Une cuisine sur mesure.

Votre cuisine a le mérite d'être faite à votre goût et à celui de votre famille. Elle peut aussi tenir compte des nécessités imposées par certains régimes – les régimes sans sel, par exemple –, domaine pour le moment négligé par les industriels de la surgélation. Rien ne vous empêche de préparer un plat sans sel représentant plusieurs portions, et de le répartir entre plusieurs petits récipients représentant chacun une portion.

Vous pouvez de la même façon préparer des « aliments

pour bébés » qui vous reviendront infiniment moins cher que les petits pots achetés dans le commerce.

Autre avantage pour vous de congeler vos propres plats cuisinés : celui de choisir des portions correspondant aux besoins réels de votre famille. Une « portion », cela ne veut pas dire grand-chose; il y a de gros et de petits mangeurs, nous le savons bien.

Autre avantage encore : tenir compte, au moment même de la congélation, du procédé que vous utiliserez ultérieurement pour la décongélation et le réchauffage : moulage du plat dans un récipient de forme ou ronde ou ovale si vous devez plus tard vous servir d'une cocotte ronde ou ovale; ou bien aux dimensions du plat rectangulaire que vous utiliserez dans le four, par exemple; ou suppression des barquettes d'aluminium si vous disposez d'un four à micro-ondes, etc.

Quels plats congeler ?

En fait, et l'expérience des utilisateurs venant renforcer les essais des techniciens, on s'aperçoit que la quasi-totalité des plats cuisinés peuvent se congeler. Simplement, certains d'entre eux sont peu maniables au moment de la décongélation ou du réchauffage; c'est le cas, par exemple, des viandes ou des poissons rôtis ou poêlés, qui, ou bien se dessèchent s'ils sont réchauffés sans protection, ou bien ont tendance à se ramollir extérieurement s'ils sont emballés ou recouverts (d'aluminium ou de film résistant à la chaleur.) Mais il n'y a en général pas grand intérêt à congeler des rôtis ou des aliments poêlés, car le temps de la décongélation égale et souvent dépasse celui de la cuisson. Mieux vaut congeler la viande crue et la faire cuire au sortir du congélateur, avec ou sans décongélation, suivant les cas.

En revanche, il est fort intéressant de congeler des plats en sauce qui exigent une cuisson longue et se réchauffent sans problème; ou bien des plats qui requièrent de longues préparations. On sait qu'il n'est pas beaucoup plus long de préparer deux portions qu'une seule; on peut pratiquer ces préparations dans des moments « creux » des horaires quotidiens, et l'on gagne de toute façon le temps de la cuisson. Seule précaution à prendre : ne pas « lier » les sauces avant la congélation, excepté quand la liaison fait partie intégrante de la cuisson. Je m'explique : la sauce de la blanquette se lie en deux étapes, une première fois avec de la sauce blanche (faite avec du beurre, de la farine et du bouillon de cuisson de la viande), une seconde fois avec un mélange de jaune d'œuf, de crème et de jus de citron. Rien ne vous empêche de pratiquer la liaison à la farine qui, comme toutes les liaisons à la farine, supporte bien la congélation, à condition que sa cuisson en ait été assez longue (une vingtaine de minutes au moins), et la préparation bien dégraissée; ce sont les sauces blanches trop peu cuites qui se séparent à la décongélation. Vous ne procéderez, en revanche, à la liaison au jaune d'œuf et à la crème qu'au moment de servir.

Ainsi de même n'hésiterez-vous pas à lier, mais légèrement, un navarin, une daube, un bœuf bourguignon, un bœuf à la mode, un veau Marengo, etc., dans lesquels la viande est parsemée de farine une fois qu'on les a fait revenir, avant la cuisson longue mijotée à couvert, et à feu doux. Je vous donnerai quelques exemples typiques qui vous aideront ensuite à congeler les plats de vos recettes personnelles.

Autres petits conseils.

N'épicez qu'au minimum : la congélation exalte les épices, comme aussi les aromates; rectifiez plutôt l'assaisonnement au moment du réchauffage;

N'ajoutez les fines herbes qu'au moment de servir; ainsi que les petits croûtons, séchés, grillés ou frits, les dés de légumes crus (concombre, tomate, par exemple, dans un consommé ou un potage d'été), le fromage râpé, la crème ou le lait.

A propos des potages

Il peut sembler déraisonnable de congeler des potages : ils sont très volumineux pour leur valeur alimentaire, à cause de la grande quantité d'eau qu'ils contiennent. C'est vrai. Voilà pourquoi les industriels de la surgélation (tout comme les industriels de la conserve en boîte, d'ailleurs) vendent des potages concentrés qu'il faut largement diluer au moment de l'emploi. Pourquoi la maîtresse de maison ne profiterait-elle pas de leur expérience? Elle n'a qu'à faire comme eux, en comptant deux fois moins d'eau, ou moins encore, qu'il n'en faudrait pour un potage à servir tout de suite.

Les industriels moulent-ils les potages? Vous les moulerez vous aussi. Pour cela, garnissez une boîte ronde ou rectangulaire, ou un tiroir à glaçons privé de ses divisions, d'un sac spécial-congélation, versez-y le potage tiède, laissez-le refroidir complètement, puis rabattez le haut du sac, faites congeler. Il ne reste plus qu'à sortir le sac du récipient rigide, avec le bloc moulé de potage qu'il contient, à fermer, à étiqueter et à remettre au congélateur.

Au moment du réchauffage, il suffit de sortir le bloc du sac, de le mettre dans une casserole ou une cocotte et d'ajouter un volume d'eau au moins égal à celui du potage congelé; à rectifier enfin l'assaisonnement et à compléter éventuellement une liaison.

Les « plats complets »

Ils sont de plus en plus à la mode, parce qu'ils simplifient le service le jour du repas et déchargent la maîtresse de maison d'allers et retours incessants à la cuisine. Certains sont fort longs à préparer, ou à faire cuire. La congélation leur convient bien. A titre d'exemples, je vous proposerai une bouillabaisse, un cassoulet, un chou farci.

Faut-il congeler des légumes cuits ?

A parler franchement, je n'en sais rien. Je veux dire : c'est avant tout une affaire de goût. Comme les légumes sont congelés nettoyés, épluchés et blanchis, c'est-à-dire sous une forme telle qu'ils n'occupent guère de place; comme leur blanchiment raccourcit le temps final de cuisson; comme celui-ci n'est jamais très long (excepté pour les légumes secs) puisqu'on ne congèle que des légumes très tendres et très frais, on peut se demander s'il est vraiment intéressant de les cuisiner ou d'en cuisiner pour les congeler. C'est donc affaire de circonstance. Si vous avez l'occasion de préparer un gros plat de petits pois à la française, par exemple, et que vous n'en serviez qu'une petite partie, rien ne vous empêche de congeler le reste; à condition que ce « reste » soit traité avec respect : la congélation doit intervenir sans délai, dès que le plat est complètement refroidi; et je ne répète pas la nécessité qu'il y a à accélérer au maximum ce refroidissement. Mais c'est vrai pour tous les plats destinés à la congélation. Je ne vous propose donc que quelques légumes ou quelques préparations de légumes, classiques.

A propos des farces et de leurs multiples utilisations

Rien de plus satisfaisant pour une maîtresse de maison que d'offrir « sa » terrine de canard, de lièvre ou de faisan. Malheureusement, il s'agit de préparations longues, et, dans le cas du gibier, d'ingrédients éminemment saisonniers. Deux possibilités : stocker les animaux crus comme on l'a indiqué page 99; préparer et faire cuire les terrines et les conserver toutes prêtes au congélateur jusqu'au moment de l'emploi. Cette seconde solution a le double avantage d'immobiliser moins de place dans le congélateur et de fournir des préparations immédiatement disponibles. Ici encore, il n'est pas beaucoup plus long de préparer trois terrines qu'une seule et leur cuisson ne coûte pas un sou de plus.

On peut encore congeler le gibier cru, le faire dégeler pour préparer les terrines, faire cuire celles-ci et les congeler. Il ne s'agit pas d'une « recongélation », puisqu'une cuisson est intervenue entre-temps.

Ce qui est vrai des terrines est vrai des légumes farcis. Profitez donc de ce que vous vous disposez à servir un plat de tomates farcies (ou de poivrons, ou d'aubergines), pour en préparer trois ou quatre autres que vous stockerez au congélateur pour les servir en hiver, quand les légumes sont chers et sans goût.

Et les gâteaux ? Et les entremets ?

Beaucoup d'entre eux se congèlent sans aucun problème. Chacun appréciera la facilité de n'avoir qu'à sortir du congélateur et à laisser dégeler, soit à la température ambiante, soit au réfrigérateur (si on en a le temps), soit au four, les croissants, les brioches, les cakes, les quatre-quarts, les savarins (que l'on ne « trempera » qu'au moment du service), les génoises et les biscuits garnis ou non de crème au beurre, les choux garnis ou non; mais aussi les crêpes traditionnelles, les blinis (grosses crêpes russes), les beignets de toutes sortes.

Ici aussi je vous donnerai quelques exemples destinés à soutenir votre esprit d'entreprise et à stimuler votre imagination. Ensuite, ce sera à vous de jouer.

LES POTAGES

Bouillon de bœuf

Pour 5 litres environ de bouillon concentré.

La longueur de cette préparation fait de ce bouillon un mets tout désigné pour la congélation.

• Très facile. Prix raisonnable. Durée de conservation : 3 mois.

• Ingrédients : de 3 kg à 3,500 kg de bœuf à bouillir, de 1,500 kg à 2 kg d'os de jarret de veau, 500 g de carottes, 250 g de navets, 8 poireaux, 1 pied de céleri, 1 panais, 5 oignons, 4 clous de girofle, 3 gousses d'ail, 1 très gros bouquet garni, gros sel, poivre.

Préparation et cuisson avant congélation

– Mettez dans une marmite la viande de bœuf et les os, arrosez de 6 litres d'eau, puis amenez doucement à ébullition.

– Pendant ce temps, épluchez ou effilez tous les légumes et coupez en morceaux les carottes, les navets et le panais. Coupez en tronçons les poireaux et le céleri et attachez-les en 3 ou 4 bottes; piquez 1 oignon de girofle.

– Coupez deux des oignons en rondelles et faites-les griller à sec sans les laisser brûler : ils serviront à colorer le bouillon.

– Ecumez le bouillon aussi longtemps que c'est nécessaire, puis ajoutez légumes et aromates, gros sel (1 petite poignée : le bouillon sera concentré) et poivre. Couvrez et laissez cuire tout doucement (le liquide doit juste frémir) de 3 heures 30 à 4 heures.

– Passez alors le bouillon au chinois et faites réduire

(évaporer) à petit feu pendant une bonne heure. Faites refroidir le plus rapidement possible. Mettez au réfrigérateur.

– Dégraissez le bouillon en retirant la couche qui s'est formée en surface.

Congélation

Répartissez le bouillon concentré entre des petits récipients à liquide (leur capacité dépend de l'usage futur du bouillon); fermez, étiquetez et congelez. Ou bien versez-en une partie dans des tiroirs à glaçons, faites congeler à découvert, puis démoulez les cubes et mettez-les dans de petits sacs; fermez, étiquetez, congelez.

Finition du bouillon

Placez le bloc de bouillon dans une marmite, ajoutez le même volume d'eau et réchauffez : le bouillon est tout à fait semblable à un bouillon frais.

Les cubes de bouillon peuvent être ajoutés tout gelés à la préparation qu'ils doivent améliorer.

Note. Vous pouvez utiliser sans congélation la viande du bouillon pour des salades (avec des pommes de terre cuites à l'eau et tièdes et du céleri en branches, c'est délicieux), des hachis ou du bœuf miroton.

Bisque de langoustines

Pour 8 personnes.

Elle se fait uniquement avec les têtes (ou coffres) et les carapaces qui ont servi pour le « Velouté aux queues de langoustines » (voir page 254).

• Facile. Prix raisonnable. Durée de congélation : 4 mois.

• *Ingrédients pour la congélation* : les têtes (ou coffres) et les carapaces de 24 grosses ou 40 petites langoustines, 2 grosses carottes, 3 ou 4 branches de céleri, 1 gros blanc de poireau, 2 ou 3 échalotes, 2 grosses gousses d'ail, 4 cuillerées à soupe d'huile d'olive, 1 grosse cuillerée à soupe de farine, un peu moins de 1 dl de cognac, 3 cuillerées à soupe de concentré de tomate, 0,5 litre de vin blanc sec, 1 gros bouquet garni, 1 branche d'estragon, poivre de Cayenne, sel et poivre.

• *Ingrédients pour la finition* : 4 tranches de pain de mie rassis sans la croûte, coupées en petits cubes, 40 g de margarine, 2 dl de crème épaisse, sel et poivre.

Préparation et cuisson avant congélation

Concassez en même temps coffres et carapaces. Epluchez ou effilez tous les légumes, lavez-les. Hachez ensemble grossièrement les carottes, le céleri, le blanc de poireau et les échalotes.

– Faites chauffer l'huile dans une cocotte. Quand elle est très chaude, mais non fumante, ajoutez les morceaux concassés de carapaces et retournez-les en tous sens à la spatule de bois pour les faire bien rougir. Ajoutez alors le hachis de légumes, couvrez et laissez fondre tout doucement un bon quart d'heure. Pendant ce temps, épluchez et écrasez l'ail; délayez le concentré de tomate avec 3/4 de litre d'eau; effeuillez l'estragon.

– Parsemez de farine le contenu de la cocotte, remuez, versez le cognac et faites flamber en remuant la cocotte en tous sens. Ajoutez alors le vin blanc, le concentré délayé, le bouquet garni, les feuilles d'estragon, l'ail écrasé, du sel, du poivre et très peu de poivre de Cayenne. Remuez, couvrez et laissez cuire à tout petit feu pendant 40 mn.

– Passez la bisque au chinois en pressant au maximum pour ne laisser que des morceaux de carapace sans intérêt; faites refroidir.

Congélation

Faites congeler la bisque en la moulant comme il est conseillé page 198.

Finition de la bisque

Mettez le bloc gelé dans une cocotte et ajoutez 1 litre d'eau. Amenez doucement à ébullition. Pendant ce temps, faites frire les cubes de pain dans la margarine. Fouettez la bisque quand elle est complètement dégelée et rectifiez l'assaisonnement : elle doit être très relevée. Ajoutez un peu d'arrow-root (si, comme c'est probable, vous la trouvez trop légère), en fouettant. Servez la bisque brûlante avec la crème et les petits croûtons.

Bouillon de poule

Pour 4 litres environ de bouillon concentré.

Il se prépare exactement comme le bouillon de bœuf. Remplacez le bœuf par deux poules à bouillir ou 4 kg d'abattis de poulet qui sont très bon marché. Commandez-les à l'avance au volailler.

Crème de champignon

Pour 8 personnes.

- Facile. Prix raisonnable. Durée de conservation : 6 mois.
- *Ingrédients pour la congélation* : 750 g de champignons, 1/2 citron, 75 g de beurre, 2 grosses échalotes, 60 g de farine, 1 bouquet garni, 1 litre de bouillon de poule frais concentré, 1 cuillerée à soupe de concentré de tomate, sel et poivre.
- *Ingrédients pour la finition* de la crème de champignon : 2 dl de crème fraîche, 1 petit bouquet de persil.

Préparation et cuisson avant congélation

– Pressez le citron, épluchez les échalotes et coupez-les en quatre; grattez le pied sableux des champignons, séparez les têtes des pieds, arrosez de jus de citron et passez au hachoir (électrique si vous en avez un) en même temps que les échalotes.

– Faites fondre ce hachis dans le beurre sans le laisser colorer. Parsemez alors de farine, remuez sur petit feu pendant 3 ou 4 mn. Délayez le concentré de tomate avec le bouillon, versez dans le sautoir, ajoutez le bouquet garni, salez et poivrez légèrement, remuez, couvrez et laissez cuire 30 mn.

– Passez au mixer pour obtenir un potage bien lisse. Mettez à refroidir.

Congélation

Faites congeler le potage en le moulant (voir page 198).

Finition de la crème de champignon

Mettez le bloc tout gelé dans un sautoir, ajoutez un volume d'eau égal à celui du potage congelé et réchauffez doucement, en fouettant de temps en temps. Hachez le persil. Délayez la crème avec un peu de potage, reversez le tout dans le sautoir, rectifiez l'assaisonnement. Versez dans la soupière, parsemez de persil haché et servez brûlant.

Note. Pour transformer cette crème en velouté, ajoutez 2 jaunes d'œufs à la crème, versez dans le potage en fouettant, sans plus laisser bouillir.

Crème de chou-fleur

Pour 8 personnes.

Préparez-la quand le chou-fleur est bon marché; c'est à ce moment-là aussi qu'il est le meilleur.

- Très facile. Prix raisonnable. Durée de conservation : 6 mois.
- *Ingrédients pour la congélation :* 1 gros chou-fleur, 4 petits poireaux, 80 g de beurre, 80 g de farine, sel.

• *Ingrédients pour la finition de la crème :* 2 dl de crème épaisse, 1 petit bouquet de cerfeuil ou 1 cuillerée à soupe de cerfeuil congelé, noix de muscade, sel et poivre.

Préparation et cuisson avant congélation

– Nettoyez chou-fleur et poireaux et défaites le chou-fleur en petits bouquets; ne conservez que les blancs de poireaux et coupez-les finement.

– Faites fondre le beurre dans une grande cocotte. Ajoutez le hachis de blancs de poireaux et laissez fondre doucement à couvert, sans coloration, pendant une dizaine de minutes. Tamisez la farine. Versez-la en pluie sur les poireaux en remuant énergiquement. Ajoutez 1,25 litre d'eau et fouettez tout en amenant à ébullition. Jetez les bouquets de chou-fleur dans la cocotte, salez et poivrez légèrement. Laissez cuire 40 mn environ.

– Passez le potage au mixer pour le rendre lisse et faites refroidir le plus vite possible.

Congélation

Faites congeler le potage en le moulant (voir page 198).

Finition de la crème de chou-fleur

Mettez le bloc de soupe tout gelé dans une cocotte, ajoutez un volume d'eau égal à celui du potage congelé et faites chauffer jusqu'au dégel complet. Ajoutez alors la crème et très peu de noix de muscade râpée, fouettez. Rectifiez l'assaisonnement. Versez dans une soupière et parsemez de cerfeuil haché.

Julienne de légumes à la graisse d'oie

Pour 8 personnes.

• Facile. Cher. Durée de conservation : 5 mois.

• *Ingrédients pour la congélation :* 1/2 chou blanc ou vert,

3 belles carottes, 3 navets, 4 blancs de poireaux, 4 branches de céleri, 2 oignons, 2 ou 3 gousses d'ail, 1 grosse cuillerée à soupe de graisse d'oie, 1 bouquet garni, 1 litre de bouillon de bœuf (si possible concentré; voir page 243), 1 poignée de gros haricots verts, sel et poivre.

• *Ingrédients pour la finition* : 8 demi-tranches de pain de campagne rassis, 200 g de poitrine fumée, 2 ou 3 gousses d'ail, 1 cuillerée à café de graisse d'oie.

Préparation et cuisson avant congélation

– Retirez le cœur dur du chou, ciselez les feuilles en lanières étroites et plongez-les dans de l'eau bouillante. Laissez « blanchir » à moyenne ébullition pendant 5 mn, puis rafraîchissez et égouttez bien.

– Epluchez ou effilez tous les légumes et coupez-les en julienne (filaments longs et étroits).

– Faites chauffer la graisse d'oie dans une cocotte. Ajoutez la julienne et le chou, remuez bien, puis faites fondre à couvert et sur feu doux pendant 10 mn. Ajoutez alors le bouquet garni, les gousses d'ail épluchées et écrasées et le bouillon; poivrez légèrement, couvrez et laissez cuire 30 mn. Effilez et émincez les haricots verts, versez-les dans le potage et laissez cuire 30 mn encore, puis retirez du feu et laissez refroidir.

Congélation

Faites congeler le potage en le moulant (voir page 198).

Finition de la julienne

Mettez le bloc tout gelé dans la cocotte, ajoutez un volume d'eau au moins égal à celui du potage congelé et faites chauffer à feu moyen. Pendant ce temps, hachez la poitrine fumée au couteau et faites-la fondre légèrement dans la graisse d'oie. Epluchez et hachez l'ail et, hors du feu, ajoutez au hachis de poitrine. Garnissez les demi-tranches de pain avec ce hachis et mettez-en une au fond de chaque assiette. Versez dessus le potage brûlant.

Potage aux herbes

Pour 8 personnes.

Il est intéressant à conserver au congélateur car deux de ses composants (cerfeuil et estragon) sont strictement saisonniers.

● Facile. Prix raisonnable. Durée de conservation : 6 mois.

● *Ingrédients pour la congélation :* 1 kg d'épinards frais ou 300 g d'épinards congelés ou surgelés, 1 botte de cresson, 1 poignée de tiges de cerfeuil, 2 cuillerées à soupe de feuilles d'estragon, 2 blancs de poireaux, 60 g de beurre, sel.

● *Ingrédients pour la finition :* 1 cuillerée à soupe de flocons de pommes de terre, 1 dl de crème épaisse, poivre.

Préparation et cuisson avant congélation

– Epluchez éventuellement les épinards, épluchez le poireau; lavez tous les éléments du potage, hachez-les au couteau ou dans un appareil électrique.

– Faites chauffer le beurre dans un sautoir sans le laisser blondir et ajoutez le hachis de légumes; remuez bien, sur feu doux, puis couvrez et laissez fondre ainsi à petit feu pendant une dizaine de minutes. Ajoutez alors 1,5 litre d'eau bouillante ainsi que les épinards frais ou congelés. Salez et poivrez légèrement et laissez cuire doucement 50 mn environ.

– Passez le potage au mixer ou à la moulinette et faites refroidir le plus vite possible.

Congélation

Congelez le potage en le moulant (voir page 198).

Finition du potage

Placez le bloc tout gelé dans une cocotte, ajoutez un volume d'eau égal à celui du potage congelé et amenez doucement à ébullition. Ajoutez alors les flocons de pomme de terre en pluie, fouettez. Ajoutez enfin la crème, fouettez encore, rectifiez l'assaisonnement et servez brûlant.

Note. Si, au lieu d'ajouter simplement de la crème au potage, vous la mélangez avec un jaune d'œuf (voir « Crème de champignon », page 246), vous obtenez un exquis velouté. Vous pouvez, en ce cas, remplacer les flocons de pommes de terre par 1 cuillerée à soupe rase d'arrow-root que vous délayez avec 1/2 tasse d'eau froide. Vous trouverez l'arrow-root chez les pharmaciens : il donne des liaisons particulièrement légères.

Soupe gratinée à l'oignon

- Facile. Prix raisonnable. Durée de conservation : 6 mois.

Préparez la soupe comme vous avez l'habitude de le faire (personnellement, j'y ajoute un verre de vin blanc), mais avec deux fois moins d'eau, et congelez-la. Réchauffez le bloc dans une cocotte en ajoutant un volume d'eau égal à celui de la soupe congelée. Fouettez quand la décongélation est complète. Répartissez la soupe entre des bols ou des soupières individuelles. Déposez sur chaque soupe une tranche de baguette largement parsemée de gruyère râpé et facultativement, faites gratiner au four.

Soupe au pistou

Pour 8 personnes.

C'est aussi la longueur de sa préparation qui fait de la soupe au pistou un bon élément pour la congélation.

- Facile. Prix raisonnable. Durée de conservation : 6 mois.
- *Ingrédients pour la congélation :* 400 g de haricots secs (blancs ou rouges), 1 gros bouquet garni, 200 g de haricots verts moyens, 1 très gros oignon, 2 poireaux, 3 ou 4 branches de céleri, 2 carottes moyennes, 1 gros navet, 4 petites courgettes, 3 tomates bien mûres, 200 g de gros vermicelle, sel.

• *Ingrédients pour la finition de la soupe :* 1 petit bouquet de basilic frais ou 2 cuillerées à soupe de basilic séché ou congelé, 4 grosses gousses d'ail, 100 g de parmesan râpé, sel et poivre.

Préparation et cuisson avant congélation

– Faites tremper les haricots à l'eau froide pendant 6 à 8 heures, puis mettez-les dans une marmite, ajoutez 2,5 litres d'eau froide et faites cuire doucement à couvert pendant 1 heure 30 environ (plus ou moins selon l'ancienneté des haricots) en ajoutant le bouquet garni. Pendant ce temps, épluchez ou effilez tous les légumes et coupez-les en petits cubes ou en tronçons.

– Quand les haricots secs sont encore un peu fermes, ajoutez tous les légumes, excepté les courgettes, salez et poivrez un peu. Laissez cuire 40 mn. Ajoutez alors les dés de courgettes et le vermicelle et laissez cuire 10 mn environ. Si la cuisson du vermicelle doit être plus rapide (voyez sur le paquet), ajoutez les dés de courgettes après 35 mn de cuisson des autres légumes verts. Faites refroidir rapidement.

Congélation

Faites congeler la soupe en la moulant (voir page 198).

Finition de la soupe

Epluchez et hachez les gousses d'ail. Hachez le basilic frais. Mettez-les dans un mortier avec le parmesan et pilez en ajoutant peu à peu l'huile d'olive. Ou bien mélangez le tout intimement en vous servant d'un appareil électrique. Réchauffez le bloc de soupe dans une cocotte en ajoutant un volume d'eau égal à celui de la soupe, puis ajoutez le mélange au pistou dans la soupe en pleine ébullition et fouettez. Servez brûlant.

Soupe de poisson

Voir « Bouillabaisse », page 288.

Vous pouvez aussi préparer une excellente soupe de poisson à partir du « Tourin aux petits croûtons » (voir ci-dessous). Il suffit d'ajouter par exemple 4 merlans (ou 4 filets de merlans congelés ou surgelés, sans décongélation préalable) dans le sautoir en même temps que les tomates et le bouquet garni, et de passer le tout au chinois avant de congeler. La finition de la soupe est aussi la même.

Tourin aux petits croûtons

Pour 8 personnes.

• Facile. Prix raisonnable. Durée de conservation : 4 mois.

• *Ingrédients pour la congélation :* 5 ou 6 blancs de poireaux, 4 gros oignons, 4 grosses gousses d'ail, 5 ou 6 cuillerées à soupe d'huile d'olive, 8 grosses tomates bien mûres, 1 bouquet garni, sel et poivre.

• *Ingrédients pour la finition :* 3 ou 4 tranches de pain de mie sans leur croûte, 5 cuillerées à soupe d'huile d'olive, 3 jaunes d'œufs, 2 dl de crème fraîche.

Préparation et cuisson avant congélation

– Epluchez et hachez ensemble les poireaux et l'oignon. Epluchez l'ail à part. Faites blondir doucement le hachis de poireaux et d'oignons dans l'huile, en remuant. Ajoutez l'ail écrasé, couvrez et laissez fondre tout doucement pendant 10 mn. Pendant ce temps, épluchez et concassez les tomates.

– Ajoutez dans le sautoir les tomates et le bouquet garni, couvrez et laissez cuire tout doucement 30 mn. Versez 1 litre d'eau, salez et poivrez légèrement et laissez la cuisson s'achever pendant 10 mn, puis faites refroidir complètement. Retirez le bouquet garni, en le pressant.

Congélation

Faites congeler le potage en le moulant (voir page 198).

Finition du tourin

Mettez le bloc tout gelé dans une cocotte avec un volume d'eau égal à celui du potage congelé, et faites dégeler à petit feu en remuant de temps en temps. Pendant ce temps, coupez le pain en petits cubes et faites-les frire à l'huile. Mélangez crème et jaune d'œuf dans la soupière de service.

Quand la soupe est bouillante, rectifiez son assaisonnement et versez-la dans la soupière en fouettant énergiquement. Servez le tourin brûlant avec les petits croûtons présentés dans un ravier.

Note. Si vous voulez préparer ce potage pour 16 personnes, doublez toutes les proportions pour la congélation, mais utilisez seulement pour la finition 5 jaunes d'œufs et 3 dl de crème.

Velouté aux queues de langoustes

Pour 8 personnes.

Fraîches ou congelées, les langoustines sont chères. Elles deviennent relativement abordables si elles sont utilisées tout entières, carapaces comprises, et si elles sont l'élément de luxe d'un plat élaboré. C'est ainsi que je vous propose ce velouté, complété par une bisque qui ne coûte presque rien (page 244).

- Compliqué. Cher. Durée de conservation : 3 mois.
- *Ingrédients pour la congélation* : 24 belles langoustines ou 40 petites, 1 kg de parures de poissons blancs (têtes et arêtes), 50 g de champignons, 2 gros oignons, 1 grosse échalote, 1 gros bouquet garni, 1/2 citron, 0,5 litre de vin blanc sec, 50 g de beurre, 6 blancs de poireaux, 3 ou 4 belles branches de céleri, 3 carottes, 1 petite poignée de queues de persil, gros sel et poivre.

• *Ingrédients pour la finition :* de 2,5 dl à 3 dl de crème, 1/2 citron, I cuillerée à dessert rases d'arrow-root, 4 jaunes d'œufs, sel et poivre.

Préparation et cuisson avant congélation

– Préparez d'abord un fumet de poisson : lavez les parures de poisson, nettoyez les champignons en grattant le pied sableux et émincez-les; épluchez les oignons et l'échalote et hachez-les en même temps que la moitié des blancs de poireaux; pressez le citron. Mettez dans une marmite les parures de poisson, les champignons émincés, le hachis de légumes, le bouquet garni, le vin blanc et le jus de citron. Arrosez d'un litre et demi d'eau, salez et poivrez légèrement, amenez à ébullition et laissez cuire à petits frémissements pendant une demi-heure.

– Pendant ce temps, préparez une mirepoix : nettoyez et hachez grossièrement les carottes, l'autre moitié des blancs de poireaux, les branches de céleri et les queues de persil; faites fondre le beurre dans une cocotte, ajoutez les légumes hachés, remuez bien, couvrez et laissez fondre pendant une quinzaine de minutes sans coloration; ajoutez alors 2 ou 3 cuillerées à soupe de fumet de poisson et laissez cuire tout doucement 15 mn encore.

– Profitez de cette cuisson pour préparer les langoustines : détachez les têtes (coffres) des queues, puis, avec des ciseaux, coupez la partie molle de la carapace de ces queues et retirez la chair sans l'abîmer. Conservez les carapaces et les têtes pour la bisque.

– Quand le fumet et la mirepoix sont cuits, étalez la mirepoix dans la cocotte, disposez dessus les queues de langoustines, couvrez et laissez cuire doucement pendant 10 mn; passez le fumet dans un chinois au-dessus de la cocotte, couvrez, amenez doucement à ébullition et laissez frémir 10 mn au maximum. Faites refroidir le plus vite possible.

Congélation

Faites congeler le potage en le moulant (voir page 198).

Finition du velouté

Faites dégeler doucement le bloc de potage dans une cocotte en y ajoutant un volume d'eau égal à celui du potage congelé; mélangez la crème, les jaunes d'œufs et le jus de citron; délayez l'arrow-root avec 1/2 tasse d'eau froide; quand le potage est à ébullition, ajoutez l'arrow-root délayé et fouettez pendant 1 mn, puis ajoutez un peu du potage brûlant au mélange crème-jaunes d'œufs-jus de citron, reversez dans le potage, fouettez énergiquement et versez le velouté dans la soupière.

LE BŒUF

Bœuf braisé bourguignon ou à la bière

Pour 8 personnes.

La seule différence de l'un à l'autre : vous emploierez du vin rouge dans le premier cas, de la bière forte dans le second.

- Facile. Prix raisonnable. Durée de conservation : 3 mois.
- *Ingrédients pour la congélation :* 2 kg de paleron ou de macreuse coupés en cubes par le boucher, 300 g de poitrine fraîche de porc, 3 cuillerées à soupe d'huile, 30 g de beurre, 3 gros oignons ou 12 petits, 2 échalotes, 1 cuillerée à soupe de farine, 0,5 litre de bière ou de vin rouge, 0,5 litre de bouillon de bœuf (frais ou congelé), 1 bouquet garni, sel et poivre.

• *Ingrédients pour la finition :* 1 cuillerée à dessert rase de farine, autant de beurre, 1 petit bouquet de persil.

Préparation et cuisson avant congélation

Coupez en lardons la poitrine fraîche; faites chauffer dans une cocotte le mélange d'huile et de beurre, faites-y rissoler les lardons, puis égouttez-les.

– Epluchez les oignons et les échalotes, coupez les oignons en grosses rondelles, hachez les échalotes.

– Faites rissoler les morceaux de viande dans le gras des lardons puis ajoutez les oignons et les échalotes et faites dorer. Parsemez de farine, faites blondir, puis rajoutez les lardons, puis ajoutez les oignons et les échalotes et faites bien. Ajoutez enfin le bouquet garni, du sel et du poivre, couvrez et laissez mijoter doucement pendant 2 heures 15 environ, puis découvrez la cocotte et laissez réduire un peu pendant 15 mn. Jetez le bouquet garni. Faites refroidir rapidement la préparation.

Congélation

Garnissez une boîte ronde (ou 2 boîtes) avec un sac à congélation, versez-y le bœuf et sa sauce, congelez, puis retirez le sac de la boîte, fermez le sac, étiquetez, remettez au congélateur.

Finition du bœuf

Mettez le bloc tout gelé dans une cocotte, avec 1 verre d'eau et réchauffez tout doucement. Mélangez intimement le beurre et la farine, jetez ce beurre manié dans la préparation brûlante, remuez bien pendant 1 minute et servez brûlant. Des pommes ou des carottes vapeur sont l'accompagnement habituel du bœuf bourguignon à la bière.

Bœuf à la mode

Pour 8 personnes

- Facile. Prix raisonnable. Durée de conservation : 3 mois.
- *Ingrédients pour la congélation :* 1 morceau d'aiguillette de 2 kg, bien lardé par le boucher, 2 demi-pieds de veau blanchis, 1 dl d'huile, 5 échalotes, 3 gros oignons, 2 clous de girofle, 1,500 kg de carottes, 1 cuillerée à soupe de farine, 1 grand verre de vin blanc ou rouge, 1 gros bouquet garni, 2 gousses d'ail, 1 cube de bouillon concentré de bœuf, sel et poivre.

Préparation et cuisson avant congélation

– Epluchez tous les légumes. Piquez 1 oignon avec les clous de girofle. Hachez ensemble les 2 autres oignons et les échalotes. Coupez les carottes en rondelles. Délayez le bouillon avec 0,5 litre d'eau. Faites chauffer le four à 200° environ.

– Mettez l'huile à chauffer dans une cocotte. Ajoutez l'aiguillette et les demi-pieds de veau et faites-les dorer sur toutes leurs faces. Ajoutez alors le hachis d'oignons et d'échalotes et faites dorer. Parsemez de farine, remuez bien, puis ajoutez le vin, le bouillon, le bouquet garni, les carottes, les gousses d'ail écrasées et du poivre; vous salerez plus tard : le bouillon est déjà salé. Couvrez, amenez à ébullition sur le feu.

– Glissez alors la cocotte dans le four et laissez cuire 3 heures environ.

– Retirez l'oignon garni de girofle et le bouquet garni; désossez les demi-pieds de veau et coupez la chair en petits dés, remettez-les dans la cocotte. Faites ensuite refroidir rapidement.

Congélation

Placez le morceau d'aiguillette dans une boîte à congélation très hermétique. Entourez avec les carottes et la sauce. Fermez, étiquetez, congelez.

Finition du bœuf à la mode

Placez le bloc tout gelé (aiguillette et garniture) dans une cocotte, avec 3 cuillerées à soupe d'eau, couvrez et réchauffez tout doucement sur le feu ou dans le four.

Note. Vous pouvez garnir le bœuf à la mode de petits oignons glacés que vous préparerez pendant que le bœuf réchauffera : épluchez 250 g de petits oignons-grelots, mettez-les dans une casserole avec 1 cuillerée à soupe de sucre et autant de beurre, du sel et du poivre. Recouvrez juste d'eau. Faites cuire doucement à découvert jusqu'à ce que toute l'eau se soit évaporée, et qu'il se soit formé un caramel dans la casserole. Roulez les oignons dans ce caramel et ajoutez-les au bœuf, dans le plat.

Daube de bœuf

Pour 8 personnes.

Quatre heures trente de cuisson : c'est le temps qu'exige une daube pour être moelleuse à souhait. Mais s'il est un peu plus long de faire revenir la viande pour 12 ou 16 personnes que pour 8, la cuisson mijotée, la plus longue, ne prend pas une minute de plus. Voici donc un excellent plat à congeler, étant donné surtout que, comme toutes les viandes en sauce, elle est encore meilleure réchauffée. Demandez à votre boucher de couper la viande en cubes de 75 g environ chacun et de larder chaque cube de part en part : il est outillé pour cela.

• Compliqué. Prix raisonnable. Durée de conservation : 3 mois.

• *Ingrédients pour la congélation :* 2 kg de macreuse de bœuf ou d'un autre morceau à braiser, coupé en cubes et lardé par le boucher, 200 g de poitrine de porc demi-sel, 2 demi-pieds de veau, 1 belle couenne, 1 litre de vin rouge corsé (un côtes-du-rhône, par ex.), 3 à 4 cuillerées à soupe de vinaigre de vin, 4 cuillerées à soupe de cognac, 1 bonne cuillerée à soupe de farine, 2 feuilles de laurier, 1 branche de thym, 3 gousses d'ail, 2 oignons, 3 ou 4 échalotes, 750 g de carottes, 250 g de champignons de Paris, 2 ou 3 clous de girofle, un morceau de zeste d'orange séché (à la rigueur frais), 1/2 boîte de tomates pelées ou 700 g de tomates fraîches, 1 grosse cuillerée à soupe de tomate concentrée, 1 bouquet de persil, 5 cuillerées à soupe d'huile d'olive, sel et poivre.

• *Ingrédients pour la finition :* pommes de terre, 1 bouquet de persil.

Préparation et cuisson avant congélation

– Préparez d'abord une marinade dans un plat creux avec le vin, le vinaigre, le laurier haché, le thym, les gousses d'ail épluchées et écrasées, les oignons et les échalotes épluchés et grossièrement hachés, 2 carottes épluchées et coupées en rondelles, les champignons nettoyés et finement émincés, le zeste d'orange, les clous de girofle et du poivre. Placez les morceaux de viande lardés dans cette marinade et laissez ainsi, au frais, pendant 48 heures si possible, en retournant les morceaux trois ou quatre fois.

– Le jour de la cuisson, dégraissez la couenne et faites-la blanchir à l'eau bouillante pendant 5 mn, avec les demi-pieds et la poitrine; épluchez le reste des carottes et coupez-les en dés, ainsi que la poitrine. Pelez éventuellement les tomates fraîches. Egouttez bien la viande en conservant la marinade; faites chauffer l'huile dans une cocotte et ajoutez les morceaux de viande et les demi-pieds, retournez-les sur toutes leurs faces dans l'huile très chaude : le passage dans la marinade les empêche de dorer aussi bien que de la viande marinée, mais cela importe peu; parsemez de farine et remuez bien. Arrosez de cognac et flambez. Glissez la couenne sous les viandes.

– Ajoutez alors toute la marinade, les dés de carottes et de poitrine, les tomates pelées avec leur jus, le concentré de tomate, le bouquet de persil, du sel, du poivre. Couvrez et laissez mijoter tout doucement pendant trois heures sur le feu ou quatre heures dans le four. Découvrez alors la cocotte pour laisser réduire la cuisson pendant 30 mn encore. Désossez les demi-pieds, jetez les os, coupez la chair en dés, jetez ce qui reste de couenne ainsi que le bouquet de persil, le zeste, le laurier. Faites refroidir la daube le plus vite possible, mettez-la quelques heures au réfrigérateur, dégraissez-la au maximum.

Congélation

Garnissez une boîte (ou 2 boîtes) bien hermétique d'un sac de plastique spécial-congélation, versez-y la daube et faites congeler. Sortez le sac de la boîte, fermez, étiquetez, remettez au congélateur.

Finition de la daube

Placez le bloc tout gelé dans une cocotte avec 3 cuillerées à soupe d'eau (ou davantage, si la sauce a beaucoup réduit) et réchauffez tout doucement sur le feu ou dans le four. Servez en même temps des pommes vapeur (c'est traditionnel) ou des nouilles (c'est très bon). Parsemez daube et pommes de terre de persil haché.

Goulasch

Pour 8 personnes.

Plat hongrois traditionnel, le goulasch a été adopté par les Français. Il se congèle fort bien. Contrairement à ce qui se passe pour les braisés, on fait revenir dans la même matière grasse, *d'abord* les oignons, puis la viande.

● Facile. Prix raisonnable. Durée de conservation : 3 mois.

● *Ingrédients pour la congélation :* 2 kg de bœuf à braiser (paleron ou macreuse) coupé en cubes par le boucher, 100 g de saindoux, 750 g d'oignons, 4 ou 5 poivrons verts, 1 boîte de tomates pelées ou 1 kg de tomates fraîches, 1 bouquet garni, 3/4 de litre de vin rouge, 0,5 litre de bouillon de bœuf, 2 cuillerées à soupe de paprika, 1 cuillerée à dessert de graines de cumin, 1 gousse d'ail, sel et poivre.

● *Ingrédients pour la finition :* 2 dl de crème épaisse, 1/2 citron, pommes de terre.

Préparation et cuisson avant congélation

– Epluchez les oignons, émincez-les. Retirez le pédoncule des poivrons, ouvrez-les et retirez cloisons blanches et graines. Coupez la pulpe en lanières. Epluchez l'ail, écrasez-le. Epluchez éventuellement les tomates.

– Faites chauffer le saindoux dans une grande cocotte, ajoutez les oignons émincés et faites-les blondir, en les remuant. Ajoutez les cubes de viande et faites-les blondir à leur tour. Parsemez de paprika, d'ail écrasé, de sel et de poivre, remuez. Ajoutez alors les lanières de poivron, les tomates, le vin, le bouillon et le cumin écrasé. Couvrez et laissez cuire à petit feu pendant 1 heure 30 environ, puis retirez le bouquet garni.

– Faites refroidir le plus vite possible.

Congélation

Faites congeler le goulasch comme la daube (voir page 261).

Finition du goulasch

Placez le bloc tout gelé dans une cocotte avec 1 grand verre de bouillon, ou d'eau, tout simplement; pelez des pommes de terre nouvelles, coupez-les en quatre et déposez-les dans un petit panier, sur le bloc de goulasch. Amenez doucement à ébullition, puis entretenez cette ébullition pendant 30 mn pour que les pommes de terre cuisent à la vapeur du goulasch. Pressez le demi-citron et mélangez le jus avec la crème fraîche. Versez le goulasch dans un plat creux, disposez les pommes de terre tout autour et servez en même temps que la crème aigre.

LE VEAU

Blanquette

Pour 8 personnes.

- Compliqué. Prix raisonnable. Durée de conservation : 3 mois.
- *Ingrédients pour la congélation :* 2 kg de « blanquette » (veau le plus maigre possible), 125 g de beurre, 3 gros oignons, 3 clous de girofle, 1 gousse d'ail, 3 carottes, 2 ou 3 blancs de poireau, 2 ou 3 branches de céleri, 1 verre à eau de vin blanc ou de cidre, 1 boîte de champignons de Paris,

1 bouquet garni, 50 g de farine, une trentaine de petits oignons grelots (facultatifs), sel et poivre.

• *Ingrédients pour la finition :* 2 jaunes d'œufs, 1 citron, 2 dl de crème épaisse, 1 bouquet de persil, sel et poivre.

Préparation et cuisson avant congélation

– Epluchez ou effilez carottes, blancs de poireau et céleri, coupez-les en tout petits dés. Epluchez les oignons, hachez-en deux, piquez le troisième de girofle. Epluchez l'ail. Faites chauffer 1,5 litre d'eau.

– Faites fondre 75 g de beurre dans une grande cocotte. Mettez-y la viande à revenir, mais sans coloration. Arrosez avec l'eau chaude et le vin blanc (ou le cidre), ajoutez le bouquet garni, salez et poivrez légèrement, couvrez et laissez cuire à petits frémissements pendant 1 heure 15 environ.

– Mettez alors le reste de beurre à fondre dans une petite cocotte. Parsemez de farine et mélangez énergiquement sans laisser roussir. Ajoutez la plus grande partie du bouillon de cuisson de la viande, fouettez bien, ajoutez les champignons de Paris et, facultativement, les petits oignons épluchés. Laissez cuire doucement pendant une dizaine de minutes, puis reversez le tout dans la cocotte où se trouve la viande, mélangez bien, ramenez l'ébullition et laissez la cuisson s'achever doucement pendant 5 mn encore. Faites refroidir le plus vite possible.

Congélation

Congelez la blanquette comme vous le faites pour la daube (page 261).

Finition de la blanquette

Placez le bloc de blanquette tout gelé dans une cocotte avec 4 ou 5 cuillerées à soupe d'eau ou de bouillon, couvrez et amenez tout doucement à ébullition. Pendant ce temps, mélangez la crème, les jaunes d'œufs et le jus du citron. Hachez le persil. Rectifiez l'assaisonnement de la préparation chaude, puis ajoutez-en une louche au mélange crème-jaunes d'œufs. Fouettez. Reversez le tout dans la cocotte, remuez encore, vivement, puis retirez du feu, versez dans un plat creux, parsemez de persil haché et servez brûlant.

Présentez en même temps du riz créole ou de très petites pommes de terre nouvelles cuites à la vapeur.

Osso buco

Pour 8 personnes.

- *Ingrédients pour la congélation :* 2,300 kg environ de jarret de veau coupé en rondelles par le boucher, 1 tasse de farine, 2 belles carottes, 3 ou 4 oignons, 4 tranches de céleri, 2 échalotes, 4 gousses d'ail, 8 cuillerées à soupe d'huile d'olive, 1 gros bouquet garni (avec beaucoup de thym), 1/2 bouteille de vin blanc ou rosé, 1 grande boîte de tomates pelées, sel et poivre.
- Facile. Prix raisonnable. Durée de conservation : 3 mois.
- *Ingrédients pour la finition :* 1 bouquet de persil.

Préparation et cuisson avant congélation

– Epluchez carottes, oignons et échalotes et coupez-les en rondelles. Effilez le céleri et hachez-le. Epluchez l'ail et écrasez-le. Mettez la farine dans une assiette creuse. Salez et poivrez chaque morceau de jarret et passez-le dans la farine.

– Faites chauffer le four à 220° environ. Mettez l'huile à chauffer dans une cocotte. Ajoutez les rondelles de viande et faites-les dorer sur les deux faces. Ajoutez tous les légumes et remuez bien dans la cocotte. Ajoutez encore l'ail écrasé, le bouquet garni, le vin et le contenu de la boîte de tomates.

Couvrez et faites démarrer la cuisson sur le feu. Quand la préparation est à ébullition, introduisez la cocotte dans le four chauffé et laissez cuire pendant 1 heure 15 environ.

– Sortez alors la cocotte du four et faites refroidir le plus vite possible.

Congélation

Congelez l'osso buco comme vous le feriez pour la daube (page 261).

Finition de l'osso buco

Placez le bloc tout gelé dans une cocotte avec 3 cuillerées à soupe d'eau et réchauffez tout doucement dans le four ou sur le feu. Hachez le persil. Rectifiez l'assaisonnement. Versez l'osso buco brûlant dans un plat creux, parsemez de persil haché. Présentez en même temps des spaghetti cuits « al dente », c'est-à-dire encore un peu fermes sous la dent, et du parmesan.

Note. Si vous trouvez que la sauce de l'osso buco manque de consistance, ajoutez 1 cuillerée à dessert de beurre manié (moitié beurre, moitié farine) et fouettez.

Paupiettes de veau

Pour 8 personnes.

- Compliqué. Prix raisonnable. Durée de conservation : 2 mois et demi.
- *Ingrédients pour la congélation :* 8 belles escalopes de veau larges et fines, 500 g d'épaule de veau, 300 g de champignons de Paris, 1/2 citron, 2 échalotes, 1 bouquet de persil, 1 dl de crème épaisse, 2 œufs, 40 g de beurre, 4 cuillerées à soupe d'huile, 4 dl de vin blanc, sel et poivre.
- *Ingrédients pour la finition :* 2 dl de crème épaisse.

Préparation et cuisson avant congélation

– Pressez le demi-citron. Epluchez les échalotes. Grattez le pied sableux des champignons, lavez-les, épongez-les, hachez-les finement (à la main ou, mieux, dans un appareil électrique), en ajoutant le jus du citron, le persil et les échalotes. Faites chauffer 1 cuillerée d'huile dans une poêle, ajoutez le hachis et faites revenir cette duxelles de champignons à feu très vif. Pendant ce temps, hachez très finement l'épaule de veau.

– Mettez dans une jatte le hachis de viande, la duxelles de champignons tiédie, les œufs, la crème; salez et poivrez légèrement et travaillez bien le tout à la main pour obtenir un mélange homogène. Placez les escalopes sur le plan de travail mouillé (pour qu'elles n'y collent pas). Aplatissez-les bien. Salez-les et poivrez-les très légèrement, répartissez le mélange entre elles, étalez-le sur toute la surface, puis roulez les escalopes et ficelez-les bien, dans leur longueur et leur largeur.

– Faites chauffer dans une cocotte le beurre et le reste de l'huile. Ajoutez les paupiettes et faites-les rouler sur elles-mêmes pour qu'elles dorent de tous les côtés. Arrosez avec le vin blanc, couvrez et laissez cuire doucement 45 mn environ. Faites refroidir rapidement.

Congélation

Placez les paupiettes dans une boîte hermétique (ou dans 2 boîtes), arrosez avec le jus, couvrez, étiquetez, congelez.

Finition des paupiettes

Placez-les dans une cocotte, ajoutez 3 cuillerées à soupe d'eau et faites chauffer tout doucement à couvert. Quand les paupiettes sont bien chaudes, ajoutez la crème et faites chauffer à découvert, pour que la sauce réduise. Rectifiez l'assaisonnement.

Note. Vous pouvez aussi, pour la cuisson, délayer 2 cuillerées à soupe de fondue de tomate (voir page 299) avec le vin blanc et ajouter un bouquet garni.

Vous pouvez enfin congeler ces paupiettes avant de les faire cuire, et les faire cuire ensuite comme des paupiettes fraîches, sans dégel préalable. La cuisson sera seulement plus longue.

Veau Marengo

Pour 8 personnes.

• Compliqué. Prix raisonnable. Durée de conservation : 4 mois.

• *Ingrédients pour la congélation :* 2 kg d'épaule de veau coupée en gros cubes, 100 g de beurre, 3 cuillerées à soupe d'huile, 2 très gros oignons, 1 kg de tomates fraîches ou 1/2 boîte de tomates pelées, 1 belle gousse d'ail, 1 grosse cuillerée à soupe de farine, 0,5 litre de vin blanc, 1 bouquet garni, 300 g de champignons de Paris, sel et poivre.

• *Ingrédients pour la finition :* une trentaine de petits oignons, 40 g de beurre, 1 cuillerée à soupe rase de sucre, 5 ou 6 tranches de pain de mie, 40 g de margarine.

Préparation et cuisson avant congélation

– Pelez éventuellement les tomates fraîches, hachez-les. Epluchez et hachez l'ail. Faites chauffer 60 g de beurre et l'huile dans une cocotte. Mettez-y les cubes de viande à rissoler sur toutes leurs faces. Epluchez les oignons, hachez-les, ajoutez-les à la viande et remuez-les pour les faire dorer. Parsemez de farine et remuez pour la faire bien dorer. Ajoutez le vin blanc, en grattant bien la cocotte pour en détacher les sucs de cuisson, puis ajoutez 1 verre d'eau, les tomates, l'ail écrasé et le bouquet garni; salez et poivrez légèrement. Couvrez et amenez à ébullition; laissez cuire tout doucement 1 heure.

– Pendant ce temps, nettoyez les pieds sableux des champignons et émincez-les, tête et pied en même temps. Faites chauffer le reste du beurre dans une poêle, ajoutez les champignons émincés et faites-les dorer à feu vif.

– Ajoutez les champignons dans la cocotte, laissez cuire 5 mn. Retirez du feu et faites refroidir rapidement.

Congélation

Faites congeler ce veau comme la daube (voir page 261).

Finition du veau Marengo

Epluchez les petits oignons, mettez-les dans une casserole avec le beurre, le sucre, du sel et du poivre; recouvrez tout juste d'eau et faites « glacer » à découvert : l'eau doit s'évaporer complètement. Dès le début de la cuisson des oignons, mettez le bloc tout gelé dans une cocotte avec 3 cuillerées à soupe d'eau et réchauffez tout doucement, à couvert. Pendant ce temps, retirez la croûte du pain de mie, coupez les tranches en triangles et faites dorer dans la margarine. Roulez les petits oignons dans le caramel qui s'est formé dans la casserole. Versez le veau dans un plat creux. Garnissez avec les petits croûtons et les petits oignons. Vous pouvez encore parsemer le plat de persil haché.

L'AGNEAU ET LE MOUTON

Ballottine d'agneau

Pour 8 personnes.

• Compliqué. Prix raisonnable. Durée de conservation : 2 mois et demi.

• *Ingrédients pour la congélation :* 1 épaule d'agneau désossée par le boucher (demandez-lui de la percer le moins possible), 2 gros oignons, 30 g de beurre, 1 bouquet de persil, 2 ou 3 gousses d'ail, 2 échalotes, 350 g de chair à saucisse fine, 1 cuillerée à soupe de crème épaisse, 300 g de champignons de Paris, 1 grosse carotte, 1 branche de céleri, 250 g de lard de poitrine frais, 200 g de petits oignons grelots, 1 dl d'huile, 1 litre de bon vin rouge, 0,5 litre de bouillon frais, congelé ou préparé avec du concentré, 1 bouquet garni, sel et poivre.

• *Ingrédients pour la finition :* 1 cuillerée à soupe de beurre manié (moitié beurre – moitié farine) ou d'arrow-root.

Préparation et cuisson avant congélation

– Epluchez tous les oignons, hachez les gros. Faites fondre ces derniers doucement dans le beurre pendant une dizaine de minutes. Pendant ce temps, épluchez l'ail et l'échalote, hachez-les en même temps que le persil.

– Mélangez dans une jatte les oignons fondus, le hachis d'aromates, la crème et la chair à saucisse. Salez et poivrez. Travaillez bien le mélange à la main pour le rendre homogène.

– Etalez l'épaule sur le plan de travail mouillé (pour que la viande ne colle pas). Tartinez-la de farce, puis roulez-la et ficelez-la bien. Coupez le lard en lardons. Faites chauffer l'huile dans une cocotte et mettez-y à dorer ensemble la ballottine et les lardons. Epluchez carotte et céleri et coupez-les en petits dés; grattez le pied sableux des champignons, lavez sous le robinet, émincez, ajoutez dans la cocotte en même temps que les petits oignons, remuez le tout pour faire colorer.

– Versez alors le vin et le bouillon, ajoutez le bouquet garni et faites cuire à découvert pendant 20 mn, puis couvrez et laissez la cuisson s'achever à petit feu pendant 1 heure 10 environ. Faites-la alors refroidir le plus vite possible.

Congélation

Placez la ballottine dans une boîte fermant hermétiquement, fermez, étiquetez, congelez.

Finition de la ballottine

Mettez le bloc gelé dans une cocotte avec 1 tasse d'eau ou de bouillon et réchauffez tout doucement sur le feu ou dans le four. Quand la ballottine est très chaude, délayez l'arrow-root avec un peu d'eau froide, reversez dans la cocotte et fouettez. Ou bien ajoutez du beurre manié. Servez la ballottine très chaude avec sa garniture.

Moussaka

Pour 8 personnes.

Ce plat, servi aussi bien en Grèce qu'en Turquie, est à base d'aubergines et de mouton. La longueur de sa préparation le rend intéressant pour la congélation.

• Compliqué. Prix raisonnable. Durée de conservation : 5 mois.

• *Ingrédients pour la congélation :* 10 aubergines, 2 dl d'huile d'olive, 1,5 kg de tomates bien mûres, 3 gousses d'ail, 3 oignons, 1 échalote, 1 bouquet de persil ou persil congelé, 200 g de champignons de Paris (facultatifs), 750 g de mouton cuit (épaule, sauté, etc.), 3 œufs moyens, 1 tasse de farine, sel et poivre.

Préparation et cuisson avant congélation

– Faites chauffer le four à 220° au moins; fendez 7 aubergines en deux barquettes chacune; incisez la pulpe tout autour sans crever la peau, puis quadrillez la pulpe; arrosez chaque demi-aubergine d'une cuillerée à café d'huile, puis glissez dans le four et laissez cuire 15 mn environ.

– Pendant ce temps, pelez les tomates, ouvrez-les en deux, éliminez les graines; mettez la pulpe dans un sautoir avec 1 cuillerée à soupe d'huile et faites réduire sur le feu. Epluchez et hachez ensemble les oignons et l'échalote; faites-les fondre dans un sautoir avec 1 cuillerée à soupe d'huile; hachez ensemble le persil et l'ail. Nettoyez le pied sableux des champignons, lavez-les, épongez-les, émincez-les (tête et pied en même temps); faites-les sauter avec 1 cuillerée à soupe d'huile. Hachez finement le mouton.

– Avec une cuillère, retirez des peaux, sans les abîmer, toute la pulpe des aubergines. Mélangez dans un saladier le hachis de mouton, la pulpe d'aubergines, les oignons fondus, les champigons sautés, l'ail et le persil haché, le tiers de la pulpe des tomates fondues, les œufs, du sel et du poivre. Mélangez bien le tout, goûtez, rectifiez l'assaisonnement. Huilez un moule à charlotte ou à soufflé.

– Coupez en rondelles épaisses (1 cm environ) les aubergines qui restent. Salez-les, poivrez-les, farinez-les et faites-les dorer dans le reste de l'huile.

– Garnissez le fond et le tour du moule avec les peaux

d'aubergines; emplissez ensuite en faisant alterner des couches de farce et de rondelles d'aubergines. Rabattez pardessus l'extrémité des peaux d'aubergines qui dépassent.

– Mettez le moule dans un bain-marie, faites démarrer l'ébullition sur le feu, puis introduisez le tout dans le four et laissez cuire pendant 1 heure; faites refroidir rapidement.

Congélation

Faites congeler à découvert, puis démoulez le bloc gelé, placez-le dans un premier, puis dans un second sac à congélation (ou bien enveloppez-le d'abord dans un papier d'aluminium). Fermez, étiquetez, remettez au congélateur. Versez le reste des tomates fondues dans un récipient, fermez, étiquetez, congelez.

Finition de la moussaka

Sortez le bloc gelé du sac, puis remettez-le dans le moule d'origine. Faites chauffer doucement. Réchauffez à part les tomates fondues, très doucement, à couvert. Quand la moussaka est très chaude, démoulez-la sur un plat et entourez-la de tomate. Certaines recettes comportent une béchamel épaisse, qui nappe les couches de farce.

Navarin de printemps

Pour 8 personnes.

• Facile. Prix raisonnable. Durée de conservation : 4 mois.

• *Ingrédients pour la congélation :* 2,250 kg de collier de mouton coupé en morceaux par le boucher, 2 gros oignons, 1 cuillerée à soupe de farine, 3 gousses d'ail, 500 g de carottes, 500 g de navets, 500 g de petites pommes de terre nouvelles, 200 g de petits pois congelés ou surgelés, 200 g de haricots verts frais, congelés ou surgelés, 1 dl d'huile, 1 bonne cuillerée à soupe de farine, 1 grosse cuillerée à soupe de concentré de tomate, 1 bouquet garni, sel et poivre.

Préparation et cuisson avant congélation

– Epluchez et effilez tous les légumes et coupez carottes et navets en bâtonnets; mettez les pommes de terre dans de l'eau froide. Hachez les oignons.

– Faites chauffer l'huile dans une cocotte. Quand elle est très chaude, mettez-y les morceaux de collier à rissoler de toutes parts, puis dégraissez à moitié, couvrez la cocotte et inclinez-la pour faire couler la graisse. Ajoutez les oignons hachés et faites dorer. Parsemez de farine et faites bien dorer encore. Délayez le concentré de tomate avec 3 verres d'eau environ, versez sur la viande. Rajoutez juste assez d'eau pour qu'elle affleure le haut de la viande, salez et poivrez, mélangez bien. Ajoutez enfin le bouquet garni et l'ail, couvrez et amenez à ébullition.

– Placez tous les légumes dans un panier à vapeur. Déposez ce panier sur la viande, couvrez à nouveau et laissez cuire tout doucement pendant 50 mn, puis retirez le bouquet garni en pressant.

– Ajoutez à la viande les légumes cuits à la vapeur, mélangez délicatement, puis faites refroidir complètement.

Congélation

Congelez ce navarin comme vous le feriez pour de la daube (page 261).

Finition du navarin

Mettez le bloc tout gelé dans une cocotte avec 1 petite tasse d'eau froide et réchauffez tout doucement à couvert. Si vous trouvez la sauce trop liquide, liez-la avec 1 cuillerée à dessert de fécule de pomme de terre ou d'arrow-root.

LE PORC

Côtes de porc aux oignons

Pour 8 personnes.

- Facile. Raisonnable. Durée de conservation : 3 mois.
- *Ingrédients pour la congélation :* 8 côtes de porc (dans l'échine ou le filet), 5 gros oignons, 100 g de beurre, de 1,5 dl à 2 dl de vin blanc, 1/2 verre de vinaigre, 1,5 dl de bouillon de bœuf ou de volaille, frais, congelé ou préparé avec du concentré, sel et poivre.
- *Ingrédients pour la finition :* 1 cuillerée à dessert de moutarde, 2 cuillerées à soupe de crème fraîche, 1 petit bouquet de persil.

Préparation et cuisson avant congélation

– Epluchez les oignons, émincez-les. Faites fondre le tiers du beurre dans un sautoir, ajoutez les oignons émincés et laissez blondir à feu doux. Ajoutez alors le vin, le vinaigre et le bouillon et laissez évaporer à feu vif jusqu'à ce que le mélange ait réduit de la moitié de son volume.

– Pendant ce temps, faites chauffer le reste du beurre dans deux poêles et mettez-y les côtes de porc à dorer de 10 à 12 mn sur une face; salez, poivrez, retournez et faites dorer 10 mn sur l'autre face.

– Répartissez les oignons fondus dans les deux poêles et retournez-y les côtes, puis faites refroidir rapidement.

Congélation

Disposez les côtes avec leur garniture dans une boîte hermétique (ou dans deux boîtes), fermez, étiquetez, congelez.

Finition des côtes aux oignons

Disposez le bloc tout gelé dans une cocotte avec 1/2 tasse d'eau froide, couvrez et faites réchauffer tout doucement. Pendant ce temps, hachez le persil. Quand les côtes sont très chaudes, ajoutez la crème et laissez chauffer à découvert 5 mn. Délayez alors la moutarde avec un peu de sauce. Hors du feu, reversez dans la cocotte, mélangez. Servez très chaud parsemé de persil haché.

Note. Vous pouvez aussi ajouter la crème aux oignons et faire réduire avant congélation. Vous n'ajouterez de toute façon la moutarde qu'au moment de servir.

Rôti de porc à l'exotique

Pour 8 à 10 personnes.

• Compliqué. Prix raisonnable. Durée de conservation : 3 mois.

• *Ingrédients pour la congélation :* 1 carré de porc de 1,750 kg désossé par le boucher et bien aplati par lui, 1 grand morceau de crépine de porc, 1 bol de mie de pain émietté, 1 tasse de lait, 200 g de jambon de Paris (talon par exemple), 1 boîte d'ananas en morceaux, 2 œufs, 100 g de beurre, 150 g de sucre, 5 cuillerées à soupe de vinaigre de vin aromatisé à l'estragon, 2 cuillerées à soupe de rhum, thym en poudre, poivre de Cayenne, sel et poivre.

Préparation et cuisson avant congélation

– Faites tremper la crépine à l'eau froide pendant 1 heure environ.

– Ajoutez le lait à la mie de pain. Hachez finement à la main (ou, mieux, au hachoir électrique) le jambon et le tiers des morceaux d'ananas; mettez ce hachis dans une jatte avec la mie de pain pressée, les œufs battus, du sel, du poivre et très peu de poivre de Cayenne; travaillez bien ce mélange à la main (ou au pétrin électrique). Epongez la crépine et étirez-la délicatement sur le plan de travail.

– Disposez le porc au milieu de la crépine et étalez bien la farce dessus. Roulez, enveloppez dans la crépine et ficelez.

– Faites chauffer la moitié du beurre dans une cocotte. Mettez-y le rôti à dorer de tous côtés. Pendant ce temps, versez sucre, vinaigre et sirop d'ananas dans une petite casserole et faites réduire de moitié à feu vif. Quand le rôti est doré, arrosez-le de rhum, flambez, parsemez de thym en poudre, salez, poivrez, couvrez et faites cuire doucement pendant une bonne heure, en arrosant la viande de temps en temps avec le vinaigre sucré. Ajoutez le reste des morceaux d'ananas dans la cocotte 10 mn avant la fin de la cuisson. Quand le rôti est cuit, faites-le refroidir rapidement.

Congélation

Placez le rôti dans une boîte hermétique, ajoutez jus et garniture, fermez, étiquetez, congelez.

Finition du rôti de porc

Si vous en avez la possibilité, placez le rôti dans sa boîte au réfrigérateur et servez-le très frais avec une bonne salade. Ou bien sortez-le de sa boîte et faites-le dégeler 12 heures au réfrigérateur.

Vous pouvez profiter du passage du rôti au réfrigérateur pour le napper de gelée.

VOLAILLES ET GIBIERS

Terrine de canard aux olives

Pour 3 terrines de 1 kg.

● Compliqué. Prix raisonnable. Durée de conservation : 3 mois.

● *Ingrédients pour la congélation :* 1 gros canard de 3 kg tout paré, avec son foie, 750 g de lard gras, 500 g de jambon, maigre (talon par exemple), 500 g de palette de porc, 3 grands morceaux de crépine de porc (ou 3 grands morceaux d'une barde très fine), 3 feuilles de laurier, thym en poudre, 4 gros oignons, 4 belles échalotes, 2 gousses d'ail, 300 g d'olives vertes, 1 dl de cognac ou de marc, 0,5 dl de porto (ou davantage), 3 gros œufs, 2 dl de crème fraîche, quatre-épices, poivre du moulin, sel fin.

Préparation et cuisson avant congélation.

– Dépouillez le canard, jetez la peau. Désossez complètement l'animal en veillant seulement à ne pas abîmer les filets de la poitrine. Grattez bien toute la carcasse pour ne laisser aucune chair. Découpez les filets en longues bandelettes régulières de 1 cm de large environ. Découpez la moitié du lard gras de la même façon. Coupez la palette en cubes ainsi que le reste du lard gras et le foie.

– Mettez dans un grand plat creux les cubes de foie, les

bandelettes de filets et de lard d'un côté, le reste de la chair, les cubes de palette et le lard gras de l'autre. Poivrez, parsemez d'une grosse pincée de quatre-épices et de thym en poudre. Glissez 3 feuilles de laurier parmi les chairs. Arrosez avec le cognac (ou le marc) et le porto, laissez macérer ainsi au frais pendant 12 heures au moins.

– Faites alors tremper les morceaux de crépine dans de l'eau froide. Dénoyautez les olives.

– Epluchez les oignons, les échalotes et l'ail. Passez au hachoir, en même temps, toutes les viandes, y compris le jambon (mais à l'exclusion des bandelettes de canard et de lard et des cubes de foie), les oignons, les échalotes, l'ail. Mettez ce hachis dans un grand plat creux, ajoutez le liquide de macération, les œufs, la crème, les olives dénoyautées, du poivre du moulin et 1 cuillerée à dessert de sel fin. Malaxez longuement le tout pour le rendre bien homogène. Faites revenir une petite boulette de la préparation dans une poêle, goûtez-la, rectifiez l'assaisonnement. Faites chauffer le four à 220° environ.

– Essorez bien les crépines, étirez-les doucement sur la table et garnissez-en les terrines. Mettez dans celles-ci une petite couche de farce; allongez par-dessus une couche de bandelettes alternées de canard et de lard, avec quelques dés de foie; recommencez l'opération : une couche de farce, une couche de bandelettes; achevez par une couche de farce. Rabattez la crépine sur la farce pour bien l'envelopper. Mettez 1 feuille de laurier macéré sur le dessus de chaque terrine. Couvrez.

– Placez les terrines dans la lèchefrite du four, ajoutez de l'eau et amenez ce bain-marie à ébullition sur le feu. Glissez l'ensemble dans le four chaud et laissez cuire 1 heure 20 : le jus qui monte en surface doit être clair et la brochette que vous enfoncez dans la terrine chaude sur toute la longueur enfoncée. Laissez tiédir. Posez alors un poids sur chaque couvercle et laissez refroidir complètement : c'est cette opération qui donne sa cohésion à la terrine.

– Quand la terrine est tout à fait froide, mettez-la au réfrigérateur. Laissez-la ainsi 12 heures. Ebouillantez alors un grand couteau, agitez-le pour le sécher, puis découpez la terrine en tranches régulières; placez entre deux tranches un petit morceau de film à congélation : cela vous permettra de ne pas être obligée de servir la terrine en une fois après décongélation. Reconstituez la terrine, couvrez-la.

Congélation

Mettez la terrine dans deux sacs à congélation, fermez, étiquetez, congelez.

Finition de la terrine

Faites décongeler au réfrigérateur la terrine entière ou seulement des tranches (de 6 à 30 heures environ). Servez avec des petits oignons au vinaigre ou de la salade.

Terrines de faisan, de lapin, de lièvre, etc.

Elles se préparent de la même façon. Pour le lièvre, portez à 750 g le poids de la palette pour un poids de chair de lièvre de 1,300 kg environ.

Salmis de faisan

Pour 8 personnes.

- Compliqué. Cher. Durée de conservation : 3 mois.
- *Ingrédients pour la congélation :* 2 faisans, 4 bardes longues, 125 g de beurre, 2 grosses carottes, 2 oignons,

4 branches de céleri, quelques queues de persil, 1 cuillerée à soupe de farine, 1 petit verre de marc ou de cognac, 2 dl de vin blanc ou rouge, 2 dl de bouillon de volaille frais, congelé ou préparé avec du concentré, 1 bouquet garni, 2 gousses d'ail, 350 g de champignons de Paris, poivre du moulin, sel.

• *Ingrédients pour la finition* : persil et, éventuellement, 2 dl de crème épaisse ou 1 cuillerée à dessert de beurre manié (moitié beurre, moitié farine).

Préparation et cuisson avant congélation

– Plumez, videz et flambez les faisans. Placez une barde sur la poitrine et le dos de chaque faisan et bridez-les. Faites-les dorer dans une cocotte avec les 2/3 du beurre. Epluchez et coupez en petits dés ou tronçons les carottes, les oignons, les branches de céleri et les queues de persil, ajoutez dans la cocotte la moitié de cette mirepoix, laissez dorer puis couvrez : l'ensemble de la cuisson ne doit pas excéder 25 mn. Détachez les ailes et les cuisses des faisans ainsi que les blancs de poitrine et achevez leur cuisson au four pendant 15 mn; laissez refroidir. Pendant ce temps, concassez les pilons et les carcasses des faisans et faites-les rissoler dans un sautoir avec la moitié du reste du beurre et le reste de la mirepoix. Parsemez de farine, remuez bien, flambez au marc. Ajoutez alors le vin blanc, le bouillon, le bouquet garni, les gousses d'ail écrasées et du poivre du moulin. Couvrez, laissez cuire 30 mn au moins.

– Pendant ce temps, nettoyez et émincez les champignons et faites-les revenir dans le reste du beurre.

– Passez la sauce au chinois en pressant le mieux possible les éléments solides. Ajoutez les champignons à la sauce passée, remuez, faites refroidir rapidement.

Congélation

Placez les morceaux de faisan dans une boîte hermétique, nappez avec la sauce, fermez, étiquetez, congelez.

Finition du salmis

Mettez le bloc tout gelé dans une cocotte avec 3 cuillerées à soupe d'eau et réchauffez doucement au four ou sur le feu. Versez le salmis brûlant dans un plat creux et parsemez de persil haché (ou de persil congelé brisé dans son sac de congélation). Vous pouvez ajouter à la sauce, ou bien la crème et faire réduire à découvert pendant 7 ou 8 mn, ou bien le beurre manié en fouettant. Mais ce n'est pas obligatoire.

Lapin de garenne (civet)

Il se prépare comme le civet de lièvre.

Lièvre (civet)

Pour 8 personnes.

• Compliqué. Cher. Durée de conservation : 3 mois.

Si vous avez la chance de disposer de plusieurs lièvres et surtout s'ils sont jeunes, vous ferez rôtir les râbles ou une partie des râbles pour un repas immédiat et ne préparerez en civet que les avants et les pattes arrière. Si l'animal est âgé, préparez-le en civet en entier. En dépouillant les animaux, recueillez bien le sang et ajoutez-y un peu de vinaigre pour l'empêcher de coaguler, ceci si vous mangez le civet tout de suite. Si vous congelez le civet, il vaut mieux ne lier qu'au moment de la décongélation, avec du sang frais de porc.

• *Ingrédients pour la congélation :* l'avant et les pattes de derrière de deux lièvres ou bien un gros lièvre entier, 2 demi-pieds de veau, 100 g de lard gras, 2 carottes, 1 blanc de poireau, 2 branches de céleri, 3 gros oignons, 3 échalotes,

1,5 dl de vinaigre de vin; quatre-épices; 1 litre de vin rouge; 2 cuillerées à soupe de graisse d'oie ou de saindoux; 8 cuillerées à soupe d'huile d'olive : 1 bonne cuillerée à soupe de farine, 1 petit verre de marc ou de cognac, 250 g de poitrine fumée, 300 g de très petits champignons de Paris, poivre du moulin, sel.

• *Ingrédients pour la finition* : 1 bol de petits oignons glacés (voir la recette du « Coq au vin », page 284), 1 petite tasse de sang de porc additionné d'une cuillerée à soupe de vinaigre.

Préparation et cuisson avant congélation

– Préparez une marinade : versez dans un grand plat creux le vin et le vinaigre; épluchez et coupez en tronçons les carottes, le blanc de poireau, le céleri, 1 oignon et 1 échalote; ajoutez une pincée de quatre-épices et du poivre du moulin; détaillez le lièvre en morceaux, coupez le lard en fins lardons et piquez-en les morceaux de lièvre; ajoutez-les dans la marinade; mettez au frais pendant 48 heures, en retournant plusieurs fois les morceaux dans la marinade. Faites chauffer le four à 220°.

– Faites blanchir les demi-pieds de veau pendant 20 mn, à l'eau bouillante. Pendant ce temps, épluchez et émincez le reste des oignons et des échalotes; faites-les fondre doucement dans une cocotte avec la graisse d'oie ou le saindoux; faites revenir les morceaux de lièvre et les demi-pieds blanchis dans 6 cuillerées à soupe d'huile très chaude, puis égouttez-les et ajoutez-les aux oignons; parsemez de farine, remuez bien; flambez au marc ou au cognac, puis ajoutez la marinade passée et couvrez; faites démarrer la cuisson sur le feu, puis introduisez la cocotte dans le four chaud et laissez cuire jusqu'à ce que les morceaux soient très tendres : le temps exact dépend de l'âge des lièvres.

– Pendant cette cuisson, coupez la poitrine fumée en fins lardons. Grattez la partie sableuse du pied des champignons.

Faites dorer les lardons dans une poêle, avec le reste de l'huile, ajoutez les champignons et faites-les dorer à leur tour.

– Quand le civet est cuit, ajoutez lardons et champignons, remuez le tout. Faites refroidir complètement.

Congélation

Faites congeler le civet de la même façon que la daube (voir page 261).

Finition du civet

Mettez le bloc tout gelé dans une cocotte avec 2 cuillerées à soupe d'eau, couvrez et réchauffez tout doucement. Quand la préparation est brûlante, ajoutez un peu de sauce au sang et reversez-le dans la cocotte, en fouettant. Versez dans un plat creux et décorez avec des petits oignons glacés. Vous pouvez aussi ajouter des petits croûtons taillés en triangles et frits à l'huile d'olive.

Marcassin

Vous pouvez le préparer en terrine ou en civet, comme le canard ou le lièvre.

Poulet (coq au vin)

Pour 10 personnes.

• *Ingrédients pour la congélation :* 2 coqs de 1,500 kg chacun environ, 1,5 litre de vin rouge, de Bourgogne, par exemple, 2 cuillerées à soupe d'huile, 125 g de beurre, 1 cuillerée à soupe de farine, 3 gros oignons, 3 échalotes, 1 petit verre de marc (de Bourgogne, par exemple), 2 ou 3 gousses d'ail, 1 gros bouquet garni, 1 cuillerée à soupe de tomate concentrée, 500 g de champignons de Paris, 150 g de petits oignons grelots, 1 cuillerée à soupe de sucre en poudre, 250 g de poitrine fumée, sel et poivre.

• *Ingrédients pour la finition :* 5 tranches de pain de mie rassis, 50 g de margarine, persil.

Préparation et cuisson avant congélation

– Versez le vin rouge dans une casserole et faites-le réduire d'un tiers. Pendant ce temps, découpez chaque coq en 8 morceaux; épluchez oignons et échalotes et émincez-les; épluchez l'ail et écrasez-le. Faites chauffer le four à 220° environ.

– Faites chauffer l'huile et la moitié du beurre dans une cocotte et mettez-y les morceaux de coq à dorer sur toutes leurs faces. Retirez-les et faites dorer à la place les oignons et les échalotes émincés. Remettez les morceaux de coq dans la cocotte, parsemez de farine, remuez bien, puis arrosez avec le marc et flambez. Délayez le concentré de tomate avec le vin, versez ce mélange dans la cocotte en grattant le fond. Ajoutez l'ail écrasé et le bouquet garni, amenez à ébullition sur le feu, couvrez et introduisez la cocotte dans le four. Laissez cuire 1 heure 30 environ : la chair doit se détacher facilement des os.

– Pendant ce temps, épluchez les petits oignons, mettez-les dans une casserole avec la moitié du reste de beurre et le sucre, versez de l'eau juste à hauteur des oignons et laissez cette eau s'évaporer complètement, à feu moyen. Coupez en lardons la poitrine fumée et faites blondir dans le reste du beurre. Nettoyez les champignons, émincez-les, ajoutez-les aux lardons et faites-les bien blondir. Roulez les petits oignons dans le caramel qui s'est formé (vous avez ainsi des

« oignons glacés ») et ajoutez lardons et champignons. Tenez cette garniture au chaud au bain-marie.

– Quand le coq est cuit, versez la garniture dans la cocotte, remuez vivement pour opérer le mélange, puis faites refroidir complètement.

Congélation

Faites congeler le coq au vin comme la daube (voir page 261).

Finition du coq au vin

Mettez le bloc tout gelé dans une cocotte avec 3 cuillerées à soupe d'eau, puis réchauffez tout doucement dans le four ou sur le feu. Pendant ce temps, hachez le persil frais ou brisez du persil congelé dans son sac de congélation. Retirez la croûte des tranches de pain de mie, coupez en triangles et faites dorer dans la margarine. Versez le coq brûlant dans un plat creux avec sa garniture, décorez de croûtons frits et parsemez de persil haché. Des pommes de terre nouvelles cuites à la vapeur sont l'accompagnement traditionnel du coq au vin.

Note. Vous pouvez congeler à part la garniture du coq : lardons, champignons et oignons glacés, en les versant dans un petit récipient hermétique, et la faire réchauffer au bain-marie pour ne l'ajouter au coq qu'après son dégel complet.

Poulet sauté au vinaigre

Pour 8 à 10 personnes.

• *Ingrédients pour la congélation :* 2 poulets de 1,500 kg environ, avec leurs abattis, 1 carotte, 1 gros oignon, 2 ou 3 branches de céleri, 1 bouquet garni, 1 gros poireau, 1 cuillerée à soupe de concentré de tomate, 1,5 dl de vin blanc, 100 g de beurre, 1,5 dl de vinaigre de vin aromatisé, 6 gousses d'ail, sel et poivre. Ingrédients éventuels pour la finition : 2 dl de crème fraîche, 1 cuillerée à soupe de moutarde de Dijon.

Préparation et cuisson avant congélation

– Flambez bien les poulets et retirez leurs abattis. Découpez chaque poulet en 9 morceaux (2 « pilons », 2 cuisses, 2 ailes, 2 demi-poitrines, 1 arrière). Mettez tous les abattis et les deux arrières dans une petite marmite avec 3/4 de litre d'eau froide et amenez à ébullition. Epluchez et hachez grossièrement carottes, poireaux, céleri et oignon. Ajoutez dans la marmite ces légumes, le bouquet garni, du sel et du poivre et laissez frémir pendant une petite heure, puis découvrez pour laisser réduire de moitié. Pendant ce temps, épluchez les échalotes, délayez le concentré de tomate et le vin blanc.

– Faites chauffer les 3/4 du beurre dans une cocotte et mettez-y les morceaux de poulet à dorer de toutes parts, puis salez, poivrez, couvrez et laissez cuire tout doucement à l'étouffée pendant 20 mn. Faites chauffer le reste du beurre dans une casserole, mettez-y les échalotes à fondre doucement, puis arrosez avec la tomate délayée et le vinaigre, passez au-dessus le bouillon réduit et laissez réduire le tout de moitié.

– Versez cette préparation réduite dans la cocotte du poulet, salez, poivrez, ajoutez les gousses d'ail non épluchées, couvrez et laissez la cuisson s'achever pendant 10 mn environ. Faites refroidir rapidement.

Congélation

Faites congeler ce poulet de la même façon que la daube (page 261).

Finition du poulet au vinaigre

Mettez le bloc tout gelé dans une cocotte avec 3 cuillerées à soupe d'eau, couvrez et laissez réchauffer doucement sur le feu ou dans le four. Vous pouvez servir le poulet ainsi, simplement. Si vous trouvez la sauce trop liquide, liez-la, soit avec 1 cuillerée à dessert rase de beurre manié, soit avec un foie de poulet réduit en purée et mélangé avec 1 cuillerée à soupe de beurre. Vous pouvez aussi délayer la moutarde avec la crème, verser le tout dans la préparation très chaude, fouetter encore et servir.

Note. Toutes vos préparations personnelles de poulet sauté se congèleront de la même façon. Réservez la liaison éventuelle pour le moment du service.

LES PLATS COMPLETS

Bouillabaisse

Pour 8 personnes.

Profitez pour la confectionner de l'occasion qui vous est donnée de rassembler tous les éléments. Loin de la Méditerranée, ce n'est pas si simple.

- Compliqué. Cher. Durée de conservation : 3 mois.
- *Ingrédients pour la congélation :* de 3 à 3,500 kg de poissons (rascasse, daurade, congre, grondin, saint-pierre, vive, merlan, etc.), quelques petits crabes verts ou, à défaut, 8 langoustines, quelques arêtes, 5 gros oignons, 2 carottes, 2 poireaux, 1 kg de tomates très mûres, 1 bulbe de fenouil,

de 6 à 8 gousses d'ail, 1 bouquet garni, 2,5 dl d'huile d'olive, 1 dose de safran, 1 morceau de zeste d'orange séché, sel et poivre.

- *Ingrédients pour la finition :* pain de campagne, pommes de terre et, pour la rouille : 1 jaune d'œuf, 1 dose de safran, 1 pincée de poivre de Cayenne, 7 gousses d'ail, 3,5 dl d'huile d'olive, sel et poivre.

Préparation de cuisson avant congélation

– Nettoyez bien les poissons et crabes (ou langoustines), coupez les poissons en tronçons. Concassez les arêtes. Mettez le tout dans une cuvette avec de l'eau froide. Epluchez les légumes, coupez-les en lamelles fines en mettant à part celles de fenouil. Faites-en fondre une grosse cuillerée à soupe, sans fenouil, avec 1 cuillerée à soupe d'huile d'olive, à couvert, dans un sautoir, puis ajoutez les arêtes concassées, les têtes, le bouquet garni et 1 litre d'eau. Amenez à ébullition puis laissez cuire ce fumet de 20 à 30 mn.

– Pelez les tomates et épépinez-les, épluchez et hachez l'ail; faites chauffer le reste de l'huile dans une cocotte, ajoutez toutes les lamelles de légumes, faites revenir sans coloration, puis couvrez et laissez fondre doucement 7 ou 8 mn. Ajoutez alors les tomates, l'ail haché, le zeste d'orange et le safran, remuez bien. Ajoutez enfin les morceaux de poisson et les langoustines (ou les crabes), le tout égoutté. Laissez macérer ainsi au moins pendant une heure ou deux.

– Passez le fumet et laissez-le refroidir.

– Quand la macération est achevée, ajoutez le fumet qui doit à peine recouvrir les morceaux; sinon, ajoutez très peu d'eau. Salez, poivrez, amenez doucement à ébullition et laissez frémir 20 mn. Faites refroidir très vite.

Congélation

Faites congeler la bouillabaisse comme la daube (voir page 261).

Finition de la bouillabaisse

Mettez le bloc gelé dans une cocotte avec 1/2 tasse d'eau, puis réchauffez à petit feu. Pendant ce temps, faites cuire à la vapeur des quartiers de pommes de terre et préparez une « rouille » : pour cela, épluchez et hachez finement 6 gousses d'ail, écrasez pour réduire en purée, mettez dans un bol avec le jaune d'œuf, le safran et du poivre de Cayenne et ajoutez 2,5 dl d'huile comme pour une mayonnaise. Salez et rectifiez l'assaisonnement : la rouille doit être très relevée. Coupez le pain en petits morceaux, arrosez-les d'huile et faites-les dorer sous le gril; frottez-les ensuite avec la gousse d'ail qui reste et mettez-les dans un ravier. Disposez les poissons dans un plat avec les pommes de terre tout autour, passez un peu de bouillon au-dessus; filtrez le reste dans une saucière. Présentez le tout en même temps.

Cassoulet

Pour 10 personnes.

- Compliqué. Cher. Durée de conservation : 3 mois.
- *Ingrédients pour la congélation :* 1,250 kg de gros haricots blancs, 8 gousses d'ail, 500 g de gros oignons, 4 clous de girofle, 2 ou 3 carottes, 2 ou 3 belles couennes, 750 g de poitrine de porc demi-sel, 1 petite épaule d'agneau désossée, 500 g de lard frais, 500 g de confit d'oie (ou davantage, à votre gré), 750 g de tomates bien mûres, 1 bouquet garni, 1 saucisson à l'ail, sel et poivre.
- *Ingrédients pour la finition :* 1 grande tasse de chapelure blonde, 8 petits morceaux de saucisse de Toulouse, 1 cuillerée à soupe de graisse d'oie.

Préparation et cuisson avant congélation

– Faites tremper les haricots de 4 à 12 heures suivant leur durée de conservation. Changez l'eau une fois. Le charcutier vous aura dit s'il faut, ou non, faire dessaler la poitrine.

– Epluchez ail, oignons et carottes; piquez les clous de girofle dans deux des oignons; fendez les carottes en deux ou en quatre et recoupez les languettes si elles sont trop longues; dégraissez les couennes et ficelez-les en un rouleau serré.

– Mettez les haricots égouttés dans une marmite. Couvrez très largement d'eau froide, amenez à ébullition, puis écumez, ajoutez 5 gousses d'ail, les morceaux de carottes, les oignons piqués de girofle, le bouquet garni, mélangez; enfoncez les couennes et la poitrine dans les haricots blancs, ramenez l'ébullition et laissez cuire, en écartant légèrement le couvercle, pendant 2 heures au moins, à tout petits frémissements.

– Dégraissez le confit d'oie; coupez l'épaule et le lard en cubes et faites-les rissoler sur toutes leurs faces dans une cocotte avec 2 ou 3 cuillerées de la graisse du confit, puis retirez du feu. Pelez les tomates et épépinez-les. Hachez séparément le reste des oignons et de l'ail. Ajoutez dans la cocotte les oignons, puis les tomates, l'ail et le bouquet garni, salez et poivrez. Ajoutez encore 1 tasse du bouillon de cuisson des haricots, amenez à ébullition, couvrez et laissez frémir pendant 1 heure.

– Après 1 heure 30 de cuisson des haricots, piquez le saucisson et ajoutez-le dans la cocotte. Vérifiez la cuisson de la poitrine pour la retirer dès qu'elle est cuite, sans la laisser se défaire. Quand le lard et l'agneau sont presque cuits, coupez le confit en morceaux et ajoutez-les dans la cocotte pour les réchauffer pendant une dizaine de minutes.

– Coupez alors la poitrine salée en cubes et le saucisson en rondelles.

Congélation

Garnissez de deux couches d'aluminium un grand plat en terre ou deux plats moyens (pour y faire plus tard gratiner le cassoulet) et disposez-y délicatement les viandes et les haricots, par couches alternées. Congelez. Retirez délicatement le contenu du plat, avec l'aluminium, mettez dans deux sacs résistants, fermez, étiquetez, remettez au congélateur.

Finition du cassoulet

Retirez l'aluminium qui entoure le cassoulet et remettez celui-ci dans le plat de terre. Couvrez d'aluminium et faites réchauffer doucement au four. Pendant ce temps, faites cuire les morceaux de saucisse dans la graisse. Quand le cassoulet est complètement dégelé, enfoncez-y les morceaux de saucisse, parsemez de chapelure, arrosez avec la graisse de cuisson des saucisses et faites gratiner. Vous pouvez pousser le respect de la tradition jusqu'à enfoncer dans la casserole une première couche de gratin, puis faire gratiner encore une fois.

Chou farci

Pour 8 personnes.

- Compliqué. Bon marché. Durée de conservation : 3 mois.
- *Ingrédients pour la congélation* : 1 gros chou vert (en tout cas, non « pommé »), 4 tranches de pain de mie, 1/2 verre de lait, 2 œufs, 150 g de pieds de champignons de Paris (les têtes serviront pour une garniture), 400 g de chair à saucisse fine, 2 oignons, 2 échalotes, 2 ou 3 gousses d'ail, 1 bouquet de persil, 50 g de beurre, 2 cuillerées à soupe de tomate concentrée, 1 bonne tasse de mirepoix (petits cubes de

carottes, céleri, blanc de poireau, à raison de deux parties de carotte pour une de céleri et une de poireau), 3/4 de litre de bouillon de bœuf frais, congelé ou préparé avec du concentré, poivre de Cayenne, sel et poivre.

Préparation et cuisson avant congélation

– Défaites les feuilles du chou, sans les casser, puis blanchissez-les en les plongeant 8 mn dans de l'eau bouillante. Passez-les sous l'eau froide et épongez-les. Retirez la croûte des tranches de pain de mie, émiettez la mie, arrosez-la de lait. Epluchez oignons, échalotes et ail; nettoyez les pieds de champignons. Hachez le tout ensemble en y ajoutant le persil.

– Faites chauffer la moitié du beurre dans une cocotte. Ajoutez la chair à saucisse, faites dorer légèrement. Ajoutez alors le hachis de champignons, d'oignon, etc. Remuez bien, puis retirez du feu et laissez tiédir. Essorez la mie de pain, versez-la dans un saladier. Battez les œufs, ajoutez-les, ainsi que la farce tiédie, le concentré de tomate, du poivre et un soupçon de poivre de Cayenne. Malaxez bien le tout.

– Etalez un torchon sur le plan de travail. Coupez huit morceaux de ficelle assez grands pour que vous puissiez les nouer au-dessus du chou quand il aura été reconstitué (60 cm environ). Placez ces fils sur le torchon, en les croisant régulièrement en étoile. Mettez une très grande feuille au centre du croisillon, placez dessus quatre autres grandes feuilles en superposant leur extrémité centrale au centre du croisillon, puis mettez en quinconce quatre autres feuilles encore, et encore quatre. Etalez dessus une bonne couche de farce, puis deux couches de feuilles moins grandes que les premières, encore de la farce, encore des feuilles et enfin le reste de la farce. Couvrez avec une feuille de chou. En vous aidant du torchon, remontez les feuilles et nouez bien les fils.

– Faites fondre le reste du beurre dans une cocotte, ajoutez la mirepoix de légumes et faites-la fondre légèrement. Posez le chou farci par-dessus, arrosez avec le bouillon, couvrez et laissez cuire pendant 1 heure 30 environ. Faites refroidir rapidement.

Congélation

Placez le chou dans une boîte hermétique, arrosez avec le jus, fermez, étiquetez, congelez.

Finition du chou

Mettez le chou tout gelé dans une cocotte avec 2 cuillerées à soupe d'eau. Couvrez et réchauffez tout doucement. Vous pouvez présenter en même temps de petites pommes de terre vapeur.

Note. Si cela vous est plus facile, vous pouvez fabriquer de petits paquets de chou blanchi en roulant de la farce à l'intérieur des plus grandes feuilles et en attachant ces petits paquets avec de la ficelle de cuisine résistant au froid.

QUATRE SAUCES

Leur point commun : la longueur de leur préparation ou de leur cuisson si l'on veut qu'elles soient parfaites. D'où le plaisir et l'intérêt qu'il y a à préparer d'avance une bonne quantité à stocker dans le congélateur en récipients d'une petite capacité.

Sauce bolognaise

• Facile. Prix raisonnable. Durée de conservation : 3 mois.

• *Ingrédients pour la congélation* : 3 gros oignons, 3 carottes, 5 ou 6 branches de céleri, 5 gousses d'ail, 2 kg de tomates, 400 g de champignons de Paris, 1 cuillerée à soupe de beurre, 10 cuillerées à soupe d'huile d'olive, 75 cl de vin rouge, 300 g de jambon de Paris, 1 kg de viande de bœuf (paleron, par ex.), finement hachée, 2 cuillerées à soupe de farine, 1 gros bouquet garni, noix muscade, poivre de Cayenne, sel et poivre.

Préparation et cuisson avant congélation

– Epluchez ou nettoyez tous les légumes, sauf les champignons. Epépinez les tomates et concassez la pulpe. Hachez ensemble oignons, carottes, céleri et ail. Hachez le jambon à part.

– Mettez l'huile à chauffer dans une cocotte. Faites-y revenir ensemble le jambon et le bœuf haché, puis ajoutez le hachis de légumes, le bouquet garni, le vin, du sel, du poivre, un peu de noix muscade et, facultativement, de poivre de Cayenne. Faites réduire à découvert (il ne doit plus rester de liquide), puis parsemez de farine, mélangez bien et ajoutez les tomates. Couvrez et laissez cuire *très*, très doucement, pendant 2 heures, en ajoutant un peu d'eau si c'est nécessaire.

– Grattez le pied sableux des champignons, lavez-les, épongez-les, hachez-les. Faites revenir ce hachis dans le beurre, puis ajoutez au reste de la préparation et laissez cuire 15 mn encore. Rectifiez l'assaisonnement, puis retirez le bouquet garni, en pressant, et faites refroidir rapidement.

Congélation

Versez cette sauce dans des godets proportionnés aux plats auxquels vous destinez la sauce, fermez, étiquetez, congelez.

Finition de la sauce

Faites réchauffer tout doucement la sauce dans une casserole couverte à fond épais, en ajoutant un peu d'eau dès le départ. Rajoutez davantage d'eau si vous trouvez la sauce trop épaisse.

Rectifiez l'assaisonnement.

Cette sauce vous servira pour napper des pâtes ou des boulettes.

Bien que ce ne soit pas traditionnel, c'est exquis aussi avec un gratin de courgettes.

Sauce madère

A tant que faire, préparons une *vraie sauce madère;* son goût fin et son parfum sont inégalables.

- Compliqué. Cher. Durée de conservation : 3 mois.
- *Ingrédients pour la congélation :* 2 grosses carottes, 3 gros oignons, 3 belles échalotes, 3 petits blancs de poireau, 1 gros bouquet garni, 1 kg au moins d'os de veau concassés par le boucher (vous pouvez utiliser des os congelés), 500 g de bas morceaux de bœuf à bouillir, 3 ou 4 cuillerées à soupe d'huile, 50 g de beurre, 50 g de farine, 150 g de pieds de champignons (les têtes serviront pour une garniture), 1,500 kg de tomates très mûres, sel et poivre.
- *Ingrédients pour la finition :* beurre ou, facultativement, beurre manié (moitié beurre, moitié farine) ou arrow-root (voir page 251).

Préparation et cuisson avant congélation

– Huilez la lèchefrite du four et placez-y les os et le bœuf coupé en cubes. Epluchez et coupez en dés la moitié des légumes : carottes, oignons, échalotes et blancs de poireaux. Faites rissoler le tout dans un beurre *très* chaud, puis ajoutez 2,5 litres d'eau bouillante, grattez la lèchefrite à la cuiller de bois et versez le tout dans la marmite. Ajoutez le bouquet garni et faites cuire tout doucement pendant 3 ou 4 heures. Passez alors ce « fonds brun » (il a réduit) au chinois, faites refroidir et dégraissez.

– Epluchez le reste des légumes et coupez en mirepoix. Préparez un roux brun : faites chauffer 50 g de beurre, ajoutez 50 g de farine et tournez jusqu'à ce que le mélange ait roussi. Grattez les pieds des champignons, coupez-les en morceaux, lavez les tomates, retirez le pédoncule et coupez-les en morceaux sans les peler. Ajoutez au roux les champignons, les tomates et la mirepoix, puis le fonds brun, du sel et du poivre et laissez cuire tout doucement pendant encore 2 heures. Rectifiez l'assaisonnement. Faites refroidir très vite et dégraissez.

Congélation

Répartissez la sauce (on l'appelle alors « demi-glace ») entre plusieurs petits récipients, fermez, étiquetez, congelez.

Finition de la sauce madère

Faites réchauffer tout doucement le bloc de sauce dans une petite casserole à fond épais avec 2 cuillerées à soupe d'eau. Ajoutez du madère en fonction de vos goûts (et pour cela, il faut goûter!), rectifiez l'assaisonnement, laissez cuire 10 mn, puis jetez dans la sauce un morceau de beurre et fouettez vivement. La quantité de beurre dépend évidemment de celle de la sauce. Comptez 1 cuillerée à soupe pour 1/4 de litre de sauce.

Note. La sauce « demi-glace » servira en outre aussi bien pour une sauce « Périgueux » (à la truffe), que pour une sauce italienne, une sauce poivrade et, de façon générale, toutes les sauces « brunes »

Sauce Soubise

• Facile. Prix raisonnable. Durée de conservation : 6 mois.
• *Ingrédients pour la congélation :* 7 ou 8 abattis de volaille (poulet, canard ou dindonneau), 3 ou 4 blancs de poireau, 2 échalotes, 4 ou 5 branches de céleri, 3 clous de girofle, 1 très gros bouquet garni, poivre mignonnette, 3 kg d'oignons, 150 g de beurre, riz, sel et poivre.
• *Ingrédients pour la finition de la sauce Soubise :* crème épaisse, beurre.

Préparation et cuisson avant congélation

– Concassez les abattis de volaille; mettez-les dans une marmite, couvrez de 1,5 litre d'eau froide, amenez à ébullition. Pendant ce temps, épluchez et hachez les légumes, mais non pas les oignons pour le moment. Quand le liquide est à ébullition, écumez bien, puis ajoutez le hachis de légumes, le bouquet garni, 1 oignon épluché et piqué de girofle, du poivre mignonnette et du sel. Couvrez et laissez frémir pendant 2 heures. Faites refroidir et dégraissez ce « fonds blanc ».

– Epluchez et hachez les oignons. Faites fondre le beurre, ajoutez le hachis d'oignons, remuez, couvrez et laissez fondre, tout doucement, pendant 15 mn. Ajoutez alors le fonds blanc, amenez à ébullition, puis ajoutez du riz rond (en proportion, un volume égal à celui de la moitié du fonds), remuez et faites cuire tout doucement 30 mn. Laissez tiédir.

– Passez toute la préparation au mixer, puis répartissez-le entre de petits gobelets. Faites refroidir très vite.

Congélation

Fermez les gobelets, étiquetez, congelez.

Finition de la sauce Soubise

Mettez le bloc encore tout gelé dans une petite casserole à fond épais, avec 3 cuillerées à soupe d'eau et réchauffez tout doucement. Ajoutez alors de la crème (1 dl pour 4 dl de sauce environ), fouettez bien et faites réduire quelques minutes, à découvert. Rectifiez l'assaisonnement. Ajoutez enfin un morceau de beurre, fouettez encore.

Note. Cette sauce accompagne à merveille rôti chaud de bœuf ou de veau, côtes de veau, côtes de porc, etc.

Très réduite, elle fournit aussi une excellente garniture pour une tarte ou des tartelettes d'entrée, à faire gratiner avec du gruyère râpé et un peu de chapelure. Vous pouvez aussi y ajouter un peu de moutarde blanche, un peu d'anchois réduits en purée, des olives dénoyautées, une julienne de poivrons rouges ou verts (poivrons coupés en lamelles très fines et fondues à l'huile d'olive).

Sauce tomate

Bien plus simple à réaliser que les précédentes, elle est aussi d'un emploi plus courant puisqu'elle accompagne aussi bien des pâtes ou du riz que des légumes, de la viande ou du poisson. Ainsi que de nombreuses entrées ou potages, qu'elle peut compléter. Et « relever ». Confectionnez-la quand votre potager regorge de tomates ou que vous en trouvez sur les marchés des cageots entiers pour presque rien.

- Elémentaire. Bon marché. Durée de conservation : 6 mois.
- *Ingrédients pour la congélation :* 3 kg de tomates très

mûres, 6 cuillerées à soupe d'olive, 2 oignons, 3 échalotes, 3 gousses d'ail, 1 gros bouquet garni, 1 cuillerée à soupe de sucre, sel et poivre. Facultativement : poivre de Cayenne.

Préparation et cuisson avant congélation

– Pelez les tomates (au besoin en les plongeant 30 secondes dans de l'eau bouillante), ouvrez-les, épépinez-les. Epluchez et hachez ensemble les oignons et les échalotes, et, à part, l'ail.

– Faites chauffer l'huile dans une cocotte. Mettez-y à fondre, à couvert, le hachis d'oignons et d'échalotes, puis ajoutez tous les autres ingrédients, couvrez et laissez cuire très doucement pendant 45 mn. Retirez le bouquet garni, en pressant, puis faites refroidir très vite.

Congélation

Répartissez la sauce entre plusieurs petits godets, fermez, étiquetez, congelez.

Finition de la sauce tomate

Faites simplement réchauffer la sauce à tout petit feu et à couvert avec un peu d'eau froide. Rectifiez l'assaisonnement.

Note. Vous pouvez utiliser la sauce telle quelle. Mais vous pouvez aussi :

– La lier avec un beurre manié (moitié beurre-moitié farine; 1 cuillerée à dessert pour 1/3 de litre de sauce);

– Y ajouter des fines herbes hachées, fraîches ou encore gelées et brisées entre vos mains dans le sac de congélation (basilic, ciboulette, cerfeuil);

– Y ajouter quelques champignons émincés et revenus au beurre ou à l'huile d'olive et parsemer de persil et de basilic hachés, etc.

LES LÉGUMES

Légumes farcis

Pour 8 personnes.

La même farce (qui est celle du chou farci, page 292), peut servir à garnir des aubergines, de très gros champignons, des poivrons, des tomates... Quand vous farcirez l'un de ces légumes pour un plat de saison, profitez-en pour en préparer la valeur de plusieurs autres repas.

- Facile. Prix raisonnable. Durée de conservation : 3 mois.
- *Ingrédients pour la congélation :* 8 poivrons (ou 8 aubergines, ou 8 grosses tomates, ou 16 grosses têtes de champignons), 8 tranches de pain de mie, 1 verre de lait, 3 ou 4 œufs, 300 g de pieds de champignons de Paris, 800 g de chair à saucisse fine pour des poivrons ou des aubergines (600 g pour des tomates ou des champignons), 3 oignons, 4 échalotes, 4 gousses d'ail (ou davantage), 1 gros bouquet de persil, 50 g de beurre, 3 cuillerées à soupe de tomate concentrée, 5 cuillerées à soupe d'huile d'olive, poivre de Cayenne, sel et poivre.

Préparation et cuisson avant congélation

– Tomates : découpez une calotte du côté du pédoncule, épépinez les tomates avec une petite cuiller et retournez-les sur une grille;

– Poivron : coupez une large calotte du côté du pédoncule, évidez en retirant cloisons blanches et graines;

– Aubergines : retirez le pédoncule, fendez les aubergines en deux barquettes, épépinez en laissant tout autour le maximum de pulpe;

– Champignons : retirez la partie du pied qui pourrait éventuellement adhérer encore à la tête; citronnez.

– Préparez la farce de la même façon que pour le chou farci. S'il s'agit de tomates, faites cuire doucement pendant une vingtaine de minutes le mélange chair à saucisse-oignons, etc.

– Pour les champignons, les aubergines ou les poivrons : faites chauffer l'huile dans une grande cocotte, ajoutez les légumes et faites-les revenir légèrement sans qu'ils prennent réellement de la couleur, puis égouttez-les. Emplissez-les de farce, replacez-les dans la cocotte, calez les poivrons avec les calottes découpées, faites chauffer, couvrez et laisser cuire doucement ainsi pendant 40 mn. Pour les tomates, farcissez-les, recouvrez-les avec leur calotte. Versez l'huile dans un plat à rôtir, placez les tomates dans celui-ci, enfournez et laissez cuire 20 mn. Dans les deux cas, faites refroidir ensuite les légumes le plus vite possible.

Congélation

Rangez les légumes dans des boîtes hermétiques, couvrez, étiquetez et congelez.

Finition des légumes

Réchauffez les légumes à petit feu, soit dans une cocotte, soit dans un plat, au four, sous un papier d'aluminium, avec 1 ou 2 cuillerées à soupe d'huile d'olive.

Laitues braisées

Pour 8 personnes.

Les salades crues ne se conservent pas du tout. Braisées, elles sont un peu longues à cuire, mais se congèlent bien. C'est un bon moyen d'utiliser les salades du jardin, avant qu'elles ne « montent ». Elles peuvent être servies à l'époque où, sur les marchés, elles sont inabordables.

• Facile. Prix raisonnable. Durée de conservation : 5 mois.

• *Ingrédients pour la congélation :* 8 grosses laitues, 300 g de poitrine salée, 1 couenne, 2 carottes, 1 très gros oignon, quelques queues de persil, 50 g de beurre, 1 litre de bouillon de poule frais congelé, ou préparé avec du concentré, gros sel.

Préparation et cuisson avant congélation

– Faites bouillir un grand faitout d'eau. Coupez la poitrine en lardons. Epluchez carottes et oignons et coupez-les en petits dés. Coupez en tronçons les queues de persil. Lavez bien les laitues en les tenant par le trognon, puis égouttez-les et plongez-les dans l'eau bouillante. Dès que l'ébullition a repris, prenez les laitues avec une écumoire et rafraîchissez-les sous le robinet d'eau froide, faites-les égoutter dans une passoire.

– Pendant ce temps, plongez les lardons et la couenne dans un peu d'eau bouillante; laissez-les blanchir ainsi 5 mn, puis rafraîchissez-les et égouttez-les. Faites revenir les lardons avec le beurre dans une grande cocotte, ajoutez la mirepoix (dés de carottes, d'oignons et tronçons de persil) et laissez blondir le tout. Faites chauffer le four à 190° environ.

– Pressez les laitues en fuseaux. Versez la mirepoix aux lardons dans la cocotte, disposez les laitues par-dessus, arrosez de bouillon, couvrez et amenez vivement à ébullition. Recouvrez les laitues avec la couenne, couvrez la cocotte et glissez dans le four. Laissez cuire 45 mn au moins, puis sortez la cocotte du four, jetez la couenne et fendez les laitues en deux. Retirez la base blanche et dure, puis disposez les laitues dans une barquette d'aluminium (ou deux), nappez avec la mirepoix et faites refroidir rapidement.

Congélation

Couvrez la barquette, placez-la dans un sac à congélation, fermez, étiquetez, congelez.

Finition des laitues

Retirez le couvercle de la barquette, remplacez-le par un morceau d'aluminium et faites réchauffer à four moyen (180° environ). Servez les laitues très chaudes avec leur garniture.

Chou braisé

Il se prépare comme les laitues (page 302). Mais il vous faut le blanchir (c'est-à-dire le plonger 7 ou 8 mn dans de l'eau bouillante, puis le rafraîchir à l'eau froide), avant de le faire cuire réellement à l'eau bouillante.

Poireaux étuvés

Pour 8 personnes.

Ils peuvent servir aussi bien pour une garniture de poisson (c'est à la mode et, en plus, c'est bon!), une tarte d'entrée, une sauce, un potage (vichyssoise, par exemple, en été). Etuvez des poireaux d'hiver, meilleurs que ceux de l'été.

- Très facile. Bon marché. Durée de conservation : 6 mois.
- *Ingrédients pour la congélation* : 3 kg de poireaux, 3 oignons, de 75 à 100 g de beurre, sel.

Préparation et cuisson avant congélation

– Retirez le vert des poireaux; fendez les blancs en quatre et lavez-les à grande eau pour retirer tout soupçon de terre.

Taillez-les ensuite en grands tronçons. Epluchez et émincez les oignons.

– Faites fondre le beurre dans une cocotte, sans coloration. Ajoutez les tronçons de poireaux et les lamelles d'oignons, remuez bien à feu doux pendant 3 ou 4 mn, puis couvrez et laissez étuver (cuire à couvert sans adjonction d'eau) pendant une vingtaine de minutes. Faites refroidir le plus vite possible.

Congélation

Répartissez les poireaux étuvés dans des récipients en fonction des utilisations futures, couvrez, enfermez dans des sacs spécial-congélation, étiquetez, congelez.

Finition des poireaux étuvés

Elle dépend de l'emploi choisi. Vous ne décongèlerez pas les poireaux avant de les ajouter à une soupe ou à une sauce. Mais vous les ferez dégeler, soit au réfrigérateur, soit à la température ambiante, pour les utiliser en garniture d'une tarte ou d'un poisson; sinon, vous ne pourriez pas les étaler.

Purée de carottes

Pour 8 personnes.

- Très facile. Prix raisonnable. Durée de conservation : 6 mois.
- *Ingrédients pour la congélation* : 1,500 kg de carottes, 200 g de riz, gros sel.
- *Ingrédients pour la finition* : 100 g de beurre (au moins), sel.

Préparation et cuisson avant congélation

– Grattez les carottes, coupez-les en rondelles; mettez-les dans une marmite. Mesurez le volume du riz, versez sur les carottes deux fois et quart le même volume d'eau, amenez à ébullition. Ajoutez le riz, et du gros sel, mélangez, couvrez et laissez cuire doucement pendant 30 mn.

– Passez le mélange carottes-riz au moulin à légumes et faites refroidir très vite.

Congélation

Garnissez d'un sac de plastique spécial-congélation une forme rigide. Versez-y la purée, tassez, repliez le sac, congelez, puis retirez le sac de la forme, fermez, étiquetez, remettez au congélateur.

Finition de la purée

Sortez du sac le bloc tout gelé, mettez-le dans une cocotte avec 3 cuillerées à soupe d'eau et réchauffez doucement, à couvert. Ajoutez alors 100 g de beurre, au moins, et travaillez au fouet. Rectifiez l'assaisonnement.

Vous pouvez servir cette purée, ou bien telle quelle, ou bien gratinée, parsemée de chapelure et de quelques noisettes de beurre, ou bien avec des petits croûtons.

Purée de céleri-rave

Pour 8 personnes.

- Très facile. Bon marché. Durée de conservation : 6 mois.
- *Ingrédients pour la congélation :* 2 gros céleris-raves, 1 kg de pommes de terre, gros sel.
- *Ingrédients pour la finition :* 100 g de beurre, 1,5 dl de crème fraîche, sel, poivre.

Préparation et cuisson avant congélation

– Epluchez céleris et pommes de terre, coupez-les en cubes. Faites-les cuire à petite ébullition de 20 à 25 mn avec une petite poignée de gros sel.
– Egouttez les légumes et faites-les sécher 5 mn dans le four bien chaud, puis passez-les au moulin à légumes. Faites-le refroidir rapidement.

Congélation

Comme pour la purée de carottes.

Finition de la purée de céleri

Vous procéderez comme pour la purée de carottes, mais, en plus du beurre, vous ajouterez de la crème fraîche et des fines herbes hachées.

Purée de courgettes

Pour 8 personnes.

Avec 2 kg de courgettes, épluchées ou non : même préparation que les carottes, avec un volume d'eau égal deux fois seulement à celui du riz. Vous servirez cette purée gratinée ou non.

Purée de haricots verts

Pour 8 personnes.

- Très facile. Cher. Durée de conservation : 6 mois.
- *Ingrédients pour la congélation :* 2 kg de haricots verts contenant des grains formés, gros sel.
- *Ingrédients pour la finition :* 100 g de beurre, 1 dl de crème, sel fin.

Préparation et cuisson avant congélation

– Effilez les haricots et faites-les cuire 25 mn environ, à découvert, dans beaucoup d'eau bouillante salée. Egouttez-les, faites-les sécher 5 mn dans le four bien chaud, puis passez-les au moulin à légumes ou, mieux, au mixer. Faites-les refroidir très vite.

Congélation

Comme pour la purée de carottes.

Finition de la purée

Comme celle de la purée de carottes.

Ratatouille

Pour 8 personnes.

A cause du prix des légumes en hiver, les éléments d'une ratatouille sont intéressants à conserver au congélateur, soit crus (voir page 132), soit cuits.

• Facile. Prix raisonnable. Durée de conservation : 6 mois.

• *Ingrédients pour la congélation :* 500 g d'aubergines, 750 g de courgettes, 375 g de poivrons verts, 750 g de tomates, 2 oignons, 2 gousses d'ail, 4 cuillerées à soupe d'olive, 1 bouquet garni, gros sel, poivre.

Préparation et cuisson avant congélation

– Pelez les tomates, épépinez-les, concassez-les; retirez le pédoncule des aubergines, des courgettes, des poivrons et des tomates; coupez en cubes aubergines et courgettes; ouvrez les poivrons, retirez cloisons blanches et graines, coupez la pulpe en lanières. Epluchez les oignons, émincez-les. Epluchez l'ail.

– Faites chauffer l'huile dans une grande cocotte. Jetez-y les lanières de poivron et les oignons émincés, faites revenir à feu doux pendant 5 mn, puis ajoutez les cubes d'aubergines et laissez cuire 10 mn à découvert; ajoutez enfin les cubes de courgettes, les tomates concassées, l'ail écrasé, le bouquet garni, du sel et du poivre. Laissez cuire doucement pendant 40 mn environ à découvert, mais couvrez si la ratatouille a tendance à attacher. Retirez le bouquet garni et faites refroidir très vite.

Congélation

Comme pour la purée de carottes.

Finition de la ratatouille

Placez dans une cocotte le bloc tout gelé avec 2 cuillerées à soupe d'eau et faites réchauffer à couvert, tout doucement. Si vous désirez servir froide la ratatouille, faites-la simplement dégeler à température ambiante, puis parsemez de persil haché.

DESSERTS, GATEAUX ET GLACES

Desserts et gâteaux

Blinis (ou crêpes russes levées)

Pour 40 blinis environ.

A vrai dire, les blinis peuvent être considérés comme un élément pour une entrée au moins autant que comme un dessert. Mais ils sont excellents dans les deux cas.

• Facile. Cher ou raisonnable, suivant la garniture. Durée de conservation : 6 mois.

• *Ingrédients pour la congélation :* 750 g de farine (2/3 farine de blé, 1/3 farine de sarrasin), de 30 à 40 g de levure de boulanger (levure de bière), 1 cuillerée à café de sel, 3/4 de litre de lait, 375 g de beurre, 3 œufs.

• *Ingrédients pour la finition :* crème aigre (ou crème fraîche additionnée de jus de citron : 1 cuillerée à café pour 1 dl de crème), garniture à volonté (saumon fumé, œufs de poisson, beurre fondu).

Préparation et cuisson avant congélation

– Délayez la levure avec un peu d'eau tiède. Laissez reposer 10 mn. Ajoutez ce mélange aux deux tiers de la farine de blé, mélangez en ajoutant juste assez d'eau tiède pour rassembler la pâte en boule, sans qu'elle colle. Placez cette pâte dans un saladier à température ambiante et laissez-la ainsi jusqu'à ce qu'elle ait doublé de volume : il faut 1 heure 30 à peu près.

– Faites tiédir le lait. Cassez les œufs en séparant le blanc du jaune. Mettez 250 g de beurre à fondre dans une petite casserole... Rompez la pâte levée, ajoutez le sel et les jaunes d'œufs, puis, petit à petit, et en alternant, le reste de la farine de blé et la farine de sarrasin, d'une part, assez de lait d'autre part pour obtenir une pâte lisse, mais épaisse : plus même que la pâte à beignets. Ajoutez le beurre fondu (clarifié, c'est-à-dire débarrassé de son petit-lait, si possible), puis couvrez le saladier d'un torchon et laissez lever encore dans un endroit tiède.

– Au moment de confectionner les blinis, battez les blancs en neige très ferme et incorporez-les à la pâte.

– Confectionnez les blinis dans une petite poêle spéciale (dite d'ailleurs, poêle à blinis : petite, avec un fond épais) légèrement beurrée : ils sont au moins deux fois plus longs à cuire que les crêpes traditionnelles. Laissez-les refroidir complètement.

Congélation

Mettez les blinis dans de petits sacs de Rilsan, 4 par 4 ou 6 par 6, par exemple, fermez, étiquetez, congelez.

Finition des blinis

Plongez dans de l'eau les sacs contenant les blinis et amenez à ébullition : ils sont faits pour résister à ce traitement (voir page 32). Vérifiez que l'eau ne pénètre pas à l'intérieur des sacs. Servez-les bien chauds avec la garniture de votre choix.

Bûche de Noël

Elle est réellement longue à préparer, mais la possibilité de la réaliser à l'avance pour éviter la bousculade des jours de fête la rend bien sympathique. Ses deux éléments : biscuit et crème au beurre, réagissent en effet fort bien à la congélation

- Compliqué. Cher. Durée de conservation : 2 mois.
- *Ingrédients pour la congélation* : 4 œufs + 6 jaunes, 475 g de sucre semoule, 125 g de farine, 330 g de beurre, 1,5 dl de rhum, 3 cuillerées à soupe de café soluble, sel fin.
- *Ingrédients pour la finition* : petits champignons en meringue, éléments décoratifs *ad libitum.*

Préparation et cuisson avant congélation

– Rassemblez d'abord le matériel nécessaire, en particulier : 2 couvercles de boîte à gâteaux métalliques (de 24 cm de côté, en général), 2 morceaux de papier sulfurisé de même surface que le couvercle et 1 grand morceau de papier sulfurisé à poser sur la table, 1 pinceau à pâtisserie, 2 poches à douilles avec 2 grosses douilles lisses et 1 douille plate.

– Faites fondre 30 g de beurre. Passez-en sur les deux papiers. Faites chauffer le four à 300° (thermostat 9 dans une cuisinière à gaz).

– Confectionnez ensuite la génoise : cassez 4 œufs dans une jatte, crevez les jaunes; ajoutez 1 pincée de sel et 125 g de sucre, mettez la jatte dans un bain-marie, sur le feu, et fouettez vigoureusement jusqu'à ce que le mélange atteigne une température voisine de 45° (mesurée au thermomètre de cuisson ou en plongeant le doigt dans la préparation : elle doit vous paraître juste supportable); retirez la jatte du bain-marie et continuez à fouetter jusqu'à ce que le refroidissement soit complet : la pâte est épaisse. Tamisez 125 g de farine au-dessus d'un papier, versez-la en pluie dans la jatte et incorporez-la délicatement.

– Etalez cette pâte sur les papiers beurrés en ménageant au bord un espace de 2 cm. Placez les papiers garnis dans les couvercles, enfournez et laissez cuire 6 ou 7 mn : la pâte doit être élastique sous le doigt et à peine colorée. Sortez aussitôt du four. Saisissez successivement à deux mains un bord de chaque papier et retournez sur le papier posé sur la table. Décollez les papiers de cuisson et recouvrez les génoises avec un torchon pour les garder souples. Laissez refroidir ainsi.

– Pendant ce temps, préparez un sirop en faisant bouillir une minute 100 g de sucre et 1 dl d'eau.

– Réalisez alors la crème au beurre : faites bouillir le reste du sucre (250 g) et 1/2 dl d'eau. Mettez les 6 jaunes d'œufs dans une jatte, crevez-les et versez tout doucement le sucre bouillant sur ces jaunes, en fouettant. Ne cessez de fouetter que lorsque le mélange est froid. Coupez le reste du beurre (300 g) en petits morceaux et ramollissez-les en crème en vous servant d'un fouet. Ajoutez-le au mélange sucre-œufs en fouettant énergiquement, à la main ou au fouet électrique, puis partagez la crème en deux. Délayez le café soluble avec 1 cuillerée à soupe d'eau bouillante et laissez refroidir. Incorporez-le à un bon tiers de la crème; incorporez 1/2 dl de rhum aux deux autres tiers. Ajoutez le dl de rhum qui reste au sirop réalisé avant de commencer la crème.

– Avec le pinceau à pâtisserie, imbibez les deux plaques de génoise avec le sirop au rhum et étalez dessus les 4/5 de la crème au rhum. Enroulez une des génoises, puis placez-la sur la seconde et enroulez-les ensemble (pour avoir une bûche plus épaisse, vous pouvez en utiliser trois). Coupez en biais les extrémités du rouleau obtenu et, avec un peu de crème, collez ces « chutes » sur la bûche : elles figureront les nœuds du bois. Mettez le reste de la crème au rhum dans une poche à douille et la crème au café dans l'autre. Garnissez les extrémités coupées de la bûche et les « nœuds » de cercles alternés de crème au rhum et de crème au café, en commençant par le centre. Faites refroidir au réfrigérateur pendant 30 mn.

– Remplacez par une douille plate la douille lisse de la poche à crème au café et masquez-en complètement le dessus de la bûche et le tour des nœuds. Pratiquez des stries irrégulières avec les dents d'une fourchette trempée dans de l'eau bouillante pour figurer le relief de l'écorce. Mettez encore au réfrigérateur pendant 30 mn, puis utilisez la lame d'un couteau trempée dans de l'eau bouillante pour lisser les extrémités de la bûche et le dessus des nœuds.

Congélation

Faites congeler la bûche ainsi, à découvert, pour ne pas abîmer le décor, puis mettez-la dans une boîte à congélation hermétique. Fermez, étiquetez, remettez au congélateur. A défaut de boîte assez grande, enveloppez la bûche gelée dans un grand papier d'aluminium, puis placez le tout dans un sac à congélation, fermez, étiquetez, remettez au congélateur.

Finition de la bûche

Déballez la bûche à la sortie du congélateur pour ne pas abîmer le décor et laissez dégeler 4 ou 5 heures à la température ambiante. Vous pouvez compléter le décor de la bûche avec de petits personnages ou des champignons en meringue achetés chez les pâtissiers-confiseurs.

Note. Avec la même génoise et la même crème, vous pouvez réaliser toutes sortes de gâteaux ronds, carrés ou rectangulaires, en parfumant la crème selon vos goûts au chocolat, à la liqueur, au prâliné, etc. Le décor sera celui de votre fantaisie.

Cakes, quatre-quarts, manqués, génoises, biscuits, etc.

Préparez et faites cuire tous ces gâteaux (la recette de génoise a été donnée avec la bûche de Noël) suivant votre méthode habituelle.

Voici ma recette de cake, héritage familial, parce que je trouve le cake très bon et qu'il se congèle d'une façon particulièrement satisfaisante.

Notre cake anglais

Pour 8 à 10 personnes.

• Facile. Prix raisonnable. Durée de conservation : 3 mois.

• *Ingrédients pour la congélation* : 100 g de cerises confites, 175 g de raisins de Smyrne, 75 g de raisins de Corinthe, 100 g de raisins sultanines, 3 cuillerées à soupe de rhum, 1 cuillerée à café rase de gingembre en poudre (ou un peu plus suivant les goûts), 3 gros œufs, 225 g de farine, 1 sachet de levure chimique, 1/2 cuillerée à café de sel fin, 175 g de beurre + 20 g pour le moule, 175 g de sucre brun, 2 cuillerées à soupe de miel liquide, 1/2 verre de lait.

Préparation et cuisson avant congélation

– Arrosez tous les raisins de rhum. Sortez le beurre du réfrigérateur 1/2 heure au moins avant de préparer le cake et coupez en petits morceaux. Coupez les cerises confites en deux. Cassez les œufs et battez-les en omelette avec une pincée de sel.

– Mettez la farine, la levure et le gingembre dans une jatte; ajoutez le beurre au centre et mélangez; ajoutez alors le sucre, les cerises, les raisins, puis les œufs battus et le miel; ajoutez du lait peu à peu pour que la pâte devienne juste molle.

– Tapissez le moule à cake (rectangulaire) de papier sulfurisé. Beurrez ce papier. Versez la pâte dans le moule. Faites cuire à 160° environ pendant 1 heure 30 : une aiguille plongée dans la pâte doit en ressortir nette et chaude sur toute la partie qui a pénétré dans le gâteau. Si la pâte se colore trop, protégez le cake d'un papier d'aluminium. Sortez le cake au four, laissez 15 mn dans le moule, puis sortez-le et laissez-le refroidir complètement sur une grille.

Congélation

Enroulez le cake dans du papier d'aluminium, mettez-le dans un sac à congélation, fermez, étiquetez, congelez.

Finition du cake

Sortez le cake du sac et du papier, laissez dégeler à température ambiante : il faut 4 heures au moins.

Note. Vous pouvez couper le cake en tranches avant de le congeler, et séparer deux tranches avec un petit morceau d'aluminium ou de film à congélation.

Compotes de fruits

Elles permettent de conserver sans stérilisation ce produit ultra-fragile de la terre. Le principe est toujours le même : cuisson des fruits (pelés ou non suivant leur nature) avec du sucre et, éventuellement, un peu de jus de citron et un parfum (vanille ou cannelle, généralement; parfumez de toute façon modérément). La quantité de sucre dépend à la fois du degré de maturité des fruits (en principe tout de même choisis mûrs à point et parfaitement sains) et de vos goûts personnels. A titre d'exemple, je donne une recette de compote de pêches.

Compote de pêches

Pour 8 personnes.

- Très facile. Prix raisonnable. Durée de conservation : 10 mois.
- *Ingrédients pour la congélation* : 2 kg de pêches jaunes ou blanches, 1/2 citron, de 200 à 350 g de sucre semoule (plus ou moins suivant vos goûts), 1 sachet de sucre vanillé (et non vanilliné), 1 petite pincée de sel.

Préparation et cuisson avant congélation

– Pressez le demi-citron; plongez les pêches quelques secondes dans de l'eau bouillante, puis dans de l'eau froide, pelez-les, dénoyautez-les, roulez les demi-pêches dans le jus de citron.

– Versez le sucre et le sucre vanillé dans une cocotte, ajoutez 1 bon dl d'eau (la valeur d'un pot à yaourt) et le sel, faites bouillir 1 mn, puis ajoutez les demi-pêches avec le jus de citron et laissez cuire de 10 à 12 mn, suivant le degré de maturité des pêches. Faites refroidir le plus vite possible.

Congélation

Versez la compote dans un récipient hermétique à congélation, en ménageant un espace de 2 cm entre la surface de la compote et le couvercle; couvrez, étiquetez, congelez.

Finition de la compote

Sortez le récipient du congélateur et faites dégeler dans le réfrigérateur pendant 24 heures au moins. Consommez dès que la décongélation est complète.

Crêpes Suzette

• Facile. Prix raisonnable. Durée de conservation : 2 mois au maximum.
• *Ingrédients pour la congélation :* 250 g de farine, 4 ou 5 œufs suivant leur grosseur, 4 dl de lait, 1 dl de bière, 150 g de sucre semoule, 225 g de beurre, 2 cuillerées à soupe d'huile, 1/2 cuillerée à café de sel fin, 1 sachet de sucre vanillé, 1 orange, 2 verres à liqueur de Grand Marnier ou de Cointreau.
• *Ingrédients pour la finition :* 30 g de beurre, 1 verre à liqueur de Grand Marnier ou de Cointreau.

Préparation et cuisson avant congélation.

– Confectionnez la pâte à crêpes : tamisez la farine au-dessus d'un saladier; ajoutez-y 50 g de beurre ramolli et le sel, puis, l'un après l'autre, 4 ou 5 œufs entiers battus, ajoutez 1 verre de lait, mélangez bien au four pour obtenir une pâte lisse (vous pouvez aussi faire le mélange dans un appareil électrique : c'est rapide et parfait), puis ajoutez le reste du lait, la bière et 1 verre à liqueur de Grand Marnier ou de Cointreau. Mélangez encore. Laissez reposer 1 heure à la température ambiante.

– Frottez une bonne poêle avec un petit chiffon imbibé d'huile. Ajoutez une noisette de beurre et faites chauffer doucement la poêle. Versez-y ensuite une petite louche de pâte, faites tourner la poêle pour y répartir la pâte, faites cuire 2 mn à feu moyen, puis retournez la crêpe pour la faire cuire 2 mn sur l'autre face. Confectionnez toutes les autres crêpes de la même façon, en laissant 100 g de beurre pour la garniture.

– Préparez la garniture : ramollissez le beurre à la cuiller de bois. Levez le zeste de l'orange et hachez-le très finement, pressez l'orange; mélangez bien ce jus, 1 verre à liqueur de Grand Marnier ou de Cointreau et le sucre; incorporez ce mélange au beurre ramolli pour obtenir une pommade très lisse.

– Tartinez chaque crêpe avec un peu de cette pommade, pliez en quatre.

Congélation.

Rangez les crêpes les unes à côté des autres dans une boîte à congélation, en séparant deux couches de crêpes par du papier d'aluminium ou du film à congélation. Fermez hermétiquement, étiquetez, congelez.

Finition des crêpes Suzette

Sortez les crêpes de leur emballage et laissez-les dégeler à la température ambiante (1 heure environ). Disposez-les sur un plat métallique beurré, puis réchauffez-les, en les couvrant, au-dessus d'une marmite d'eau chaude. Faites chauffer la liqueur, arrosez-en les crêpes, flambez et servez.

Notes. Vous conserverez ces crêpes bien plus longtemps si vous les congelez sans les garnir, réservant la garniture au moment du service (ce que vous avez le temps de préparer pendant le dégel des crêpes). Ce système a l'avantage de permettre toutes sortes de garnitures différentes (confiture, crème, miel, pommes caramélisées et noix, etc.)

Pour congeler des crêpes non garnies, empilez-les simplement en les séparant avec du papier d'aluminium ou du film à congélation. Vous avez intérêt à ne pas congeler ensemble plus de 6 à 10 crêpes. Elles dégèleront en 30 mn à la température ambiante. Vous les garnirez ensuite et les réchaufferez au bain-marie comme dans les cas précédents. Vous pouvez aussi les enfermer dans des sacs de Rilsan, comme les blinis, et les réchauffer de la même façon.

Les fruits au sirop

Toutes les explications ont été données dans le chapitre « Congélation des fruits », page 81, puisque la congélation permet de conserver ainsi des fruits dans du sirop, sans les faire cuire. Reportez-vous à ce chapitre.

Mousse au chocolat, nègre en chemise, marquise au chocolat, etc.

Ces entremets au chocolat se satisfont pleinement du traitement par le froid. Je ne résiste pas au plaisir de vous livrer ma recette de « nègre en chemise », qui a régalé des générations d'enfants – et de plus grands –, et qui, par sa richesse, complète un repas un peu léger.

Nègre en chemise

Pour 6 personnes.

- Facile. Prix raisonnable. Durée de conservation : 2 mois.
- *Ingrédients pour la congélation* : 300 g de chocolat à croquer, 6 gros œufs, 1 pincée de sel, 300 g de beurre, 100 g de sucre.
- *Ingrédients pour la finition* : 2 dl de crème épaisse, 1/2 dl de lait, 40 g de sucre, 1 sachet de sucre vanillé.

Préparation et cuisson avant congélation

– Cassez le chocolat en petits morceaux et faites-le fondre au bain-marie sans le laisser chauffer. Cassez les œufs en séparant le blanc du jaune, et en mettant les jaunes dans 6 tasses différentes. Coupez le beurre en morceaux et ramollissez-le à la spatule de bois. Ajoutez le sucre et travaillez au fouet pour obtenir une pommade lisse. Ajoutez 1 pincée de sel aux blancs d'œufs et fouettez-les en une neige très ferme.

– Ajoutez les jaunes un par un à la préparation. Incorporez encore le chocolat fondu, puis les blancs battus.

– Huilez un moule à charlotte, versez-y la crème et tapez le fond pour ne pas emprisonner d'air.

Congélation

Couvrez le moule, placez-le dans un sac spécial-congélation, fermez hermétiquement, étiquetez, congelez.

Finition

Déballez le nègre et faites-le dégeler au réfrigérateur (il faut 24 heures). Au moment de servir, sortez crème et lait du réfrigérateur, mélangez-les et fouettez en ajoutant le sucre et le sucre vanillé à la fin de l'opération. Démoulez le nègre. Décorez-le avec la crème chantilly en suivant votre fantaisie; pour des enfants, vous pouvez marquer des yeux, un nez, une bouche. C'est amusant, mais pas très élégant!

Profiteroles

Pour 8 personnes.

Les choux se congèlent spécialement bien et permettent de réaliser en très peu de temps ce dessert qui fait rêver les gourmands « au régime » : les profiteroles au chocolat.

• Facile. Prix raisonnable. Durée de conservation : 2 mois.
• *Ingrédients pour la congélation* : 1/4 de litre d'eau, 1 cuillerée à café rase de sel, 1 cuillerée à soupe de sucre, 65 g de beurre + 20 g pour la tôle, 100 g de farine, 4 œufs, 150 g de chocolat, 2 cuillerées à soupe de crème fraîche, 1 sachet de sucre vanillé, 1 cuillerée à soupe de sucre (facultatif).
• *Ingrédients pour la finition* : 2 dl de crème fraîche épaisse, 2 ou 3 cuillerées à soupe de lait cru, 1 sachet de sucre vanillé.

Préparation et cuisson avant congélation

– Tamisez la farine; beurrez la tôle du four (avec 20 g de beurre). Faites chauffer le four à température moyenne (190° environ). Dans une casserole à fond épais, faites bouillir l'eau, le sel, le sucre et le beurre; hors du feu, ajoutez la farine, en pluie, en une seule fois, mélangez énergiquement, puis mettez à nouveau sur le feu et continuez à remuer énergiquement jusqu'à ce que la pâte se détache de la casserole et se rassemble en boule autour de la spatule : il faut de 2 à 3 mn. Hors du feu, incorporez les œufs les uns après les autres, en attendant que le premier soit bien incorporé avant d'en ajouter un autre.

– Mettez la pâte dans une poche à douille garnie d'une douille lisse de 1 cm de diamètre. Déposez sur la tôle beurrée de petites masses de pâtes de la taille d'une grosse noix en les écartant bien les unes des autres. Glissez la tôle dans le four chaud et laissez cuire 20 mn. Retirez du four, pratiquez une fente sur le côté et faites refroidir sur une grille.

– Pendant ce temps, préparez la sauce au chocolat : cassez le chocolat en petits morceaux, faites-les fondre au bain-marie avec 1 dl d'eau, le sucre vanillé, et, facultativement, le sucre, puis retirez du bain-marie, incorporez la crème, au fouet; faites refroidir rapidement.

Congélation

Faites congeler les choux tels quels sur une grille; mettez-les dans un premier, puis un second sac à congélation; fermez, étiquetez, remettez au congélateur. Versez la sauce froide dans un gobelet spécial, fermez, étiquetez, congelez.

Finition des profiteroles

Déballez les choux, placez-les pendant une quinzaine de minutes dans le four chauffé à 180°. Ils doivent dégeler complètement. Laissez-les refroidir. Pendant ce temps, sortez la crème et le lait du réfrigérateur et fouettez en y ajoutant le sucre vanillé. Garnissez les choux avec la crème, disposez-les en pyramide dans un plat creux et mettez-les au réfrigérateur. Faites chauffer tout doucement la sauce au chocolat. Versez-la brûlante sur les choux juste au moment de servir.

Note. Cette recette peut vous servir à réaliser toutes sortes de choux, petits, moyens ou gros, servis, soit en entrée, garnis de mousse de foie, par exemple, soit en dessert, garnis de crème pâtissière aromatisée à votre goût (vanille, café, chocolat, liqueur), et agrémentée ou non de morceaux de fruits confits, et glacés, ou non, comme les éclairs ou les religieuses.

Truffes au chocolat

Pour plus d'un kilo de truffes.

Comme la bûche de Noël, vous pouvez les préparer à l'avance pour le temps des fêtes.

- Facile. Cher. Durée de conservation : 2 mois.
- *Ingrédients pour la congélation :* 375 g de chocolat amer, 3 cuillerées à soupe de lait, 3 cuillerées à soupe de miel,

375 g de beurre, 375 g de sucre glacé, 2 cuillerées à café soluble (facultatif), 150 de cacao non sucré.

Préparation et cuisson avant congélation

– Cassez le chocolat en petits morceaux et faites-le fondre au bain-marie avec le lait et le miel, puis laissez tiédir. Pendant ce temps, réduisez le beurre en pommade, ajoutez la moitié du cacao, le café et le sucre glacé; battez énergiquement à la spatule de bois pour obtenir un mélange homogène.
– Ajoutez le chocolat fondu, peu à peu, puis mettez au réfrigérateur pour raffermir le mélange.
– Façonnez alors ce mélange en boulettes que vous passez à mesure dans le reste du cacao.

Congélation

Rangez les truffes dans des boîtes à congélation, sur une seule épaisseur, puis rassemblez-les dans une grande boîte en séparant deux couches de truffes par des morceaux de papier d'aluminium ou sulfurisé. Couvrez, étiquetez, remettez au congélateur.

Finition des truffes

Faites dégeler dans la boîte au réfrigérateur (10 heures environ) ou à la température ambiante (1 heure environ).

Les glaces et desserts glacés

Glace au chocolat

Pour 8 personnes

La base de ce que l'on appelle communément une « glace » est une crème anglaise, plus ou moins riche en œufs, plus ou moins riche en crème, que l'on parfume à son gré : café, chocolat, liqueur, vanille, fruits confits, etc.

• Facile. Prix raisonnable. Durée de conservation : 2 mois.

• *Ingrédients pour la congélation :* 8 jaunes d'œufs, 5 dl de lait, 2 dl de crème (ou bien pas de lait mais 7 dl de crème), 220 g de sucre semoule, 50 g (ou un peu plus) de cacao en poudre.

Préparation et cuisson avant congélation

– Mettez lait et crème (ou crème seulement) et cacao dans une casserole et portez à ébullition, en tournant pour bien mélanger le cacao.

– Fouettez ensemble vivement les jaunes d'œufs et le sucre jusqu'à ce que le mélange ait gonflé et blanchi.

– Versez le mélange bouillant au cacao sur le mélange blanchi en tournant au fouet, toujours vivement, puis reversez dans la casserole, à travers un chinois si la préparation n'est pas parfaitement lisse; mais il n'y a pas de raison qu'elle soit grumeleuse si vous avez fait les choses comme elles doivent être faites! Faites « prendre » sur feu très doux, en remuant sans cesse : la crème devient non pas épaisse, mais onctueuse. Dès que cette onctuosité est obtenue (la crème nappe doucement une cuiller), versez-la dans une jatte et placez celle-ci dans de l'eau froide; battez sans cesse jusqu'à ce que la crème soit refroidie.

– Versez alors la crème froide dans une sorbetière et faites fonctionner celle-ci au congélateur en suivant les indications données dans la notice. Laissez prendre comme l'indique cette notice.

Congélation

Moulez la glace dans la forme de votre choix : elles sont nombreuses; choisissez une boîte à glace prévue pour le congélateur; ou bien des formes individuelles, ce qui est très pratique pour le service. Tassez bien la glace pour éliminer le maximum d'air et donner à la glace une bonne cohésion. Fermez, étiquetez, remettez au congélateur.

Finition de la glace au chocolat

Prenez simplement la précaution de sortir la glace du congélateur assez tôt pour qu'elle soit onctueuse et mettez-la dans le réfrigérateur. Pour une glace de 3/4 de litre, 15 mn suffisent.

Glace à la vanille

Elle se prépare comme la glace au chocolat, en remplaçant celui-ci par 1 gousse de vanille fraîche ou 1 sachet et demi de sucre vanillé (et non pas vanilliné).

Sorbet à la framboise

Pour 8 personnes.

• *Ingrédients pour la congélation :* 250 g de sucre semoule, 400 g de framboises fraîches ou congelées, 1/2 citron.

Préparation et cuisson avant congélation

– Versez le sucre dans une casserole avec 4,5 dl d'eau. Faites cuire jusqu'à ce que le thermomètre de cuisson indique une température de 110° C. Laissez tiédir si les framboises sont congelées, refroidir complètement si elles sont fraîches.

– Ajoutez au sirop les framboises et le jus de citron. Laissez éventuellement dégeler les fruits, puis passez le tout au mixer ou au tamis.

– Versez la préparation dans la sorbetière électrique et faites « prendre » le sorbet en suivant les indications données dans la notice.

Congélation

Même méthode que pour la « glace au chocolat ».

Finition du sorbet

Même méthode aussi que pour la glace au chocolat. Attention toutefois : le sorbet fond plus vite qu'une glace à la crème.

Pour servir le sorbet, dans des coupes individuelles, prenez-le dans le moule, soit avec une cuiller spéciale (voir page 236), soit, « à la française », avec une cuiller à bord tranchant plongée dans de l'eau chaude et avec laquelle vous gratterez la surface du sorbet pour former des coquilles.

Sorbet au cassis ou à la fraise

Ils se préparent comme le sorbet à la framboise, en respectant les mêmes proportions. Il faut simplement, dans le cas du cassis, passer les grains au presse-purée pour éliminer les peaux.

Soufflé glacé au café

Pour 8 personnes.

Ce dessert, qui usurpe son nom (le procédé de mise en forme « suggère » qu'il s'agit d'un soufflé), se congèle très bien. C'est sa vocation.

Attention. Le soufflé glacé au café n'utilise que le jaune des œufs. Le « soufflé glacé aux fraises » n'utilise que les blancs.

Préparez donc les deux « soufflés » le même jour pour la congélation; vous n'aurez pas de gâchis.

• *Ingrédients pour la congélation :* 1/2 litre de crème épaisse, 1/4 de litre le lait, 200 g de sucre semoule, 8 cl d'eau, 7 ou 8 jaunes d'œufs suivant leur grosseur, 3 cl d'extrait de café (vendu en petites bouteilles).

Préparation et cuisson avant congélation

– Préparez le moule : coupez une bande de papier sulfurisé d'une longueur supérieure de 10 cm au tour du moule (moule à soufflé) et d'une largeur égale à la hauteur du moule + 10 cm. Fixez cette bande autour du moule avec un élastique à congélation en plaçant un des côtés de la bande au ras du fond : l'autre côté dépasse donc généreusement le bord du moule; c'est ce qui donnera l'impression de « soufflé ».

– Mettez lait et crème au réfrigérateur. Versez sucre et eau dans une petite casserole à fond épais, amenez à ébullition et laissez cuire quelques minutes : le thermomètre de cuisson devra indiquer 110° C.

– Cassez les œufs en séparant le blanc du jaune. Versez le sucre à 110° C sur les jaunes en un mince filet tout en fouettant énergiquement; ne cessez de fouetter que lorsque le mélange est froid : il a sensiblement augmenté de volume.

– Fouettez ensemble la crème et le lait, au fouet à main pour y incorporer le maximum d'air; incorporez cette crème au mélange précédent en même temps que l'extrait de café : vous avez obtenu « l'appareil à soufflé »

– Versez l'appareil à soufflé dans le moule préparé.

Congélation

Faites congeler ainsi, à découvert. Placez alors le soufflé dans un sac à congélation, fermez bien, étiquetez, remettez au congélateur.

Finition du soufflé glacé

Au moment de servir, retirez l'élastique et la bande de papier : le « soufflé » dépasse bien du moule. Servez comme une glace, avec des petits fours frais, qui se congèlent eux aussi à merveille. Pensez à les sortir assez tôt pour qu'ils dégèlent à la température ambiante : une heure suffit.

Soufflé glacé aux fraises (ou aux framboises)

Pour 8 personnes.

• *Ingrédients pour la congélation :* 1/2 litre de crème épaisse, 1/4 de litre de lait, 300 g de sucre semoule, 1 dl d'eau, 4 ou 5 œufs suivant leur grosseur, 375 g de fraises (ou de framboises).

Préparation et cuisson avant congélation

– Mettez lait et crème dans le réfrigérateur. Versez sucre et eau dans une petite casserole à fond épais; amenez à ébullition et laissez cuire quelques minutes : le thermomètre doit marquer 110° C.

– Cassez les œufs en séparant le blanc du jaune. Fouettez les blancs en neige très ferme. Versez le sucre brûlant sur ces blancs en un mince filet et sans cesser de battre, jusqu'à ce que cette « meringue italienne » soit tout à fait froide; mettez-la au réfrigérateur.

– Pendant qu'elle achève de bien refroidir, lavez et épongez les fraises (ne lavez les framboises que si c'est tout à fait nécessaire; mieux, si elles sont poussiéreuses, nettoyez-les en projetant dessus de l'air froid avec un sèche-cheveux), retirez le pédoncule, passez la pulpe au mixer ou au tamis. Mettez aussi au réfrigérateur.

– Pendant ce temps, préparez le moule à soufflé, comme pour le « soufflé glacé au café ».

– Fouettez ensemble crème et lait, au fouet à main, pour incorporer le maximum d'air : la crème fouettée doit être très ferme.

– Incorporez crème fouettée et purée de fruits à la meringue italienne : la préparation, ou « appareil à soufflé », est homogène. Versez cet appareil dans le moule préparé.

Congélation et finition du soufflé glacé aux fraises

Comme pour le « soufflé glacé au café ».

Table

Chapitre 3

La décongélation

Chapitre 4

Pour congeler les différentes sortes d'aliments

I. Les aliments simples

Les potages

Le bœuf

Le veau

L'agneau et le mouton

Le porc

Volailles et gibiers

Les plats complets

Quatre sauces

Les légumes

Desserts, gâteaux et glaces

Desserts et gâteaux

Les glaces et les desserts glacés

IMPRIMÉ EN FRANCE PAR BRODARD ET TAUPIN
7, bd Romain-Rolland - Montrouge - Usine de La Flèche.
LIBRAIRIE GÉNÉRALE FRANÇAISE - 12, rue François Ier - Paris.
ISBN : 2 - 253 - 02803 - 7 30/7745/0